Harald Gröhler

Störtebeker

Harald Gröhler

Störtebeker
Pirat und Volksheld

Die Biographie

Mit Illustrationen von
Ekkehard Drefke

Bergstadtverlag Wilhelm Gottlieb Korn
Würzburg

Hinweis für den Leser:

Zur Schreibung der beiden Hauptpersonen des Buches: Bei Sagen – und ebenso bei poetischer Ausgestaltung und poetischen, phantasievollen Weiterungen – verwende ich die Schrebweise *(Klaus) Störtebecker* und *Gödecke (Michael)*, bei wissenschaftlich vertretbaren Vermutungen und Extrapolationen die Schreibweise *Stortebeker* und *Godeke (Michel)*, bei gesicherter, historisch unbezweifelbarer Quellenlage die Schreibweise *Störtebeker* und *Gödeke (Michels)*. Liest man den gesamten hier vorliegenden Text in der Weise, so eröffnen sich einem viele weitere Aspekte. Man kann den Text so gewissermaßen auch gegen den Strich bürsten.

Satz: Barbara Herrmann, Freiburg
Druck und Bindung: fgb · freiburger graphische betriebe 2006
www.fgb.de
ISBN-13: 978-3-87057-277-8
ISBN-10: 3-87057-277-9

Inhalt

Gegen eine Königin

Das Ende ist eindeutig und bekannt: der Mann wurde geköpft. Die Hamburger leisteten sich das, die selbstbewußten städtischen Hansen. Der Anfang ist schon weniger eindeutig. Der hünenhafte Mensch sei, so wird von manchen gesagt, eigentlich adligen Geblüts gewesen. Und Störtebeker habe er ursprünglich auch nicht geheißen. Zu dem Namen sei er erst nach einer bestimmten Szene gekommen.

Der Ritter war von seiner kleinen Burg an der Aller mit zwei Burgknechten abgesegelt, weil er zu einer Herbstjagd eingeladen worden war, und als er nach ein paar Tagen wiederkehrte, waren seine Burg nur noch stinkend qualmende Trümmer und seine junge Frau tot. Ihr Haar wehte, und es bewegte sich also; noch als zerhackte Tote hatte sie etwas Liebliches und Verführerisches.

Sie lag an der Burgmauer, ermordet von ihren Angehörigen. Ihnen hatte er sie als Braut geraubt.

Er war erst starr, vor Wut, vor Entsetzen, und dann außer sich.

Der Moorritter begrub notdürftig all seine erschlagenen Leute und seine Frau. Er fühlte sich von einem Augenblick auf den anderen als ein erledigter Mann – und das war er ja auch. Mit den beiden Knechten bestieg er wieder seine Barze. Er wollte sich nach Hilfe umsehen bei ostfriesischen Bekannten; ihm war es nur noch um Rache zu tun. Aber die Bekannten ließen sich zu nichts herbei. Sie hatten Ausreden. Nichts aufs Spiel setzen wollten sie. Er segelte immer weiter, verzweifelt, müde, schon perspektivlos, gleichgültig, seine Knechte gingen ihm heimlich auch von Bord, und er wurde im nächsten Sturm schiffbrüchig, die Mannschaft eines Piraten holte ihn von der wasserüberspülten, schiefliegenden Barze. Der Sturm heulte und quirlte und jaulte durch die Luft. Auf ein Piratenschiff gelangte er, denn er sah eine blaue Flagge wehen – im ausgehenden vierzehnten Jahrhundert fuhren die Seeräuber unter blauer Flagge[1].

Der Kapitän der Mannschaft wurde dem Aufgefischten als Gödecke Michael benannt. Etwas älter wirkte der, als der Schiffbrüchige alt war. Und er hatte nicht mehr solch einen Haarschopf wie dieser; keine blonden Haare, sondern ziemlich schwarze Haare … sein Kopf wuchs ihm durch die Haare hindurch: er hatte eine Halbglatze. Aber kräftig, ja bärenstark war der Kapitän; so wie der Gerettete, der nur jetzt erschöpft und schwer unterkühlt war. Was dem Kapitän an Haupthaar fehlen mochte, hatte der als Bart um Wangen und Kinn herum. Nicht hinwegzuleugnen war bei ihm auch, verblüffend genug bei einem Seeräuber, ein sympathischer Ausdruck, ein freundlich-spöttischer Zug um den Mund. Das ließ sich von dem Durchnäßten nun nicht sagen.

Von dem unter der blauen Flagge segelnden Seeräuberkapitän wurde der Wracksegler, der enttäuschte, der nur noch seiner Rache nachhing, in den nächsten Tagen bald rundweg akzeptiert und in die Mannschaft eingereiht, und um die Übernahme noch zu bekräftigen, trank Gödecke mit ihm einen Wein. Geraubten Wein, kölnischen.

Einen guten Zug hatte der blonde Neue. Er soff den langen Humpen aus, ohne nur einmal abzusetzen, den Gesellen um ihn herum traten die Augen aus dem Kopf, als sie das erlebten.

„Hej. Der stürzt den Becher nur so hinter!"

„… Stürz den Becher", hörte man vereinzelt aus den umstehenden Mannschaften, „stürz-den-Becher! Störte-becker!", und der Bestaunte nahm nun den Becher mit den beiden Händen, der Becher war aus Zinn, und das ist ein einigermaßen weiches Metall; lachend, kurz auflachend quetschte er den Becher zu einem Klumpen zusammen. Dazu gehörte denn doch Kraft. Den unförmigen Metallbatzen schmiß er lachend hinaus in die Nordsee.

Womit er ein weiteres Mal Eindruck schindete. Auch so etwas – aufzutrumpfen – konnte ja nützlich sein, wenn man sich an der Menschheit noch zu rächen beabsichtigte.

Seit diesen Augenblicken hatte der Mann seinen Namen weg; er behielt ihn für den Rest seines Lebens.

Jeder protzte auf seine Weise; Gödecke Michael kramte für den Neuen aus einer Truhe dann seinen Kaperbrief hervor, aus einem Trühlein mit ein paar wenigen Papieren darin. Abschließbar war die kleine Lade … weil von einer Gesellschaft herstammend, in der Mißtrauen allenthalben war. Der Schlüssel steckte. Hier, inmitten dieser Gemeinschaft auf der Kogge, war das Kistchen nicht zugesperrt.

„So ganz gewöhnliche Seeräuber", sagte Gödecke, „sind wir nicht. Eigentlich sind wir überhaupt keine!", und er rollte den Kaperbrief vor Störtebecker auf.

Nur war das Problem, Gödecke konnte nicht lesen. Die wenigsten konnten lesen. Godeke[2] kannte den so wichtigen Text aber genauestens auswendig, und vollends erledigte sich das Problem, weil Störtebecker ebenso des Lesens nicht mächtig war; er nicht, obwohl er immerhin aus dem niederen Adel kam.

Schleifen und Spinnenbeiniges und Buchstaben mußten auf dem dicken Papier schon stehen, bedeutsamer waren aber noch die schweren unten baumelnden Siegel, die bröckeligen. Die wurden denn auch ein wenig befühlt. „Albrecht von Mecklenburg helfen wir", sagte Gödecke zu Störtebecker – und ziemlich stolz sagte er das –, „dem König Albrecht, und wir wollen, so sehr es nur geht, die Margareta von Dänemark schädigen. Die schwarze Königin, falsches Weib, die sie ist. Die den Albrecht immer noch gefangenhält."

Er ließ das Kistchen mit der Urkunde wieder wegtragen, und dem Gesellen, Wichmann hieß er, der das kleine Möbel nahm, fiel dabei der Schlüssel aus dem Schlößchen heraus. Der Schlüssel kollerte über den Boden des Schiffsdecks. Das Schlüsselchen hatte nur lose gesteckt. … Dem hätte der Räuber Wichmann nicht einmal widersprochen. Und doch erschrak er furchtbar, er schaute, der dickliche Wichmann, auf das Schlößlein und schaute schnell einmal vorn an sich selbst herunter. Abergläubischer Blick … auch konnte er wegen seines Bäuchleins an sich nicht viel sehen.

Die Seeräubergruppe, zu der Gödeke gehörte und seit ein paar Minuten auch Störtebecker – eigenartig war sie auf jeden Fall. Von den gewöhnlichen Seeräubern unterschied sie sich mindestens insoweit, als sie politischen Zwecken diente. Die mecklenburgischen Herzöge stritten sich mit der dänischen Regentin Margareta darum, wer Schweden regieren sollte[3]. Die schwedische Königskrone war den mecklenburgischen Herzögen einen Krieg wert. Und während dieses Tauziehens um die Macht begannen die Mecklenburger auch einen Seekrieg, einen Kaperkrieg. Vor allem, als es hieß, die Mannschaften aufzufüllen, bedienten sie sich dabei der Seeräuber.

Diese Seeräuber waren dann nicht mehr Einzelgänger wie eh und je; nicht einzelne arme Schlucker, die mit Seeraub jeder für sich ihr lausiges Leben fristen wollten, sondern sie schlossen sich zu größeren, geordneten Gruppen zusammen. Die Verbände wurden angeleitet von mecklenburgischen Adligen, manchmal hochadligen Befehlshabern, und etwas später auch von Leuten einfachster Herkunft. Gödecke war kein hochmögender Adliger. Der überlegene Gödecke war erst einmal ein Bauernknecht gewesen, Handlanger auf dem Gute Ruschvitz. Er stammte von Jasmund, und das ist der nordöstliche Teil der Insel Rügen, der seinerseits beinah rundum von Wasser umgeben ist.

* * *

Den Seeraub im großen zu organisieren, und Seeräuber vor ihren politischen Karren zu spannen, auf die Idee waren zuerst die Mecklenburger gekommen, und zwar schon früher einmal; eine halbe Generation eher, bevor auch Gödecke auf der Bildfläche erschien. ... Die mecklenburgischen Herzöge machten sich Hoffnungen auf die gesamten nordischen Reiche; ehrgeizig und auch etwas überzogen rechneten sie sich da drei Kronen aus. Nachdem ein Familienmitglied der mecklenburgschen Herzogsfamilie, Albrecht, 1364 in aller Form zum König von Schweden gewählt worden war, sahen die mecklenburgischen Familienangehörigen bald weitere Chancen. Aber des Dänenkönigs Waldemar Atterdag Tochter Margareta wurde neue dänische Königin – 1387 –, sie erwies sich sofort den Mecklenburgern als ebenbürtig, ja als ihnen überlegen, und ehrgeizig war sie erst recht. Margareta zeigte sich als eine politisch hochbegabte Frau – ihre Feinde quittierten das mit „schwarzer Margret“ und suchten nach weiteren Schmerzpunkten. Sie führten auch zugleich eine Art Propagandakrieg.

Die Mecklenburger Herzöge verschlechterten sich in ihrer Position von Jahr zu Jahr, und Margareta gewann immer mehr Autorität. Zudem leistete sich der mecklenburgische König von Schweden, Albrecht, dortselbst Fehler über Fehler. Er behandelte die freiheitsgewohnten schwedischen Bauern so despotisch, wie er das von seinen mecklenburgschen Deutschen her gewohnt war. Und er bevorzugte ständig mecklenburgische Adlige. Regelmäßig schanzte er nur seinen deutschen Verwandten die leckeren, interessanten Verwaltungsposten zu. Seinen Verwandten schenkte er freigiebigst die schönsten schwedischen Schlösser. Damit handelte er sich einen schwedischen Aufstand ein – der freilich von der Dänin Margareta höchst geschickt und intrigant mit geschürt worden war. König Albrecht wurde aus Schweden verjagt. Die Chancen der Mecklenburger waren zerstoben. Darüber hinaus hatten die schwedischen Adligen der Dänenkönigin Margareta bereits die schwedische Königskrone angeboten, oder genauer: nach langen, mit feinster Diplomatie geführten Geheimverhandlungen hatte es Margareta zustande gebracht, daß die schwedischen Adligen und die schwedischen Geistlichen ihr im März 1388 die schwedische Krone, die offiziell noch Albrecht trug, anboten. Das wollte sich König Albrecht nicht gefallen lassen. Krieg war jetzt das nächste.

Und in der Schlacht von Åsle – bei Falköping, am vierundzwanzigsten Februar 1389 – wurde er von Margareta erbärmlich geschlagen. Albrecht persönlich wurde, samt seinem Sohn Erich, auf dem Schlachtfeld zwischen Väner- und Vättersee gefangengenommen. Fast ganz Schweden unterwarf sich nun der sechsunddreißigjährigen Königin Margareta; nur die Festung Stockholm blieb von der schwedischen Herrschaft König Albrechts den Mecklenburgern erhalten. Stockholm – eine Menge deutscher Kaufleute lebten in Stockholms Mauern – hielt stur zu dem knapp fünfzigjährigen gefangenen König Albrecht.

Die Mecklenburger waren in einer aussichtslosen, miesen Lage. Aber die mecklenburgische Herzogsfamilie konnte sich immer noch nicht von ihren rosa Zielvorstellungen lösen; die überehrgeizigen Angehörigen des Herzogshauses konnten nicht verzichten. Sie verfolgten nun zunächst ein zweifaches Ziel: ihren gefangenen König zu befreien und Stockholm in ihrem Besitz zu halten. Die Dänen versuchten Stockholm zu erobern; zäh widerstanden die Belagerten.

Und wie lange?

Auf Dauer würden die Stockholmer einer Belagerung kaum widerstehen können. Deshalb schlossen die mecklenburgischen Herzöge, im Mai 1391, mit den Mitgliedern des niederen mecklenburgischen Adels, mit den Vogteien, mit dem Bistum Schwerin und den mecklenburgischen Städten Bützow, Rostock, Sternberg und Wismar ein Bündnis: gegen die Königin Margareta.

Woher aber sollten die Mecklenburger zu dem voraussichtlich langwierigen neuen Krieg die Geldmittel und Mannschaften nehmen? Mit ihrer eigenen geringen Macht vermochten sie ihre Pläne nicht zu verwirklichen. Söldner für einen solchen Krieg? Das konnten sie nicht bezahlen; und sie kehrten da zu der Kriegführung zurück, die sie selber ein Jahrzehnt früher einmal durchgeprobt hatten. Die Behörden der mecklenburgischen Städte Rostock und Wismar ließen einen Aufruf an die Bevölkerung ergehen. Sie versprachen ihre Häfen zu öffnen *alle den genen, dy uff ir eygen ebynture wellen keren und varen, das riche czu Denemarken czu beschedigen*, und ebenso öffneten die mecklenburgischen Fürsten ihre Häfen Ribnitz und Golwitz *allen denen, die auf ihre eigene Rechnung und Gefahr ausfahren wollen, das Reich zu Dänemark zu schädigen*. Das bedeutete: die Mecklenburger brauchten denen, die für sie kämpften, keinen Sold zu zahlen.

Mit dem öffentlichen Aufruf hatten sie sagenhaften Erfolg. Sie erreichten mit ihm sämtliche Schichten. Ritter, Bürger, Bauern und auch diebische Leute, *eine ungeheuere Menge allen möglichen Gesindels*[4], strömten in den vier Häfen zusammen. Mancher kleine Adlige verkaufte seinen letzten Landbesitz, nur um sich ein Schiff leisten zu können und an dem lukrativ erscheinenden neumodischen Kaperkrieg teilnehmen zu können. Für die Rostocker und Wismarer Fernkaufleute war der Aufruf freilich eine zweischneidige Sache. Sie gehörten zugleich dem Hansebund an, und ihre Hansekollegen in den anderen Städten würden die Beeinträchtigungen, die gerade auch für Hanseleute folgen mußten, nicht hinnehmen. Die Rostocker und Wismarer programmierten für sich hier doppelt undurchsichtige Verhältnisse vor.

Diese promecklenburgischen Scharen wurden dann einige Jahre später Vitalienbrüder genannt ... in vielerlei Abschattierungen: Vyttalyenbroder, Vitallyenbrodere, Victalienbroders, Victualienbrüder, Victalianer, Vitalier, Vitalianer, Vitaliner, Vytaliere, Vitalige, Fetalianer, Fetaliebröder, Fitalgaebrothernae, fratres victualium, Vitalienses; entsprechend viele Leute benutzten die Bezeichnung. Sehr lange war der Name dann aktuell, und über einen großen Raum war er verbreitet. In den ersten Jahren nach Ausgabe der Kaper hatten die Gesellen einfach nur *Leute der Mecklenburger* geheißen. Oder *ihre Nachfolger, ihre Helfer, de lude, de in der zee sind tho unses heren hulpe*, die Leute, die in der See sind zu unsres Herrn Hilfe, *Wagemänner, de van der Wiismair*, die von Wismar, *die iren*, die Ihren, *der von Mekelenburg lute*. Vitalien sind Lebensmittel. Mit Vitailleurs waren ursprünglich französische Furagierer, militärische Verpflegungsbeschaffer, gemeint, und die Bezeichnung wurde dann übertragen. Geplünderte Küstenbewohner unterscheiden nicht lange zwischen Furagierern und Räubern. Vitalianer: also „Beutegesellschaft".

Die promecklenburgischen Scharen wurden von den Rostokker und Wismarer Behörden mit regulären Kaperbriefen versorgt, und zwar bereits seit 1390.[5] Die hielten die promecklenburgischen Kapitäne dann bei jeder Kaperaktion dem überfallenen Gegenkapitän unter die Nase – außer dem Schwert muß Godeke Michel tatsächlich immer noch den Kaperbrief mit herausgezogen haben[6].

Die Kaperbriefe ... keine Frage, es war eine trickreiche Methode, deren sich die mecklenburgisch-herzogliche Family da nach zehn Jahren erneut bediente. König Albrechts Angehörige erwirkten sich damit einen Kampfkraftzuwachs, der sich auch noch unabsehbar vergrößern lassen mochte. Konnten sie auf die Weise nicht nur profitieren? Diese Vorgehensweise mußte man bloß ordentlich ausreizen! Entgrenztheitsgefühle stellten sich bei den Mitgliedernder Herzogsfamilie ein, und weil sie solche Gefühle erlebten, gaben sie hernach lange nicht auf. Aber auch bei ihren Untertanen lösten die Mecklenburger mit dem Aufruf ungeheure Erwartungen aus, und sogar bei den Menschen der Nachbarländer.

Wie denn? Die armen Teufel in Mecklenburg und angrenzend, die Unzufriedenen, die Burschen, die sich eingeengt fühlten, witterten nun Morgenluft. Hier war etwas ... Von allerhöchster Ebene her tat man ihnen hier Möglichkeiten auf. Diese Leute gelangten zunächst einmal nicht aus eigener Raffgier zum Seeraub, sondern aus hochadliger Raffgier. Die unzufriedenen Leute weit und breit erblickten endlich eine Gelegenheit, sich vielen Zwängen zu entziehen. Die mittelalterlichen Knechte und Tagelöhner, die Gedrückten, die aufmüpfigen, unternehmungslustigen Typen, auch Diebe und schräge Vögel, sie sagten nun zu ihren weniger munteren Nachbarn: „Seht doch!“, zu denen, die angepaßter waren als sie: „Siehst du! Jetzt ist unsre Lustigkeit sogar erlaubt! Jetzt darf man, was man bisher nicht durfte.“ Sie begeisterten sich. „Jetzt kannst du dir was holen ... von denen, die so viel haben. Ist jetzt erlaubt! Andere Zeiten gehn jetzt an.“

Sie kamen hereingeströmt nach Rostock, durchs Kuhtor vom Hinterland her. Die neue Gegenwart nahm die Leute gefangen; um so mehr noch, als anfangs niemand absah, wie sich das weiterentwickeln würde, und was – von den Herzögen eigens erlaubt – noch alles in diesen Sog hineingeraten würde. Die kleinen Leute überblickten nicht, daß dieser Weg doch wieder immens gefährlich war. Vorerst: ein Angebot mit offener Zukunft, verlockend, groß. Für Gödecke und mit ihm zusammen für Störtebecker stellte sich das ganz in der Perspektive der kleinen Untertanen dar, der bisher Eingeengten, der von Verboten umgebenen Landbevölkerung.

Die Versammlungszentren der Kaper wurden Rostock und Wismar. Hier rüsteten die Auslieger-, die Piratenkapitäne, auch Godeke nun mit Stortebeker, ihre Schiffe aus, hier bewaffneten sie ihre Schiffe, hier bereiteten sie die Handstreiche vor, hierher kehrten sie mit der Beute zurück. Mehr und mehr *wilde Gesellen, vermaledeites und heilloses Volk, Teufelskinder* strömten auf den wismarisch-rostockischen Aufruf hin in die Hafenstädte.

Den Stockholmern vor allem mußte geholfen werden. Vitalienbrüder, Gödecke und mit ihm Störtebecker, schleusten immer wieder Schiffsladungen voller Lebensmittel nach Stockholm durch. Königin Margaretas Dänen sahen das; die Dänen kannten sich inzwischen gut aus in den Gewässern um Stockholm. Schon fast drei Jahre belagerten Margaretas Truppen ohnmächtig die felsige Inselstadt zwischen Mälarensee und der Salzseebucht. Sie kannten die reißende Stromschnelle, und sie kannten auch die Mentalität dieser deutschsprechenden Stockholmer. Königin Margareta wollte wenigstens, daß die Belagerer die Städter aushungerten, und immer wieder pfuschten den Belagerern Gödecke Michaels Vitalienbrüder und andere Vitalieranführer dazwischen. Die durchbrachen die Blockade. Auf Gödecke Michaels Kogge tat sich dabei einer ganz besonders hervor, durch Umsicht, durch eine intelligente Cleverness, durch Wagemut, ein meist finsterer Blonder, Störtebecker. Der Blonde überlistete zusammen mit dem Steuermann die Dänen immer wieder, und so machte Gödecke Störtebecker eines Tages auch zu seinem Unterkapitän. Trotzdem, wie lange würde die Stockholmer Bevölkerung, die in der Mehrzahl deutschsprachig war, mitten im feindlichen schwedischen Umland und dreihundertachtzig Seemeilen[7] von den ihnen wohlgesonnenen mecklenburgischen Städten entfernt, in denen ihre Verwandten saßen, noch ausharren können? Dieser Status, immer von außen her und immer durch den Cordon der Dänen hindurch versorgt zu werden? Die mecklenburgische Herzogsfamilie war jedenfalls hocherfreut, daß sich die nützlichen Vitalienbrüder ständig vermehrten.

Deren Zahl nahm auch nicht nur dadurch zu, daß in den Häfen neue Bauernjungen aus dem Hinterland dazustießen. Das konnte noch auf andre Weise geschehen.

… Auf Gödeckes Kogge wurde der Mann im Mastkorb rappelig. Und bald darauf rief der Mann oben aus dem Korb: „Ich denk, ein Schip kommt über die Kimm." Pause. „An der Kimmung steigt ein Schiff auf. Vorlich Schip ahoi!"

Unter den Vitaliern gab es Bewegung.

Der Mann im Ausguck oben: „Ich peile gerade noch. Scheint ein Gegenkommer zu sein."

Ein sehr junger Vitalier zu Störtebecker: „Ein was?"

„Der kommt uns entgegen."

Und der Mann oben im Ausguck: „Das ist wohl wieder keiner der Unsrigen."

Gödecke: „Ja oder nee? Sperr deine Gucksen auf!"

Der im Mastkorb: „Das ist ein Stralsunder, ich erkenn's jetzt am Vorkastell."

Gödecke sofort: „Was sagst du? Oder ist es doch ein Rostocker? In dem Fall würden wir ja die Finger davonlassen."

„Nein nein. Wir brauchen uns hier nicht zurückzuzieh'n. – Ein nagelneuer Koggen."

„Störtebecker", sagte Gödecke halblaut, „das Schiff soll dein's sein. Wenn wir es nur einholen. Und wenn wir's überwältigen. Und wenn das Schiff und unsres dabei bloß heil bleiben." Alles das war längst nicht sicher. Die gekaperten Schiffe gingen oft genug in Flammen auf und manchmal auch die Kaperer: von einer der Parteien wurden Brander in die Segel geschossen, brennende Spezialpfeile. Und die Handelsschiffbesatzungen waren nicht immer leicht zu überwältigen; die *Schiffskinder*, die Matrosen, waren bewaffnet. Sie hatten Hieb- und Stichwaffen; manche hatten Armbrüste. Außerdem fuhren meist doppelt so viel *schipkinderen* mit, wie der Kapitän des Handelsschiffes gebraucht hätte. Die Überzähligen waren nur, um das Schiff zu verteidigen, mit an Bord. Und das hieß bei den sparsamen Hansen etwas.

Gödecke war dabei, aus der Glewitzer Wiek herauszuklüsen, einer tief ins Land reichenden Bucht an der rügenschen Südküste. Sie hatten einen südwestlichen Kurs, im Augenblick kreuzten sie sogar in westliche Richtung. Sie wollten zum Bodden hin und weiter nach Bornholm; diese Ziele gaben sie jetzt erst einmal auf. Störtebecker, der zwischen Gödecke und dem Steuermann stand, hielt geradenwegs auf die entdeckten Hansen zu. Die Vitalienbrüder mußten noch im Bauch des Schiffes versteckt bleiben. Der Kauffahrer merkte dennoch – an Gödeckes Kurs –, daß er es mit Seeräubern zu tun bekommen würde.

„... Sie drehen bei!"

„Jetzt haben sie uns erkannt." Das hansische Schiff floh aber keineswegs, sondern es steuerte jetzt genau auf sie zu. Das war ganz ungewöhnlich.

Störtebecker: „Leute, den lassen wir nicht abbuddeln. Der ist neu gebaut."

„Lassen wir den nicht absaufen?"

„Nee. Das soll sich diesmal für uns lohnen. – Der ist ja schnell. Leute, jetzt geht's für uns wieder los."

Nach zweimaligem, flüchtigem Rundgang auf dem Volldeck sagte Gödecke: „Störtebecker, es fragt sich, ob wir den angreifen sollen. Offenbar sind die sehr stark auf ihrer großen Kogge."

Störtebecker: „Verflucht und verreckt", Störtebecker raunzte auch noch irgend etwas; nicht zu verstehen, was.

„Für deine große Rache", sagte der dickliche Wichmann gelassen, „wirst du noch genug andere ... finden. Die Welt ist voll Schiffen. Nur Geduld." Und zu Gödecke sagte Wichmann: „Soll'n wir den Stralsunder lassen?"

Gödecke – nach einigen Augenblicken: „Na jetzt können wir nicht mehr vor denen abhauen. Das hülfe auch nichts. Die sind schneller, die holen uns ein."

Wichmann, dick und behende: „Gut, Gödecke. Gut gut gut."

„Mann, soll ich wirklich auf den dollen Kahn verzichten? Eher noch ... auf eine neue Fotze als auf einen neuen Kahn."

„Außerdem" – sagte Störtebecker – „gut möglich, daß der irgendwann noch Kurs Schweden nimmt. Und das würde ja nur wieder zu Nutz und Frommen Königin Margaretas beitragen."

Sie waren einige Stunden weit von Stralsund entfernt; steuerbords hatten die Vitalienbrüder den Wussitzer Haken, einen sanften rügenschen Landvorsprung, backbords in knapp einem Kilometer Entfernung hatten sie das pommersche Festland.

„Die Pfeffersäcke", sagte Wichmann, „sind vielleicht doch etwas langsamer als wir."

„Der hat geladen", erwiderte Gödecke.

... Und sie selber waren leer; der Hauptgrund, wenn Vitalier schneller waren als ein Kauffahrer. Besser zu segeln wußten die Vitalier meistens auch nicht. In den letzten zwei Minuten sprangen die Vitalienbrüder auf; alle gleichzeitig wurden sie sichtbar. Die hansischen Wäppner zeigten sich genauso. Geschrei bei den Vitaliern. Rufe und Geschrei von den Hansen her, und diese Hansischen waren doppelt so viel Männer wie sie. „Der hat da drüben gar nicht Ware geladen", sagte Gödecke jetzt zu Wichmann, „sondern das sind nur so viele Wäppner."

„Und deshalb", sagte Störtebecker, „liegt der tiefer im Wasser also?"

Kampflustiges, höhnisches Geschrei bei den Vitaliern, das in ein wildes Singen überging und in ein Lied mit dem übermäßig häufig gebrauchten Refrain „Gottes Freund und aller Welt Feind", ... *unde aller Werlt Viant.* Seite an Seite gerieten die Schiffe, durch den Gesang hindurch war das unangenehme Kratzen und Scheuern zu hören: Holz gegen Holz. Störtebecker brüllte dem Rudergänger etwas zu. Draggen wurden von Vitaliern geworfen, und diese schaftlosen Anker verhakten sich auf dem Deck des Kauffahrerkoggens; weiteres Enterwerkzeug war auf einmal zur Stelle, mehrere Vitalier warfen in oft geübter, gut eingespielter Weise Enterbrücken. Die Schalme[8] und Störtebecker als einer der ersten stürmten augenblicklich darüber und wurden mit blanken Beilen und Schwertern empfangen. Die Schalme kamen diesmal gar nicht dazu, mit ihren Enterbeilen irgendwelches Tauwerk des Koggens zu kappen. Das Deck des Koggens wurde schon da und dort blutig. Und Störtebecker rief nun mit enormer Stimme, mit riesigem Stimmaufwand in das Getümmel hinein: „Ihr Hansen, es gibt für euch aber auch noch etwas anderes. Wer will, kann noch zu uns überwechseln. Zu uns Vitaliern. Er wird dann mit uns unser Leben teilen. Wer von euch will am Leben bleiben und will auf unsere Seite übergehen? Ich hab heut meinen guten Tag."

Gelächter war die Antwort. Abweisendes und dann hämisches Lachen. Hier trat niemand über; und während Störtebeckers Worten hatten auf einmal Hansische, jeweils zu mehreren, einzelne Vitalier umzingelt und hatten sie packen können; sie zerrten sie unter Deck, und spätestens dort entwaffneten sie die. Ermutigt von solchen Erfolgen ließen sich die Hansischen nun immer öfter einfallen, Gefangene zu machen. Daß sie an Zahl so überlegen waren, half ihnen da. Der ganze Kampf entwickelte sich immer seltsamer; denn die Vitalier, die viel weniger Mann waren, kämpften nach wie vor nur mit ihren Beilen, Messern und Schwertern. Dann sah Störtebecker hinten an der Reling, und gedeckt von vielen Wäppnern, einen ziemlich alten, dabei doch sehr rüstigen, ja flotten Menschen stehen; und Störtebecker hieb sich geradezu eine kurze Gasse in die Gegner hinein – Störtebecker wußte, daß hinter ihm unmittelbar seine Mitgesellen sein würden. Er brauchte um seinen Rücken keine Bange zu haben. Daß er sich auf die Eigenen verlassen konnte: das gab ihm den Mut ein; da konnte er unbesehen vorwärts preschen, seine Leute erlaubten ihm mutig zu sein. Und kräftig war er sowieso, kräftiger und stabiler als die meisten.

Auch auf sein blondes Haar kam Rot, kamen rote Spritzer, seine Haarmähne wurde blutbefleckt – Blut: nicht eigenes Blut, sondern das von Wildfremden, von anderen. Blond und blutrot waren nun seine Haare.

Gödecke zu einem der Schalme mitten im Gefechtslärm: „Der Störtebecker kämpft, wie einer nur kämpfen kann!“

Der Angeredete: „Hast recht. Der holt hier das meiste raus. Schon gut, daß du den nicht auf seinem Wrack gelassen hast. Als er so jammervoll zu uns kam.“

Allmählich hatte Störtebecker sich, zuletzt mehr seitlich, an den Älteren herangemacht. Störtebecker wollte den Überraschten einfach rücklings ins Meer stemmen, aber hörte da hinter sich Gödeckes tiefes Organ, Gödeckes Baß: „Den lebend! Den auf *unsre* Kogge erst mal.“ Also riß Störtebecker diesen Älteren dicht an sich, Störtebecker umklammerte den sich Wehrenden mit dem linken Arme und kämpfte sich die ganze Strecke zurück durch. Wiederum wurde er gedeckt von den Eigenen. Er fragte dabei obendrein noch Verschiedenes aus dem Manne heraus. Er hielt hier einen Stralsunder Fernkaufmann gepackt, Wulf Wulflam; der wollte in Livland und danach im schwedischen Kalmar Geschäfte abschließen.

Störtebecker brachte es in der Tat fertig, mit dem Wulflam auf die eigene Kogge überzuwechseln. „Na du kannst", sagte Störtebecker zu dem sich Windenden, „dem lieben Gott danken, daß unser Gödecke Michael für dein Leben geredet hat. Von mir – da wärst du längst ertränkt worden. Spätestens hier. Du versprichst mir schon jetzt vorab: nicht in Margaretas Länder hinein zu handeln. Na?"

„Nein", Wulflam mit kleiner Stimme.

„Was *nein*?"

„Ich werde mit den drei Reichen nicht Handel treiben."

„Will ich dir auch geraten haben. Und dich zweitens nicht gegen uns Vitalier zu wenden. Niemals! Also?"

„Ich gelob' das Euch. Bei allen Heiligen. Und das Versprechen will ich halten –"

„Dir wird vertraut sein, was mit deinesgleichen geschieht. Ha?"

„Ja."

„Wir werden also allerhand Lösegeld von den Deinen – he, was ist das?" Auch auf der Vitalianerkogge wurde mittlerweile auf Tod und Leben gerauft, gekämpft, und als Störtebecker den Kaufmann unter Deck werfen wollte, sah er von unten Qualm heraufkommen; der Wulflam, mit seinen unsteten, flinken Blikken, sah es womöglich noch eher. Irgend jemand von den Feinden hatte ins Schiffsinnere Feuer hineintragen können. Lebensmittel und Fellschlafsäcke hatten Feuer gefangen. Ging ihr Schiff nun durch Feuer verloren?

„Feurio! Feurio", wurde jetzt von mehreren hansischen Wäppnern, Panik schürend, Verwirrung stiftend, geschrien.

Störtebecker selber kümmerte sich; er drückte den teuren Gefangenen einem der Vitalier in den Arm. „Bind den hier unten fest an. Ganz fest. Das ist der wichtigste Mann." Und Störtebecker brachte brennendes Getreide, einen schweren Scheffel, an Deck hinauf und kippte das Unheil in die See – während ihm zugleich ein Vitalier die ersten Flammen an der Gugel, die sich schon entzündete, ausschlug[9]. Andere Gesellen erstickten unten im Schiff das restliche Feuer mit an sich unentbehrlicher Linnenkleidung. Nicht zuletzt durch die Feuerrufe, die Panik vortäuschten, waren aber viele Vitalier verstört worden, zumindest einige kurze Zeit waren sie abgelenkt worden, und insbesondere in diesen Augenblicken wurde wieder eine bedenkliche Menge Vitalier überwältigt. Auf der hansischen Kogge. Sie wurden im Gedränge geschnappt, von hinten, von einer Seite, wurden entwaffnet und unter Deck gedrückt, und Störtebecker sah, daß auch Gödecke so gefangengenommen wurde. Manchen Vitaliern wiederum stülpten die Wäppner ein Kampfnetz über.

Störtebecker vermied, Gödeckes Abgang laut kundzutun. Er wollte seine Leute nicht noch weiter entmutigen und schwächen, aber nach kurzem wurde ihm klar, daß sie kämpfend den Gödecke nicht würden herausholen können. … Mochten sich die Vitalier auch heute wieder wüster und schneller als ihre Gegner und leidenschaftlicher als sie schlagen, die Schiffsschlacht war eigentlich jetzt schon erkennbar verloren, und Störtebecker verzweifelte jetzt selber.

… Ihm kam ein Gedanke noch. Er müßte Gödecke gegen den Fernkaufmann austauschen.

Mit Wichmann und mit genügend anderen Vitaliern arbeitete er sich bis zu dem hansischen Kapitän durch.

„Wir haben“, wurde dem Störtebecker hier allerdings erwidert, „euch ja sowieso gleich. Einen Dreck. Essig!“

„Dann seht ihr euern Wulflam aber auch nur noch als Leiche. Da fährt der vorher noch in die Hölle ab, entseelt –“

„Wo er“, sagte Wichmann, „so und so hingehört.“

„– der entsprechende Befehl ist schon erteilt.“

Damit stopften sie dem Kapitän den Mund; und trotz des hochfahrenden Wesens dieses Kapitäns kam es zu dem Gefangenenabtausch. Störtebecker persönlich drängte sich bis zu dem Wulflam wieder durch; bis unters eigene Deck. „Du wirst *sofort* jetzt“, sagte Störtebecker zu Wulflam, „an deine Seite ausgeliefert. Das aber nur, na –?“

„Was?“

„Wenn du mir noch mal gelobst, was du mir vorhin schon gelobt hast", und der Fernkaufmann, als der dem Störtebecker ins Gesicht sah, leistete den Schwur noch einmal. Seine Blicke flirrten dabei herum. Und er schien am Leben sehr zu hängen.

Unmittelbar nach dem Austausch rief Störtebecker die noch kämpfenden Vitalier auf – und zwar nahezu gleichzeitig mit Gödecke –, sie sollten auf die eigene Kogge zurückjumpen. „Schluß. Schluß. Jetzt sofort." Und zugleich hörte Störtebecker, wie ein hansischer Wäppner zu Wulflam kurz sagte: „Ha, gemütlich gewesen der Ausflug? Mich wundert ja überhaupt, daß ..."

„Weil", zischte Wulflam, „du Sack zu lasch gekämpft hast!"

In Augenblicksschnelle hatten Gödecke und Störtebecker ihr Schiff von der hansischen Kogge gelöst. Die Vitalier stießen die langen Enterhaken zurück – Verlust –, die Vitalier holten die Draggenlosen durch und kappten die – Verlust –; mit dem Bratspill setzten sie das Segel wieder; sie gewannen Fahrt. Und eingeholt konnten sie schwerlich werden, die hansische Kogge lag jetzt mit so viel mehr Menschen, den gefangengenommenen Vitaliern, noch tiefer im Wasser. Die Stralsundischen segelten ihnen denn auch gar nicht nach. Von ferne beobachteten Gödecke und die Vitalier, wie das hansische Schiff dann auf den anderen Bug ging, in westlicher Richtung. Die segelten also nach Stralsund zurück. Beinah die Hälfte von Gödeckes Männern befand sich auf deren Schiff. Und wie viele waren getötet worden. Mehr als zwei Drittel der Mannschaft hatte Gödecke auf dem Schiff eingebüßt, das er jetzt allmählich aus den Augen verlor.

Die Hansen hatten es mit den Räubern in ihrem Schiffsinneren nicht leicht. Sie führten nämlich nicht genug Reepe mit, um die zu fesseln. Die Vitalier waren entwaffnet, aber doch nach wie vor ungebärdig. Und die Hansen wollten die Gefangenen lebend in Stralsund vorführen. Wulflam, auch Reeder des Schiffes, begab sich auf die Stufen des Niedergangs. „Eine Weile sollt ihr noch weiter essen und trinken können. Jetzt gibt es Futter. Ihr schwört mir, daß ihr euch gut verhaltet." Das wurde ihm die Kreuz und die Quer von allen Seiten zugesagt.

„Ich trau", sagte Wulflam zu den Gefangenen, „euch aber nicht so recht. Womöglich werdet ihr uns in der Nacht die Augen auskratzen. Oder uns erwürgen. Und das soll doch nicht der Dank an uns sein."

„Endlich fesseln die Janmaate", wurde hinter ihm von Stralsunder Söldnern gerufen. „Fesseln die Schalme!"

„Nein. Ihr hört's, ihr Vitalier. Aber Fesseln sollen euch nicht grade angelegt werden. Hansen können großherzig sein." Und Wulf Wulflam sagte, halb zu den Besiegten, halb zu seinen eigenen Leuten hinüber, wie er sich das gedacht hatte. Ein ungeheueres Halloh löste er damit aus, ein vielfältiges, hemmungsloses oder breites Lachen bei den Eigenen. Die Wäppner gingen zu den Tonnen und Fässern. Und da Wulflam aus Livland viel Ware hatte übernehmen wollen, gab es an Deck und unter Deck eine Menge leerer Fässer. In die Deckel wurde immer ein kopfgroßes Loch geschlagen, und in jedes Faß wurde ein Vitalienbruder hineingepreßt. Das war so recht nach dem Sinn der Sieger. Das gelochte Deckelbrett wurde wieder daraufgehämmert, und oberhalb des Loches guckte nun der Kopf heraus. Nur so groß war das Loch, wie der Kopf dick war, und nicht so breit wie die Schulter eines Mannes. Die mit den Männern gefüllten Fässer stellten die Hansen im Vordeck auf. Prasselndes Lachen allenthalben – auf der Siegerseite, wieder und wieder. Die Wäppner und Matrosen wußten sich nicht zu lassen vor Übermut. Sie neckten die ängstlich schauenden Köpfe. Pusteten sie an, husteten sie an, stubsten sie. Immer wieder auch bauten sich Matrosen einfach vor den Tonnen auf; unversehens bekamen sie Blickkontakt mit den Tonnen und mußten sie lachen.

„Ich …"

„… Ich krieg mich nicht mehr ein! Ich werd nicht mehr!"

Die Stralsunder Kerls kitzelten die Eingetonnten mit Schilffasern unter der Nase, plagten sie mit Holzsplitterchen, begossen sie mit Meerwasser und führten lose Reden.

„Was bist du denn nur für ein Glotzemann!"

„Wir verkaufen euch als Heringe. Das hat unser Herr Wulflam grade verfügt."

„… Und zu dem Behuf salzen wir euch noch ein."

„Könnt ihr noch weinen? Wir soll'n euch jetzt zum Heulen bringen. Wir brauchen das Salz von euern Tränen."

Erst im nachhinein erfuhr Störtebecker, daß Wulflam überhaupt der wichtigste Mensch in Stralsund war und daß der auch lange der Bürgermeister dort gewesen war. Störtebecker erfuhr das von Gödecke. „War aber doch falsch", sagte Gödecke, „daß du diesen alten Wulflam am Leben gelassen und gefangengenommen hast."

„Falsch war das?"

„Du hast es ganz stark gemacht, aber damit bist du dann zu lange für den Kampf ausgefallen. Wir haben unsere Kräfte zersplittert."

„Andernfalls hätt' ich dich auch nicht befreit gekriegt."

Einig waren sie sich wieder darüber, daß ihre gefangengenommenen Freunde wohl noch nicht hingerichtet seien. Die mochten vielleicht, bis jetzt, nicht allzu weit vom Hafen entfernt untergebracht worden sein. Oder mochten gar noch auf dem Schiffe sein. Gödecke und Störtebecker wollten jedenfalls versuchen, sie zu befreien. Sie segelten mit den restlichen Männern zurück.

Tief in der Nacht, bei jetzt steifem Ostwind, so daß sie gegen den Wind gar nicht mehr ankreuzen mußten, liefen sie in Stralsund ein. Sie ankerten schon, bevor sie den Hafen erreichten. Dicht unter Land – und waren folglich alle klatschnaß, als sie auf dem Ufer standen. Das Laufbrett, das sie immer mitführten, um vom Schiff an Land zu kommen, erwies sich hier außerhalb des Hafens als viel zu kurz.

Auf dem Hafenplatz fanden sie dann auch bereits ihre Freunde, in Tonnen, und die Tonnen waren teilweise gestapelt, so wie man Tonnen ohne menschlichen Inhalt zu stapeln pflegt.

Der Stralsunder Hafen war mitten in der Nacht menschenleer und ein einziger Wachmann bewachte die Eingetonnten. Der Wachmann wurde von einem Vitalier seitlich angefallen. Sein Horn setzte der Wächter noch an – das Horn entriß man ihm, das gefährliche. Man knebelte den Wächter und Störtebecker ließ ihn an die nächste Schuppentür festbinden.

Während sie damit beschäftigt waren, einige der Ihren mühsam genug aus den Tonnen zu befreien, verirrte sich noch eine

Stralsunderin hierher. Störtebecker sah sie als erster, er sprang auf, hielt ihr den Mund zu und bändigte sie. Beinah alle freien Vitalier kamen mit dazu gerannt, Störtebecker mußte die Männer wieder zurückbefehlen. Ein weiterer Knebel wurde, aus Gras, hergestellt, zwei Vitalier banden die Frau ebenfalls an einen Lagerschuppen an und die beiden kiekten dabei nur auf den runden Busen der Streunerin, der im Handgemenge teilweise jetzt bloß geworden war. Der eine Seeräuber schaute zu dem anderen Seeräuber hinüber. „Was?"

Der zweite sofort: „Möcht'st du haben?"

„Nichts da jetzt", sagte Störtebecker nahebei.

Der erste Räuber: „Aber schlimme Zippelkes vorne dran! – Soll ja auch." Zu der Geknebelten: „Nicht wahr, Deern? Sag selber."

Der andere Seeräuber zu der Geknebelten: „Nee, sollst jetzt nicht reden. Das wird zu laut." Und der erste zu Störtebecker: „Soll'n wir sie nicht besser mit auf die Kogge nehmen? Statt sie hier nutzlos festzubinden? Ist doch verschenkt."

Störtebecker hatte seine Blicke auf den vielen eingetonnten Genossen, er schüttelte den Kopf.

„Och –", der erste Räuber wieder.

„Man immer sutje!"

„Och, Störtebecker!"

Störtebecker blickte die Frau jetzt kurz an. „Nein, op unser Schip kommt die mir nicht." Und dann noch: „... Ihr denkt, der weiß das noch nicht? Daß Frauensvolk nichts auf Vitalierschiffen zu suchen hat? Habt ihr jetzt gedacht, ihr könnt mich da ausschmieren? Weil ich noch nicht so lang bei euch bin? Nee."

Aber der Frager mochte da doch einen Ton herausgehört haben und gab noch nicht Ruhe. Störtebecker sah wieder die Frau kurz an und trat zu den eingetonnten Genossen. Im Weggehen sagte er plötzlich: „Könnt sie mein'twegen fragen. Ob sie mitwill. Durchs Wasser noch erst. Wird sie alles nicht wollen."

Als Störtebecker drüben bei den Fässern war, zog der erste Seeräuber sein Messer. Mit der Spitze des Messers berührte er die Handwurzel der Frau. „Willst du mit uns auf ein schönes, großes Schiff? Hübsch mit uns Schiffchen fahren?" Die beiden Seeräuber mußten sehen, wie die Geknebelte den Kopf schüttelte. „Wenn du hierbleibst, wird dir das auch nicht gefallen. Da schneid ich dir erst noch deine Pulse auf. Dann kannst du fühlen, was mit dir wird. Willst du doch mit?“ Und die Verängstigte nickte.

Störtebecker beteiligte sich inzwischen daran, einen Genossen aus der Tonne zu befreien. Die Köpfe der Eingetonnten lagen oft schon schlapp auf der Seite. Das Stralsunder Verfahren bedeutete nicht viel anderes als eine Folter.

Der eine Seeräuber packte sein Messer weg und kam zu Störtebecker. Die Frau wolle mit. Störtebecker verweigerte das aber auch diesmal und wies den Vitalier an, sich endlich an die Öffnung von Fässern zu machen. Denn damit, die Deckel zu lösen, mühten sie sich bei jedem einzelnen Faß lange genug ab; sie hatten kein Werkzeug mit. „Die Frau“, sagte Störtebecker zu dem geilen Vitalier noch, „schafft mir nur Aufruhr.“

„Was denn!“

„Auf unserm Schip. Aufruhr unter euch.“

Mit einem Mal hörten sie Getrappel, schnelle Schritte, der Wachmann hatte sich wieder losfriemeln und frei ruckeln können. Der rannte davon; auch noch sein Horn hatte der Mann gegriffen, hinter irgendeinem Schuppenbau hörten sie ihn gellend tuten und blasen.

„Wir werden nicht fertig“, sagte Wichmann, „jetzt haben wir nur noch wenig Zeit.“

„Warum haben wir den Wächter nicht gleich erschlagen“, rief einer der Eingetonnten aus seiner Tonne.

Sie brauchten nun schon nicht mehr leise zu verfahren und hämmerten – entnervt und ihre Genossen manchmal auch verletzend – mit ihren Beilen auf Faßdeckel ein. So bekamen sie noch einige mehr frei von ihrer Crew, und die Befreiten wurden, weil sie kaum laufen konnten, mit einem Vitalier zu dem Schiff vorausgeschickt. Fortwährendes Hornblasen und Rufen hörten sie alle durch die schwarze Nacht, und das Tuten und Rufen galt ihnen; die Stadt wurde wahrlich geweckt.

Im Marschtempo näherte sich eine Vielzahl von Schritten. Die Befreier mußten ihre eingetonnten Freunde dem sicheren Tode überlassen. Zwei, drei zunächst auftauchende Stralsunder wurden noch mit dem Beil empfangen; als ein ganzer Trupp Bewaffneter um eine Häuserecke bog, zerstoben die Vitalier. Ein Drittel ihrer Genossen hatten sie wiederholen können. Ein Drittel, und mehr nicht. Die Vitalier rannten in einem Umweg zu ihrer Kogge, bei der die Vorausgeschickten schon angelangt waren. Die lagen erschöpft auf dem Achterdeck herum und sahen erbarmungswürdig aus. Die Vitalienbrüder hievten den Anker. Sie zogen mit dem Spill das große, rechteckige Rahsegel wieder auf, und nahmen Kurs auf den Bodden, indes einzelne erste Stralsunder am Ufer eintrafen.

... Mehrere Vitalier redeten immer noch von der geknebelten Stralsunderin. Die wollte denen nicht aus dem Kopf.

Gödecke hielt, nachdem sie den Strelasund hinter sich gelassen hatten, nordostwärts und steuerte Bornholm an. Nicht nur in Stralsund, sondern darüber hinaus auf Rügen und in halb Pommern und Mecklenburg sprach sich die stralsundische Sache von den Fässern herum. In Störtebeckers Ruf ging dabei mehrerlei mit ein, Bewunderung genauso wie Furcht. *Dat is ieman von unsen smac*, sagten die Leute, das ist jemand nach unserem Geschmack.

Die Insel Bornholm war schon seit dem Herbst 1391 in der Hand von Vitalienbrüdern. Hier konnte Gödecke seine Mannschaften wieder auffüllen. Und von Bornholm aus stachen acht Vitalierschiffe in See. Sie wollten Stockholm erreichen, mit Lebensmitteln für die Eingeschlossenen. Eile tat not. Es war schon spät im Jahr; bei Stockholm mußten sie im Januar allemale mit Küsteneis rechnen. Entsprechend verzweifelt aber war den Vitalienbrüdern die Versorgungslage der Stockholmer geschildert worden. So wagten die Vitalier den Törn trotzdem.

Und tatsächlich froren die Vitalianerschiffe in den Schären bei Dalarö fest, lumpige zweiunddreißig Seemeilen[10] zu Wasser, fünfunddreißig Kilometer zu Lande von der schwedischen Hauptstadt entfernt, der Temperatursturz überraschte sie während der Jahreswende 1393 auf 94. Mit ihren großen Koggen, dicht beieinander, saßen sie im Eis. Sie mußten sich nun darauf gefaßt machen, es schon hier mit den Dänen zu tun zu bekommen. Denn selbstverständlich wurden sie von den Schweden entdeckt. Irgendwann würden dänische Truppen anrücken; Gödecke sah voraus, die Dänen, die Stockholm eingeschlossen hatten, würden sich den sicheren Fang, die bewegungslosen, wehrlosen Schiffe, nicht entgehen lassen. Gödecke und Störtebecker waren freilich nicht gewillt aufzugeben.

Es war entsetzlich kalt geworden, gefährlich kalt; und bei dem immer dicker werdenden Eis besorgte Gödecke noch anderes: mußten nicht ihre Schiffe im Eis zusammengequetscht werden? Mußten sie nicht bereits auf die Weise zerstört werden? In der Tat wurden die vier Schiffsrümpfe ein wenig gestaucht. Zum Schlimmsten kam es aber nicht, Holzrümpfe sind sehr elastisch. Die Gefahr ging also doch nur von den Menschen aus: von den Dänen. Gödecke und Störtebecker überlegten sich, wie sie sich verteidigen sollten. Die schwedische Küste war hier waldig; und die Küste war nah. Mit Äxten, Beilen, Kordelsägen zogen die Vitalier zum Strand. ... Große Strecken des Weges konnten sie auch schliddern.

Bald hinter dem Strand fällten sie Bäume und sie entasteten die. Bei dem Frost war es ohnehin gut, wenn die Schalme sich beschäftigten; sobald sie untätig waren, setzte ihnen die Kälte zu.

„Frieren ... ja. Wenn dir die Zunge hinter den Zähnen vereist!" Und zwei renommierten dann später: „Das war vielleicht kalt, du! Mensch, ich dachte, mir fällt das Gesicht ab."

Sie schleiften die entasteten Dalaröer Bäume auf dem Eis zu ihrer Schiffsgruppe. Hier schichteten sie die Stämme auf, rings um die vier Schiffe, sie verbanden die Stämme untereinander mit Stricken, teils sogar mit Ketten, und übergossen sie vor allem immer wieder mit Wasser. Dazu hackten sie einige Löcher in die Eisdecke; aus denen holten sie das Wasser hoch. Das über die Stämme geschüttete Wasser gefror beinah augenblicklich. Auch wenn jemand dagegen pinkelte, gefror das im Nu; und es entstand, höher und höher, ein Eiswall um ihre Schiffe. Sie selber vermochten ihren Eiswall schließlich nur zu überwinden, indem sie ihre Jakobsleitern darüberwarfen; anders war es vergebliche Müh'. Hinter der Eismauer waren nun ihre Schiffe verbarrikadiert, und nach zwei Tagen kamen die Dänen von Dalarö her angestampft. Näher und näher stapften die Dänen in Haufen auf dem Eise, und endlich langten sie, schreiend, rufend, plärrend, vor der Eisbarriere an. Sie stockten, eine Anzahl versuchte darüberzuklettern, sie rutschten ab. Zornig versuchten die Stursten immer wieder darüberzukommen, sie glitten ab, auch wenn sie sich mit ihren Schwertern abstützten. Strampelnd glitten sie ab, und die Vitalier an Deck der vier Schiffe lachten sie aus. Die kriegsmäßig gerüsteten Dänen mühten sich an der Eiswand ab, und nur lauter wackelige, ruckartige Bewegungen kamen zustande. Gödecke und Störtebecker ließen die Hampelnden und Rappelnden inzwischen mit Pfeilen bestreichen. Finster – und die Fäuste reckend – zogen die Dänen ab; die Vitalier triumphierten und riefen ihnen höhnisch und fröhlich hinterdrein.

Gödecke und Störtebecker äußerten in diesen Minuten ihre Besorgnisse auch nur voreinander, nicht vor den Mannschaften. Sie waren sich klar, daß die Gefahr, die von den Dänen ausging, nicht gebannt war. Diese Dänen würden bald wieder erscheinen und dann besser ausgerüstet sein, sie hatten das gesamte Hinterland. Umdisponieren konnten die; auf jeden Fall Leitern würden sie anbringen, und sie selber hier waren von allem abgeschnitten. Sie hier vermochten keine Verstärkung herbeizuschaffen, und ihnen blies nur ein eisiger Nordwind ins Gesicht.

Immerhin, sie, die Vitalier, waren doch für ihren Einfallsreichtum bekannt. Gödecke und Störtebecker holten von den vier Schiffen die meisten Leute auf Gödeckes Koggen herüber; sie beredeten sich und rangen sich zu einem Plan durch.

„Das Eis ist gerade gut für uns …“

„Wie?“, wurde gefragt.

„Wir machen das jetzt noch ganz anders.“

„Wie? Was?“

„Na, unter Wasser soll es auch schön sein, für die Dänen.“

Bei einbrechender Dunkelheit ließen sich die Vitalienbrüder – von denen einmal viele nur zum Seeraub gekommen waren, um der Arbeit zu entgehen – erneut der Arbeit zuführen. Wie irrsinnig schufteten sie. Außerhalb ihres Walles und vor allem zum Land hin, auf der Seite, von der die Dänen wieder angreifen würden, stießen sie das Eis auf. Sie zertrümmerten die Eisdecke in einem mäßig breiten Streifen; das Klirren und Klingen ihrer Axtschläge, rasch und unregelmäßig aufeinanderfolgend, war weithin über das Eis zu hören. Die Eisschollen stocherten sie mit ihren Piken immer unter die feste Eisschicht. Dann zogen sie sich zurück. Die offene Zone fror ihnen wunschgemäß während der restlichen Nacht wieder dünn zu; und am andern Morgen schippten und kehrten sie teilweise auch noch Schnee darüber. Gegen Mittag rückten die Dänen mit Sturm- und Wurfmaschinen – die man Katzen nannte – auf dem Eis vor. Ungestüm und eilig wollten die Blidenmacher ihre Belagerungsmaschinen an die Umwallung heranbringen. Zuletzt stürmten die Dänen auf breiter Front, während ihnen die Vitalienbrüder höhnische Worte und unter anderem „Kas, Kas" entgegenriefen, und mit einem Male gab das Eis unter den Dänen nach, die Dänen brachen vollkommen unerwartet ein, ertranken in der Flut, die eisig war; wehende, nach oben gerissene, zappelnde Arme sahen die Vitalienbrüder einen winzigen Augenblick noch, entsetzliche Schreie gellten einen ganz kurzen Moment, sogar manchem Vitalier gingen diese Laute, die immer jäh abbrachen, durch Mark und Bein; und die Körper der Ertrinkenden krampften sich in dem eisigen Wasser.

Andere Vitalienbrüder schrieen den restlichen Dänen locker noch einmal zu, „Kas, Kas!" – wie von den Dänen dann überliefert wurde; in Wahrheit nämlich „Katz! Katz!" – und die Vitalier deuteten dabei auf die Maschinen hin.

Die übriggebliebenen Dänen, die zwei, drei Schritt weiter zurück gewesen waren, nicht in der vordersten Linie, und die sowieso vorsichtigeren Gemüts waren, dachten nicht anders als, das Inferno hole auch sie ein; von den Pfeilen der Vitalier wurden einzelne obendrein durchbohrt; sie dachten, sie würden vom Leibhaftigen verfolgt, „Kas! Kas!"; die Getroffenen brachen in die Knie, an dieser Todeskante ereilte die hier ebenfalls ihr Schicksal ... die Nichtgetroffenen suchten das Weite. Die ließen alles stehen und liegen und rasten auf dem festen und so trügerischen Eise zum Land zurück.

Nur noch ein paar Tage blieben Störtebecker, Gödecke und die anderen im Eis fest, dann kam es zu einem Wetterumschwung, alles schmolz rund um sie, und sie bahnten sich ihren Weg nach Stockholm. Bei dieser Gelegenheit leisteten sich Gödecke, Störtebecker und die beiden anderen Kapitäne, Wigbold und der vierte, gleich noch ein Bubenstück. Sie schockierten die Christenheit, indem sie's wagten, den Bischof Thord von Strängnäs zu kidnappen. Nahe vor Stockholm brachten sie ein livländisches Ordensschiff auf. Mit diesem Schiff wollte Thord, von reichem Gefolge umgeben, zu einer Konferenz ins dänisch-seeländische Vordingborg anreisen. Die Konferenzteilnahme konnte Thord sich mit dem Sprung, mit dem Störtebecker auf seinen Schiffsplanken landete, aus dem Kopf schlagen. ... Die Konferenz ohne Thord. Störtebecker und Gödecke nahmen den Bischof gefangen. Und von dem Tag an, einem von Gödeckes Leuten wie von Thords Leuten als nachgerade lau empfundenen regenreichen Wintertag, hatte Störtebecker sein eigenes Schiff. Eine von Glaubensleuten geräumte, zwei Dutzend Meter lange Kogge. Mit dem Schiff betrieb Störtebecker fürderhin nichts anderes, als was Gödecke vorschlug und betrieb. Die jetzt geteilten Mannschaften konnten nach wie vor miteinander Würfel spielen ... und sich wegen der Würfel-Sechsen angrobsen.

Eineinhalb Jahre verbrachte der hohe und angesehene Herr Thord, angekettet, auf dem Stockholmer Schloß in Geiselhaft, und die anderthalb Jahre wurden dem Kirchenfürsten lang. Der Papst im südlichen, sehr fernen Rom, Bonifaz IX., verhängte als Kirchenstrafe das Interdikt über Stadt und Schloß Stockholm, und Bonifaz belegte auch Störtebecker, Gödecke und andere tonangebende Vitalier, so einen Arnd Stycke und den Bruder Johann des Mecklenburger Schwedenkönigs, mit dem Kirchenbann.

Königin Margareta von Dänemark war nicht dafür zu gewinnen, den bei ihr einsitzenden Schwedenkönig gegen Thord auszutauschen. So war sie nicht zu erpressen. Immerhin besorgte sie sich, um den Bischof freizubekommen, ihrerseits nun einen Gefangenen. Sie ließ sich hier von einem gewissen Karl Bengtsson helfen; Bengtsson war pikanterweise selber Vitalier, Margareta wußte das wohl nicht. Sehr viel Geld mußte die ewig finanzschwache Margareta für den Austauschgefangenen hinlegen, und trotzdem gaben sich Störtebecker und die promecklenburgischen Stockholmer Schloßbesatzer noch nicht zufrieden; Störtebecker und die Besatzer reizten noch höher, sie setzten die Königin, so sehr es nur ging, unter Druck. Erst als Margareta einem Ritter, einem Beauftragten von Störtebecker, noch ein sogenanntes *Darleben* von sechshundert Mark aushändigte – nach unseren heutigen Währungsbegriffen einen sechsstelligen Eurobetrag[11] –, kam der Bischof frei.

Der Papst, im übrigen, wollte auf seine Weise dafür sorgen, daß die großen Geldsummen wieder in andere Richtung flossen; Bonifaz befahl jetzt dem zuständigen Erzbischof von Uppsala, Störtebecker und die anderen Bösen vom Bannfluch freizusprechen, wofern sie nur die Kirche durch angemeßne Spenden versöhnen wollten. Und da wiesen doch Störtebecker und die verfluchten Vitalianerkapitäne das Angebot zurück. Was kümmerte es die hartgesottenen Burschen, ob gebannt vom Papst oder nicht gebannt.[12]

Andrerseits stifteten Störtebecker und Gödecke eine Ewige Messe in der Stockholmer Nikolaikirche[13]. Sie seien ja vor Dalarö mit Gottes Hilfe aus dem Eis wieder glücklich losgekommen. … Sie stifteten sie im Frühjahr danach: *Gott zu Lobe, dem Heiligen Blute zu Ehren.* Unverfroren genug von ihnen das alles, da sie doch gebannt waren; cool und unglaublich, da im gebannten Stockholm überhaupt nicht mehr Messen zelebriert und kirchliche Amtshandlungen vorgenommen werden durften.

Sehr christlich führten sich Gödecke und Störtebecker auch im deutschen Verden, an der Aller, auf. Hier, in dem gewaltigen, kupfergrün bedachten Verdener Dom suchen noch in unseren Tagen gläubige, fromm erschauernde Kirchgänger die vierzehn Fenster der beiden. Sieben davon hat Gödecke Michael gestiftet – um seine sieben Todsünden abzubüßen –, sieben Klaus Störtebecker aus dem gleichen Grund. Allerdings sind die alten vierzehn Fenster jetzt schon vor langer Zeit ersetzt worden. Sie seien schließlich gar zu kaputt gewesen. Ein Fenster hatte das Wappen Klaus Störtebeckers gezeigt: drei umgestürzte Becher; … mit diesem

Bild wurde sein Name gleich noch auf entsprechend andere Weise erklärt.

Einen Tag jedes Jahres haben Störtebecker und Gödecke Michael in Verden ganz für sich reservieren können, bis heute: den Montag nach dem Sonntag Lätare, den dritten Montag vor Ostern. Dann lassen die Verdener Stadtväter immer Brot und Heringe verteilen, auf Geheiß von Störtebecker.

Anderenorts haben die beiden, Störtebecker und Gödecke, gleichfalls noch Stiftungen veranlaßt: bei den Westfriesen – zu Stavoren und zu Franeker –, und zu Sevilla, bei den Andalusiern.

Geld ist aus Störtebeckers Verdener Stiftung keins mehr da, und deshalb bezahlen die Verdener Stadtväter das Brot und die Heringe jedesmal für Störtebecker aus dem laufenden städtischen Haushalt. Zwölf Himten hannoversches Maß Roggen – dreihundert Kilo – und eine Tonne Salzheringe – siebenhundert Heringe: all die Heringe und das Brot für bedürftige Leute. Hunderte, wenn nicht gar Tausende Verdener stehen dann immer mit herum, wenn verteilt wird, und kippen vor Wonne aus den Latschen; so auch ich.

Ein zartes Weib auf Rügen

Stortebeker half der herzoglich-mecklenburgischen Familie auch, indem er einfach nur kaperte und versenkte. Den Stockholmern Lebensmittel zu bringen, das war für ihn nicht alles. Er bohrte dänische Schiffe in den Grund – *das riche czu Denemarken czu beschedigen* – und kaperte Schiffe, die Dänemark ansteuerten und den Handel mit Dänemark aufrechterhielten. Das gewonnene Gut setzte er in Orten und Städten ab, die ihm und die den Vitalienbrüdern den Hafen öffneten. Meistens lagen die im Mecklenburgischen. Die edlen Beutestücke, von denen er sich nicht trennte – ja, wohin mit denen? Dafür legte Störtebecker Verstecke an. Als Versteck suchte er sich, wenn es nur irgend ging, eine Höhle. Er bevorzugte dafür Höhlen. Durch die Jahrhunderte hindurch und bis herauf zu uns haben sich die Hinweise auf hundertzwanzig Schlupfwinkel erhalten, in denen der tolle Störtebekker Beute sicherstellte und Schätze hortete. Meistens sind die Ortsangaben, die auf uns überkommen sind, arg ungenau; ... die Schätze könnten also noch dort sein. Eine gute Angabe haben wir für die Stubbenkammer: hier an der Kreidesteilküste soll eine Störtebeckersche Höhle[14] sein; ziemlich nah bei den beiden Kreidepfeilern, wie es heißt. Auch heutige Spezialisten nehmen als sehr wahrscheinlich an, daß Störtebecker in einstigen Höhlen an der Stubbenkammer Beutegut zwischengelagert hatte. Freilich ändert sich das Aussehen der Kreideklippen andauernd, und die erwähnten beiden Kreidepfeiler gibt es heute in der Form nicht mehr. Manche Störtebecker-Fans haben sich inzwischen schon alle Stubbenkammerfelsen auf einen Höhleneingang hin angesehen. Aber derart einfach hat es Störtebecker den goldgierigen Wanderern auch nicht gemacht. Zudem hat er eine Person dazu abkommandiert, die entscheidende Höhle zu bewachen. Manchmal – ohne daß oben an der Kante des Steilabfalls irgend jemand wäre und ohne daß Wind ginge – kommt von oben ein kleiner Erdbrocken heruntergefallen. Buchen wachsen dort noch bis zur Abbruchkante hin. Freiliegende Wurzeln wehen da oben beim leichtesten Luftzug zart hin und her.

Die großenteils reinweißen Kreidewände sind regelrecht glitschig nach Regenperioden. Das Kreidegestein ist glitschig. Unten hier am Fuß des weißansteigenden Gesteins liegt beiger Schutt auf den weißen kleinen Kreidetrümmern. Beige wird das, wenn sich Kreide und Humuserde vermischen. Störtebecker raubte aus der livländischen Seestadt Riga ein zartes Weib und schloß sie hier in der Schatzhöhle, auf halber Höhe der Stubbenkammer, ein. Störtebecker segelte öfter einmal nach Livland. Er sagte der Person – was noch dazwischen war, ist unbekannt: „Du bewachst uns die Dinger. Das ist ein Befehl!" Den verschwiegenen Ort hatte er vollpacken lassen mit atemberaubenden Pretiosen. So mancher weiß das – und schlägt sich mit Asthma seitdem herum.

Auch was danach mit der Livländerin und Störtebecker war, ist unbekannt; bekannt geworden ist gerade nur, daß oftmals das Geschöpf nervöse Brustwarzen gehabt habe, ähnlich wie eine Mutter, die gar zu lang stillt. Störtebecker sagte der Livländerin außerdem, nicht eher solle sie die Höhle verlassen, als bis er zurückgekehrt sei. So, in dem Ton, verkehrte er mit Frauen.

Nach Störtebeckers gewaltsamem Ende mußte das verführerische Frauenzimmer ebenfalls umkommen, weil er ja nicht zurückkehren konnte; andere sagen, muß sie dort, tief drinnen, immer weiter bei Störtebeckers durchsichtigen Edelsteinen sitzen, und manche behaupten sogar, man könne die Schönheit heute noch am Waschstein sehen, wo sie ein entsetzlich blutiges Tuch, von ihrer Periode herrührend, auszuwaschen versuche.

Das aber kann ja nicht sein.

Sie wasche und wasche und bekomme das Blut, ihr Blut also, nicht heraus.

Die Höhle ist bequem und mit allem versehen; heißt doch auch die ganze Kreideküste so, *Stubbenkammer*, nach dieser Höhlenkammer.

Der Waschstein ist ein Granitfels knapp vor der Küste Rügens, vierzig Schritt weit im Wasser drin. Richtige Schritte kann einer hier im Wasser natürlich nicht machen. Mehr als ein Störtebekker-Forscher hat sich schon gefragt, sich und andere: welches ist denn nun wirklich der Waschstein? Solch einem Unkundigen wissen die Einheimischen leicht Antwort; der größte Stein im Wasser, der ist es. Unter den abgeschliffenen Felsbrocken, die vor der Stubbenkammer im seichten Meer liegen, fällt dieser Fels sofort auf, er schaut fünf Meter aus dem Wasser. Die obere Ebene hat sanfte Schräglage und hat einen Höcker; und zur Meerseite hin ist der Felsen leicht grün, von Algen.

Außerdem liegen hier öfter einmal durchlochte Steine am Strand herum, der sowieso nur steinig ist; handtellergroße oder noch kleinere Steine, die vom Meerwasser Jahrhunderttausende bespült wurden, und in die das Meer ein Loch hinein- und hindurchgeleckt hat und manchmal mehrere Löcher. Die Löcher queren sich zuweilen sogar; Löchlein, die innen im Stein erst recht eng werden können. Die Menschen des einundzwanzigsten Jahrhunderts sind aufgeklärt, sie denken da noch an ganz anderes. Die Vitalienbrüder einschließlich Störtebeckers dachten bei den Steinen mit den durchgehenden Löchlein, die gerade hier herumliegen, an nichts, aber Störtebeker brachte just hierher die Livländerin.

Auch ist an den nassen Kreidefelsen kein Halten mehr. Etwas so Glitschiges hat mancher noch nie sonst in seinem Leben gefühlt. Und wer unten am kehligen Knick der Steilwände entlanglaufen muß, bekommt an den feuchten Tagen im Jahr bald Schuhe, die von Weiß schmutzig sind. Besonders im Herbst und Winter läuft einer hier auf einem nassen Kreide-Laub-Schlamm. Glitschig auch dieses Schlammgemengsel; und die daneben aufsteigenden Felsen sind butterweiche Felsen, es wundert sich einer da, daß so etwas in der Natur überhaupt sein kann. Felsen und dennoch butterweich! Aber hier an dieser Stelle in Deutschland ist vieles möglich – wie außerdem gleich wieder zu sehen sein wird.

Rudert ein Mann von der hohen See her auf den Waschstein zu, dann hat er hinter dem Waschsteingranit einen wilden, grün verwucherten Steilhang und links davon schneeweiße Kreideklippen.

Alle sieben Jahre, um Johanni herum, den vierundzwanzigsten Juni also, entsteht tatsächlich aus dem Nichts heraus eine Frau vor dem Waschstein, bei Tagesanbruch. Eine echt heiße Frau ist das; und die sei verwünscht, sagt man. Wer es schaffe, sie anzutreffen, auch noch „Guten Tag, Gott helfe!" zu ihr sage, der habe sie erlöst.

Wenn diese Frau ziemlich jung ist, darf einen das nicht verwundern, denn früher wurden die Leute sowieso nur fünfunddreißig Jahre alt durchschnittlich, nicht fünfundsiebzig wie heute. Damals, 1823 beispielsweise noch, hat der Waschsteinfels etwas anders ausgesehen: er war oben plan und platt. Auf seiner Oberfläche hatten an die zwanzig Männer Platz. Bis dahin hieß er auch der Tafelstein. In den letzten hundertsiebzig Jahren hat der Felsen sich bewegt; er ist etwas gekippt. Vor dieser Lageänderung hat einmal ein Fischer gesehen, wie ein begehrenswertes Geschöpf am Waschstein stand und ein Tuch, das blutbeschmiert war, immer wieder ins Meer tunkte, um die Flecken wegzuspülen; aber sie kam damit nicht zu Rande. Da nahm er sich zusammen, der Fischer, er ruderte noch näher zu ihr hin und versuchte sie anzumachen, „Gott helf, Jungfrau. Was tust du hier alles? Und du bist auch allein?" Das junge Wesen verschwand darauf, die Jungfrau watete drei, vier Schritte hinter den Fels und war dann aber gar nicht hinter dem Fels. Auch mit dem Fischer passierte etwas; der war binnen kurzem außerstande, sich noch zu bewegen. Er war wie festgehext, *so daß er nicht von der Stelle konnte.* Vermochten die Freundinnen Störtebeckers zu hexen? Andere Augenzeugen berichten, die Störtebeckerbekannte habe einen Mann anzulokken gesucht, einen beliebigen, auch weniger stattlichen Mann, um den dann mit sich unter Wasser zu zerren.

Als die Mitternacht war, saß jener Fischer, der mit einem gehörigen Adamsapfel geschlagen war und jetzt jedenfalls einen Kloß im Hals hatte, immer noch festgehext, den ganzen Tag über war nicht einmal mehr sein Adamsapfel gehüpft, aber nun eine Sekunde nach Mitternacht sah er die Störtebeckerbekannte wieder, sie trat zwischen den Kreidefelsen auf ihn zu: „Weil du, *Gott helf*, zu mir gesagt hast, bist du jetzt fein 'raus. – Du ..."

„Wieso? Wieso denn nur?" sagte der Fischer und konnte er jetzt sagen. „Warum hab ich mich nicht mehr bewegen können? Warum ging das nicht mehr?“

„Du kommst hinter mir her!“

Die Störtebecker-Hübsche befahl also schon, so wie einst Störtebecker. Sie lief an den weißen, schmierigen Kreideklippen entlang, die vom tagelangen Regen glitschiger als je und rutschig waren. Schlüpfrig waren. Die Störtebeckerbekannte glitt mehrfach aus, fing sich aber jedesmal noch; sie knickte gelegentlich ein, wobei sie ein Mal leise jammerte, und strauchelte öfters. Ebenso unsicher ging der Fischer, der ihr folgte. Zum Teil lief die Hübsche regelrecht rückwärts, wahrscheinlich nur um ihn im Auge zu behalten. Es war das jedenfalls ein komischer Spaziergang, und der Fischer trabte hinter ihr her in eine weite Höhle hinein. Die hatte der Fischer, obwohl er sich hier auskannte, noch nie vorher gesehen; in ihr lag Gold, lagen Rubine, Silber, die verschiedensten gotischen Kostbarkeiten. Und als der Fischer das noch unter Schlukken und mit hüpfendem Adamsapfel überschaute, hörte er von der See her Ruderschläge. Fuhr einer sein Bötchen weg? Wie er sich umblickte, sah er ein großes schwarzes Schiff herangleiten; an die tausend Männer kletterten da schließlich von Bord, alle in dunkler, gotischer langer Tracht und alle mit ihrem Haupt unter dem Arm. Die schlurrten still, beinah ohne ein Wort zu reden, in die Höhle hinein; manche entzündeten Fackeln oder Kiefernzweige an einer ersten Fackel, und sie fingen alle in den zusammengehäuften Steinen und glänzenden Metallen herumzukramen an. Im nachhinein begriff der Fischer, sie zählten sie. Das waren die Geister –, andere überliefern, waren die Schattenbilder Störtebeckers und seiner einstigen Utliggers[15]. Nachts kamen sie her und zählten sie ihre Ersparnisse durch, ob sie noch vorhanden seien. Der Fischer sah den Störtebecker und andere jetzt zählend hin und her gehen; ganz langsam hin und her gehen.

Die junge Frau begann, dem Fischer aus dem anderen Jahrhundert – in dem aber die Rubine noch genau so viel wogen – eine rote Tüte mit Edelsteinen zu füllen; die Utliggers und Störtebecker merkten anscheinend nichts. Die sahen anscheinend nicht, daß der Fischer damit ein Leben lang reich bleiben würde.

Der Fischer wandte sich zu dem jungen Wesen. „Ach also ich begreif dich nicht. Du redst ja auch nichts."

„Nein?" sagte die.

„Also du gefällst mir ja gut. Aber was ist denn das alles? Wie geht das denn jetzt außerdem weiter?"

„Ei" – sagte die Junge altmodisch – „… ich füll dir nur jetzt die Tüte mit dem Zeug. Gut gefall ich dir? … Ist wahr? Damit könnt' ich mich entschuldigen bei –", sie warf den Kopf nach hinten; just die Richtung war es, in der Störtebecker sich befand. Sie bückte sich, ließ die Tüte die letzte Handbreit über dem Höhlenboden einfach los, daß der Inhalt, als er aufprallte, der Millioneninhalt, nur so klirrte, und sagte weiter zu dem Fischer: „Mag ja auch stimmen, daß ich dir gefall. Wenn du nicht egalweg immerfort mich gewollt hättst, wärst du nicht die lange Zeit bewegungslos geblieben: nur so ist doch meine Macht", das junge Weib hob ungewiß die Schultern; dann, und indem es scheu zu Störtebecker hinschaute, schob es dem Fischer die fast gefüllte Tüte zu; mit dem Fuß, wobei es das altmodisch überlange Gewand etwas lüpfte.

„Was ist denn mit dir jetzt?", fragte der Fischer. Die Junge lächelte nicht. Der Fischer schob ihr feinwollenes Gewand um einiges höher, um vieles höher.

„Jedenfalls", sagte die Junge dabei noch, „heb ich hier mal meine Gewänder … für dich. Und wo doch der Störte… da ist."

„Das tust du ja nicht."

Die Junge lachte kurz auf. „… Hast du Schatten schon mal lachen hören? Und: Ob Geister lügen?" Sie trat rückwärts und lehnte sich schräg gegen einen Kreidevorsprung. „… weißt du, was das alles für mich heißt? Und wie das für mich weiter sein wird?"

„Allemal. Den Störtebeckersleuten", sagte der Fischer, mutig geworden, „sind wir ganz fern und gleichgültig –"

„Ich nicht."

„– für die Störtebeckersleute sind wir gar nicht da."

„Ich schon. Du hast ja hier nur einen Zipfel des Geisterreichs." Der Fischer trat dabei dreist-männlich in ihren Schritt. „Und du wirst gleich nicht mehr fröhlich sein", sagte sie weiter, während sie von dem Fischer am Po umfaßt wurde, und gleichzeitig dachte der Fischer noch an andres: wie bannig reich er jetzt geworden sei. Indem er das aber dachte, löste sich die Junge in kürzester Zeit auf. Hätte er das jetzt nicht denken dürfen? Zu nichts löste sie sich auf unter seinem Griff; es war wie wegrinnendes Salz. Weicher. Wie Mehl. Der Störtebecker trat wortlos auf ihn zu, der Fischer langte aber dennoch nach der Tüte, und der Störtebecker begleitete ihn auch nur still wie ein Toter bis hin zu dem Bötchen. Die unzählig vielen Vitaliergestalten folgten ihnen; die mit den Fackeln und Zweigen schlugen ihr Feuer aus; es klang rhythmisch, wie Brandungsgeräusch. Einmal rutschte der Fischer wieder auf dem kreidigen Boden aus und rumpelte er deshalb seitlich gegen Störtebecker. ... Er fühlte: knochig; sehr knochig. Als der Fischer sich zu den Vitalianern ein zweites Mal umdrehte – denn er ging nicht rückwärts wie vorhin manchmal die Störtebeckerbekannte –, verschwanden die Menschen so wie aus einem Spiegelrand hinaus, erschreckenderweise, und der Höhleneingang war schon verschwunden; als der Fischer sich wieder zurückdrehte, war Störtebecker nicht mehr da. Der Fischer kam sich ein wenig gelinkt vor, betrogen vor, mochte er drei Mal auch die gefüllte, klirrende Tüte in der Hand spüren. Und unvermittelt entfuhr ihm: „Mm! Au je, oh je. Mensch! Ich bin verrückt.“ Das rief er. So verblüfft war er; so sehr schämte der einfache Mensch sich ... und so sehr überzeugt war er auf einmal davon, daß er ja der Ehefrau seines Nachbarn verfallen war. Das begriff er jetzt zusammenhanglos. Als er dieser Nachbarin dann gestand, daß sie selber ja für ihn aufs Haar genau die Störtebeckersche Meerjuffer sei, reagierte die vollkommen unvorhergesehen. Pottsauer wurde sie augenblicklich, und der Dummbart fragte sich, warum und wieso, und schob es Störtebecker zu.

* * *

Daß Stockholm noch immer nicht das Ihre war, beschäftigte die dänische Margareta in der ersten Hälfte der neunziger Jahre von allen Angelegenheiten am meisten. Hundertmal zu lange schon dauerte das der ehrgeizigen Frau. Die Stadt lag an der Stromschnelle zwischen Mälarensee und Salzsee und war in den letzten Generationen als Umschlagplatz von Süßwasserschiffen und Hochseeschiffen bedeutend geworden. Aushungern ließ und ließ sich nicht die Stadt. Margareta mußte die Stadt aber haben! „Wer Stockholm besitzt, dem kalbt der Holzschlegel", hörte sie von einem Berater, aus ländlichem Milieu einem. Stockholm war das Filetstück ... der Krönungsort der schwedischen Könige.

Margareta, so haben ein paar Schranzen aus ihrer Umgebung uns übermittelt, lief herum und erregte sich auf das höchste. Ihre Dienerschaft wußte, was es geschlagen hatte, und muckste sich nicht; die Diener flitzten. Ihre Diener flutschten und waren froh, wenn sie aus den Gemächern wieder herauskamen. Margaretas Lieblingszofe pupste nicht mehr, sie redete nur, wenn sie gefragt ward, und hing an Margaretas Mund; sie zeigte damit – ohne es natürlich zu wissen – dieselbe gespannte Aufmerksamkeit wie ihre Herrin seit jeher. ... Die Königin hatte einen ziemlich schmallippigen und nicht gerade kleinen Mund. Es paßten zu ihm auch ihre festen, nicht unansehnlichen Hände.

Die Ratssendboten wiederum achteten in den letzten Monaten nur noch auf Margaretas Augen. Margareta hatte wirklich große, sehr aufmerksame Augen und – so tauschten sich jedenfalls die Ratssendboten aus – eigentlich immer einen leicht angestrengten, überaufmerksamen Ausdruck. Sie hatte zudem gern den Kopf ein klein wenig gereckt. Nach vorn gereckt. Jetzt in letzter Zeit war die Miene ihres bei alledem weiblich-hübschen Gesichts nicht nur leicht angestrengt und überaufmerksam, sie hatte dazu einen besorgten Zug. Betrachter, die sich mit Menschen auskannten, Betrachter, die geübt waren, wie Abraham Brodersson, sahen ihrem Gesicht und ihrer Haltung sehr wohl auch das Doppelbödige ihres Charakters an.

Die dänische Königin[16], aufs höchste erregt, schickte jetzt einen draufgängerischen Reichsrat und Heerführer, ihren Günstling Abraham Brodersson, in die Stockholmer Region. Er und ein weiterer Heerführer Margaretas sollten die Hauptstadt zumindest noch besser einschließen.

Brodersson war nicht nur draufgängerisch, sondern zugleich ein fähiger Mann; aber gegen Störtebecker und Gödecke, die hier aufkreuzten, wagte er in offener Seeschlacht doch nicht vorzugehen. Er vermochte auch nicht einmal Stockholm besser einzukesseln. Immer wieder einmal drangen Störtebecker und andere Vitalianerkapitäne, *de dat kostele Gut genomen hebben* – die kostbares Gut geraubt haben –, bis nach Stockholm durch, und Störtebecker sah nicht nur wie Brodersson von der Saltsjön, der Salzsee, aus in die kriwatschligen, krummen Stockholmer Gassen hinein, in denen tatsächlich Haus über Haus zu stehen kam – so hatte man das von der See aus vor sich –, sondern er stiefelte selbstbewußt die übersteil ansteigenden Gäßchen auch hinauf[17]. Ehrenvolles Geleit erhielten die Vitalianerkapitäne dabei von dem Stockholmer Schloßhauptmann Otto Peccatel. Störtebecker kannte inzwischen schon diese Sträßchen, die so unregelmäßig verliefen und die ganz eng und *unförmlich* waren.

„Für eine Stadt steil genug hier", äußerte Peccatel, im Steigen, etwas keuchend, etwas jappend.

„Aber da läßt sich das sogar noch im schlimmsten Fall gut verteidigen."

Der Schloßhauptmann war kein Pirat[18], war vorsichtiger veranlagt, er erinnerte nur an das vergangene Halbjahr, als die Vitalier dermaßen lange nicht zu ihnen gelangt waren und die Stockholmer sich den Dänen schon ausgeliefert wähnten.

„Wie? Wie?" sagte Störtebecker. „Ihr habt doch tapfer durchgehalten!"

Der Schloßhauptmann wiegte den Kopf. Störtebecker sah ihn an und der Seeräuber sah zugleich auf die enggedrängten Häuser des Sträßchens und auf die See, die am Ende des Sträßchens und des Holms schimmerte.

„War das für euch", sagte Störtebecker, „wie wenn ihr auf dem Kochlöffel saßt und knapp vorm Eintauchen in kochende Suppe gewesen wäret?" Und er lachte kurz, dieser Seeräuber. Peccatel begriff, wie sehr er von dem rauhen Manne, seinem Freunde durchschaut wurde. Das war einerseits in Ordnung – wenigen nur mochte Peccatel sich auch anvertrauen – und beschämte und plagte ihn doch andererseits wieder. Denn es waren keine heldenmütigen Gefühle, die hier offenbar wurden.

Er sagte Störtebecker auf dem Weg hinauf noch mehr. „Unsere Leute haben einen dänischen Kurier abfangen können. Aus dem Sendboten habe ich was herausgeholt; über den habe ich mitgekriegt, wie ein schwerreicher Stralsunder Fernhändler Beziehungen zur Margareta aufbaut in letzter Zeit. Der Stralsunder bietet der Königin auch an, euch Vitalier aus der See zu bringen, und er nennt dabei eigens deinen und Gödeckes Namen. Deinen Namen noch vor Gödecke. Daß der deinen Namen schon kennt!"

„Kann mir's denken. Aber ich hätte nicht gedacht, daß dieser Mann so sehr wortbrüchig würde. ... Nicht gedacht. Der bricht einen Eid."

„Du kennst den Mann?"

„Ist der Fernkaufmann der Wulflam?"

„Der Wullef Wulleflam van deme Sunde. Ja. Der bietet das der Königin an – wenn er nur Gelder von ihr für diese Arbeit empfange."

„So viel Eidbrüchigkeit. Und ganz von mir abgesehen, der Mensch ist doch als Stralsunder Pommer. Die pommerschen Herzöge, die Barnims und Wartislaws sind *für* uns Vitalier und für die Albrechtsche Sache."

„Der Mann", sagte Peccatel, „gebärdet sich ganz wie ein Feind des mecklenburgischen Hauses."

„Und die Verbindungen zur Königin", sagte Störtebecker, „hat der die schon? Oder will er die erst? Was ist da bis jetzt? Ich hätte den Mann schon mal vor einiger Zeit über die Reling kippen können, ich ihn über seine eigne Reling, eigenhändig ich. Nur Gödecke hat mich davon abgehalten."

„Wullef Wulleflam wird dann wohl zweierlei wollen: dich fangen und dänisches Geld auch verdienen."

„Und das Fangen muß er halt erst einmal schaffen", und Störtebecker lachte dröhnend.

„Wenn du das noch einmal schafftest, den zu ersäufen, sofort das tun! Im Interesse der mecklenburgischen Sache schon."

„Aber die Möglichkeit werd ich wohl so schnell nicht mehr haben."

Es war nicht von ungefähr, daß Abraham Brodersson Margaretas Wünsche nicht erfüllen konnte. Vor der Stadt bot die eigentümliche Landschaft der Schären mit ihren unzähligen großen und kleinen Klippen, flachen Inselchen und Rundhöckern Blokkadebrechern wie Klaus Störtebecker immer Schlupfwinkel. Die meisten Schären waren Ende des vierzehnten Jahrhunderts noch unbesiedelt. Und Störtebecker fühlte sich gewöhnlich recht sicher in dem Inselmeer, weil die Dänen insgesamt doch zu wenig Schiffe hier liegen hatten. Abraham dachte sich aber schließlich etwas aus, wie er wenigstens auf andre Weise dem Auftrag seiner Königin gerecht werden könnte: Er versuchte unentschiedene Vitalier zu sich hinüberzuziehen. Angesichts seiner allgemeinen Erfolglosigkeit gewiß frappierend gedacht. Verblüfft stellte Störtebecker die Resultate solcher Umtriebe fest.

* * *

Daß Stockholm irgendwann dem König Albrecht entrissen werden würde, ahnten Störtebecker und Gödecke vage. Und die Stadt, die sie beide und andere Vitalierkapitäne unterstützten, war für sie umgekehrt ein Stützpunkt. Der fiele dann weg. Sie sahen sich deshalb bereits nach einem neuen Stützpunkt um. Die verhältnismäßig ungeschützte Ostseeinsel Gotland bot sich ihnen, durch ihre Lage, dazu an. Gotland stand unter Margaretas Schirmherrschaft. Störtebecker und Gödecke segelten, von Stockholm aus und unter dem ewig sprühenden Gischt des Norrströms hindurch, mit südlichen Kursen und besetzten zunächst einmal einige Landstriche an der gotländischen Westküste. Etwas später, im Juni 1394, bemächtigte sich Störtebecker Wisbys, der steinreichen gotländischen Handelsmetropole. Wisby, den Entstehungsort der Hanse, konnte Störtebecker ohne weiteres überrumpeln. Bei den gewaltigen Stadtmauern[19] wäre das nicht möglich gewesen, wenn nicht so manche Wisbyer Einwohner ihrerseits mitgeholfen hätten; und zwei oder drei Wisbyer betätigten sich jedenfalls als Verräter für Störtebecker. Margareta hatte hier auf Gotland keine Freunde.

* * *

Königin Margareta aß frischgepflückte Kirschen, stampfte mit dem Fuß auf – ob wegen Maden in einigen Kirschen oder wegen Gotlands? – und wollte nicht auf die Insel verzichten. Sie schickte einen Söldnerführer, einen halländischen diesmal, mit einer Flotte nach Gotland, um die Insel für sich zu retten. Der Halländer[20] landete zwar und konnte einen Teil des flachen Landes erobern, aber Wisby gewann er nicht. Vor Wisby rannte er sich fest. Störtebecker und Gödecke verteidigten die Stadt zäh.

Durch Verschanzungen versuchte der drahtige, umtriebige Halländer, Sven Sture, seinen mühsam errungenen Landgewinn gegen diesen verfluchten Störtebecker abzusichern. In den nächsten elf Monaten froren die Gegner beiderseits ihre Frontstellungen ein – der promargaretesche Sture und Störtebekers Vitalienbrüder. Zum Teil mußte Sven Sture nach seinen Anfangserfolgen vor Störtebecker zurückweichen.

Das Jahr 1395 erlebten Störtebecker, Gödecke, überhaupt die Vitalienbrüder dann aber als tiefen Einschnitt. Die Hansekaufleute brachten so etwas wie einen Frieden zwischen Margareta und dem von ihr weggesperrten König Albrecht zustande. Der Schattenkönig Albrecht durfte mit seinem Sohn Erich aus dem schwedischen Schloßkerker Lindholm heraussteigen, für drei Jahre bis Michaelis 1398 zunächst einmal, und die mecklenburgische Herzogsfamilie überließ dafür Stockholm pfandweise den Hansen. Innerhalb der drei Jahre sollte Albrecht der dänischen Margareta ein Lösegeld herbeischaffen, fünfzigtausend und bald hieß es sechzigtausend Mark lötigen Silbers – für die mecklenburgisch-herzoglichen Dörchläuchtings, die immer herumknapsten, eine ganz ungeheuerliche, gigantische Summe[21]. Bezahlte Albrecht nicht innerhalb der Zeit, dann sollte er entweder in sein Lindholm-Verlies zurückkriechen, oder Stockholm sollte an die Dänenkönigin gehen.

Die Stockholmer Deutschen brauchten damit nun nicht mehr von Störtebecker durchgefüttert zu werden, das Reich Dänemark brauchte eigentlich nicht mehr geschädigt zu werden – so meinten die von Stortebeker schwer gebeutelten Hansen –, und Stortebeker und Godeke standen jetzt ohne Auftrag da. Die Kaperbriefe waren wertlos geworden. Stortebeker hielt das Pergamentstück mit den Siegelklunkern in der Hand. Er kratzte sich am Nacken zwischen seinen schmutzigblonden Haaren. Und fluchte lange.

* * *

Mehr noch. Der sich kratzende oder selber kraulende Stortebeker und der hünenhafte Godeke hörten beide, daß mit diesem Friedensschluß die Wismarer und Rostocker verpflichtet waren, ihre Häfen den Vitalienbrüdern zu verwehren. Störtebecker soff einen Humpen Loirewein und fluchte gotteslästerlich. Gödecke fetzte die Siegel von seinem Kaperbrief ab, knüllte seinen Kaperbrief zusammen. Nahm Störtebeckers Ausfertigung und schmiß die Pergamente über die Reling ins Wasser.

Nach einer Weile, zu dem schluckenden Freunde: „… Klaus! Hallo. Begreif doch."

„Ich begreif'. Alles!"

„Klaus. Grade damit du und ich endlich ohne eine rechtliche Sache sind, ohne eine Grundlage, grade dazu haben die Schitt-Hansen den Frieden überhaupt nur ausgetüftelt. Just damit diese Kaperbriefe nichts mehr gelten!"

„Alles klar. Hast ja wieder recht, ich weiß das doch."

„Der Friedensabschluß, der interessiert die Hansen überhaupt bloß unsretwegen. Unsrer Fahrten wegen. Na, und ist das nicht was? Die machen teure, hohe Politik nur wegen mir und dir. Als wir dich damals aufgegabelt haben, hat doch kein Hahn mehr nach dir gekräht."

Störtebecker: „Ja. Alles schön zu wissen. Aber jetzt ist Schiete."

Gödecke – sie befanden sich auf Störtebeckers Koggen in der Kuhle, dem Hauptdeck: „Und, paß auf, gut bedünkt mich außerdem: die Hansen haben in den Frieden auch noch 'reingeschrieben, *auf Gotland behalten die Mecklenburger Wisby und alles flache Land, das sie bis zum dreiundzwanzigsten April innehaben.*"

„Behalten?"

„Ja, behalten, für die drei Jahre Frieden. Die Mecklenburger, also damit wir!"

„Das wollen die Hansen und Margrete uns gar nicht nehmen? Schau, schau!"

„Den Mecklenburgern nicht – und somit uns nicht."

„Wir sollten einmal sehen, wie sich der Sohn des Königs Albrecht macht. Vielleicht, daß wir an ihm ein'n guten –"

„– Bundesgenoß hätten? An dem Mecklenburger Erich? Ei! Gut so; nehmen wir mit ihm Verbindung auf. Kümmern wir uns mal um ihn."

Störtebecker: „Er soll von dem ewigen Lindholm schwer mitgenommen sein; mehr noch als sein Vater. Die schwarze Margarete hat den beiden wirklich zugesetzt."

Gödecke fing an, in der Kuhle an den Gesellen vorbei auf und ab zu laufen. Gödecke: „Die Margrete? ... haßt doch den Vater noch mehr als den Jungen. Der Vater hat sie mal beleidigt: *das Mädchen der Mönche!* So als ob sie sich gleich von mehreren Mönchlein nachts erwärmen lasse."

„Da wußte unser Albrecht wohl noch gar nicht, daß sie sich auch vom Abram Brodersson zwirbeln und zibbeln läßt." [22]

„Ah, von dem? Insgleichen von ... dem andern Reichsrat Algot Magnusson. Sie haßt unsern Albrecht außerdem, weil der ihr doch damals die zwei Sachen schickte. Die aus einem ungewaschnen Weiberrock genähte Fahne und den Stein. *Da hast du, was dir zukommt. Die Fahne – aus dem dicken Beiderwand der Bauernweiber, und den Schleifstein, auf dem du dir deine Nähnadeln schleifen magst.* Die Nadeln paßten besser zu ihr; und, sie würde eher zur Kuhmagd taugen als zu einer Königin."

„Der Sohn soll aber mehr angekatscht sein als der Vater, von dem Schiet-Kerker. Rätselhaft!"

„Na wir werden sehn."

„Ich bin auch gespannt auf ihn."

Und fürwahr sollten sie überrascht sein, als sie ihn dann zu Gesicht bekamen.

Erich wandte sich, unmittelbar nachdem er von Margareta entlassen worden war, nach Norddeutschland und heiratete, kein

Dreivierteljahr später, eine stubsnasige Pommerin: Sophia. Die Vermählungsfeierlichkeiten dauerten vom elften bis fünfzehnten Februar 1396. Es war eine Doppelhochzeit, sein Vater heiratete gleich noch einmal mit, diesmal Sophias Stiefmutter. Sophia stammte aus einer Linie des pommerschen Herzogshauses[23].

Und anschließend an die Hochzeit, das hieß, sobald er nur eisfreies Wasser hatte, segelte der dreißigjährige Erich mit seiner Stubsnase nach Gotland. Er wollte hier seine und seines Vaters Erbansprüche verteidigen. Als erstes ließ er sich sofort zum König von Gotland ausrufen[24].

Margareta hat sich, als dieser feindliche Erich den Titel *König von Gotland* annahm, in ihrer Haut nicht wohlgefühlt. Inzwischen vernahm sie auch, daß Erich Schwedisch akzentfrei sprach – sein Vater Albrecht lernte Schwedisch nie ganz beherrschen –, und sie begriff sofort: Erich verstand sein Gotlandkönigtum als Sprungbrett zum Schwedenkönigtum. Es beruhigte sie mitnichten, daß Erich sich eigentlich nur selber zum König ernannte, und daß er sich dabei nur auf die Macht der heimatlosen Vitalierhalunken und dieses dahergekommenen Seeräubers Störtebecker stützte.

Als Störtebecker Erich kennenlernte, sah er dem Dreißigjährigen sogleich die Entbehrungen an. Mundfalten. Eine zusammengekniffene Mundpartie. Ziemlich ausgemergelt die Gestalt; fett war der Erich[25] nicht. Im Schloßkerker mochten der Königssohn Erich und sein Vater Albrecht Unvorstellbares ausgehalten haben.

Mit diesem wenig eindrucksvollen Manne vertrug sich Störtebecker aber überaus gut. ... Der eine war vital, groß, kräftig, der andere verbittert, leidend, hatte einen kleinen Mund, ein geradezu winziges Mündchen; nun, warum nicht! Bemerkenswert war ja zudem, was für eine herrliche, appetitliche, schlank und groß anzuschauende und dabei stubsnasige[26] Prinzessin Erich trotz seines ungünstigen Äußeren mitbrachte und in Pommern aufgetan hatte. Den wenig vorteilhaften äußeren Eindruck half Störtebeker denn auch aufbessern, indem er Erich das Gold zu dessen Krone gab. Bald ging der bittere Erich als König von Gotland, wie es sich gebührte, mit einer Krone. Einem riesigen Gestell; und unter der Krone mußte Störtebecker nach wie vor das längliche, schmal, nun überschmal erscheinende, zum Kinn hin spitz zulaufende Gesicht des Königs hinnehmen, Störtebecker lächelte; und Sophia mußte mit Erichs Ziegenbart klarkommen. Er schnitt sich einen Ziegenbart, der ihm bis in die Wangen reichte. Ihr zuliebe aber ließ sich Erich die dunklen Haare nackenlang wachsen ... vielleicht auch, weil dann die Krone besser saß. Riesig, das war die Krone deswegen, weil Störtebecker ihm eben so viel Gold gelassen hatte. Der Freibeuter Störtebecker griff da nur auf die Rügener Bestände der Waschsteinhöhle zurück.

Zu der Krone nahm Erich nun gern einen gewaltig langen Mantelumhang. Der Mantel war oben eng, unten maßlos weit und wurde vor dem Hals mit einem dicken Knopf zusammengehalten, keiner altmodischen Spange, sondern einem neumodischen Knopf. Das Mantelmaterial war dunkelgrün gefüttert; außen war der Mantel hell, violettrosa, und unter dem Mantel, so sah Störtebecker und sah erst recht Sophia, trug der König gern etwas Enganliegendes.

Margareta bangte um den Besitz von Gotland. Sie und die Leute aus ihrer Umgebung waren auch durchaus unsicher, ob die gutnischen Bauern Erich nicht freiwillig als ihren König anerkannten; er hatte ja Folkungablut[27]. Aber die große Gefahr drohte Erich und Störtebeker hier nicht von Margareta, nicht von der Dänin mit ihrer gar zu spärlichen Flotte, sondern von ganz woanders her.

Für Störtebecker waren die ersten zwei Jahre auf der Insel eine gute Zeit, wahrscheinlich seine allerbeste überhaupt. Stockholm war verloren, hier in Wisby hatte er einen befestigten Hafen. Vorratslager. Speicherraum. ... Auch Handwerker, um die Schiffe ordentlich reparieren zu lassen. König Erich stellte ihm, Gödecke und weiteren Vitalierkapitänen neue Kaperbriefe aus. Der frischgebackene gotländische König wollte damit besser die mecklenburgischen Ansprüche auf den schwedischen Königsthron durchsetzen, und Störtebecker und Gödecke konnten zumindest offiziell wieder als Kriegführende auftreten. Die Speicher und Lager im Hafen von Wisby füllten sich. Gödecke erlebte das schon nicht mehr mit; er verabschiedete sich von Störtebecker und brach zu neuen Ufern auf. Mit einer Anzahl Vitaliern segelte er ab. Ihm wurde die Ostsee zu eng oder zu ungemütlich; er versprach sich, nachdem sich Stockholm erledigt hatte und König Albrecht freigekommen war, mehr von der Nordsee.

Die Patrizier der Stadt Wisby taktierten inmitten der Rivalitäten von Königen und Herzögen, von oft uneinigen Hansen und angesichts der wechselnden Rolle der Vitalienbrüder vorsichtig und geschickt; und die schlichteren Einwohner Wisbys, die im Süden der Stadt zwischen Sankt Karin und der Doppelkirche Sankt Per – Sankt Hans hausten, profitierten von Störtebecker ganz besonders.

Vor allem aber entwickelte sich für König Erich und Störtebeker die militärische Lage auf der Insel zunächst in verblüffender, ja geradezu unglaublicher Weise. Sven Sture, Margaretas Söldnerführer, hielt nach wie vor einen Teil der großen Insel für Margareta besetzt, und dieser Schwede verzankte sich mit seiner Königin. Wahrscheinlich blieb sie ihm Soldzahlungen schuldig; und er begann jetzt ohne jeden Skrupel mit Störtebecker und Erich zusammenzuarbeiten. Sven Sture wechselte glattweg die Front[28], er ging mit seinen alten Hasen oder Helden zu Störtebecker über. Seine Mannschaften waren damit keine Söldner mehr; schon bisher hatten sie wohl Sold viel zu wenig gesehen – Sold konnten sie nun auch grundsätzlich nicht mehr beanspruchen.

Störtebecker überschlug: vier- bis fünftausend Mann stark waren die Vitalienbrüder damit insgesamt. Freilich handelte es sich da nicht nur um sie auf Gotland – sie waren jetzt etwa sechzehnhundert –, sondern noch um die Vitalier der Greta Dume[29] in den finnischen Schären bei Åbo, um die in Livland, um fünfhundert in Dorpat, um die an den pommerschen Küsten, den mecklenburgischen Küsten, um solche, die nach wie vor in den Schären vor Stockholm herumlauerten, oder um welche, die sich auf Bornholm festgehakt hatten, und um Vitalier in der Nordsee[30].

Wenn sie alle zentral und einheitlich gelenkt aufträten: Welche Macht, nein welche Riesenmacht![31] Aber von einheitlich konnte überhaupt keine Rede sein. Und er glaubte kaum, daß es dazu einmal kommen würde.

Andererseits verschlechterte sich auch die Situation für Störtebecker und für Erich: die Wisbyer muckten auf. Hatten zunächst viele Wisbyer die Vitalienbrüder begrüßt, so paßten den Einheimischen die Vitalienbrüder inzwischen überhaupt nicht mehr. Störtebecker und Erich konnten den Gotländern nicht mehr trauen. Die Wisbyer wurden immer renitenter und aufsässiger, Störtebecker hatte an ihnen wenig Freude mehr. Erich und er versuchten daraufhin allen Ernstes, die Stadt von sämtlichen Bürgern zu evakuieren. So etwas hatten Vitalienbrüder noch nirgendwo unternommen, noch niemals. Störtebecker war damit auch überfordert; die Wisbyer ließen sich das nicht bieten. Und Gödeke befand sich weit weg in anderen Meeren und hatte es wohl besser getroffen. Hier verpaßte er jedenfalls nichts.

Zwei Fürstinnen, uneins

Zwei Ereignisse, überraschende, vollkommen unvorhergesehene Ereignisse, bestimmten das weitere Schicksal Störtebeckers und seiner Vitalienbrüder. Sophia hatte noch nicht einmal anderthalb Jahre Ehe verkostet, da wurde sie schon Witwe. Und, die preußischen Deutschordensritter landeten auf Gotland.

Die wohlhabenderen Wisbyer und die Wisbyschen Ratskreise sahen selbst Erichs Leiche nicht gern in der Stadt. Der König starb am sechsundzwanzigsten Juli 1397 in seiner gotländischen Burg Varvsholm; er genas von einer ansteckenden Krankheit, der Pest möglicherweise, nicht mehr und begraben wurde er nur bei der Pfarrkirche der bescheideneren, ärmeren Bürger, Sankt Hans[32], am südlichen Ende der Stadt.

Die weitreichenden Pläne, ein dynastisch zusammengehaltenes neues Ostseereich, hatten sich damit schon wieder erledigt, und Störtebeker und seine Vitalienbrüder waren erneut zu privatim herumräubernden Halunken heruntergestuft. Erichs Vater Albrecht fiel schon die ganze Zeit nichts anderes ein, als bei seinesgleichen anzuklopfen; er reiste nur mit seinem schwedischen Königstitel zwischen den Höfen herum und warb bei den Fürsten um Geld. Die ganze Situation geriet ins Rutschen.

Sophia, stubsnasig, aber nicht bestußt und nicht träge, teilte sich während des nächsten Dreivierteljahrs mit Störtebecker und den anderen Vitalianeranführern in die Inselherrschaft[33]. Sie wollte es auch durchsetzen, daß Erich gleich wieder exhumiert und nun doch in die S:ta Maria Domkyrka umgebettet würde – vergeblich; die störrischen Patrizier von Wisby wußten das zu hintertreiben.

Erstaunlich kurze Zeit, nachdem Erich bestattet war, ließ sich ein Herr am dänischen Hof melden. Margareta weilte in ihrem Nyborg Slot. Obwohl der Besucher, der bemerkenswerte, nicht von

Stande war, wurde er dann schon am selben Nachmittag vorgelassen. Nur ein Städter war er, die Königin zog sogar noch ihren Ersten Reichsrat Brodersson hinzu. Als der Besucher Wulflam nachmittags bereits in einem Raume, am Südende der langgestreckten, zweihundert Jahre alten Königsburg Nyborg, wartete, entspann sich noch ein Zwiegespräch zwischen Brodersson und der Königin. Brodersson war von den unwirtlichen Außenbezirken Stockholms, des für ihn uneinnehmbaren Stockholms, des widerlichen Stockholms an die Seite seiner Königin zurückgekehrt. Nach Nyborg am Großen Belt beziehungsweise an der Ostküste der Insel Fünen. Abraham Brodersson war mit der Königin zwei Mal an dem Tag im königlichen Schlafgemach gewesen, und als sie das Schlafzimmer verließen, fragte er – und tat er, als sei er unwissend: „Welche Vorzüge hat der Wulflam? Und was wird er wollen?"

„Vorzüge?", sagte Margareta. „Er hat Geld. Und was er will: Geld."

„Von Euch?"

„Von mir."

Margareta ließ diesen Wulflam aus dem unteren Stockwerk holen.

Der in schönste Pelzbesatzgarderobe eingekleidete Betreffende ein paar Minuten später zur nicht minder schönen Margareta: „... Ja, ich kann Eurer Hoheit da einiges Wichtige weitergeben", und er sagte das mit zu dem hinter Margareta stehenden Brodersson, „wir haben ja immer unsre Verbindungen zu den Handelshäusern in Wisby."

Margareta: „Soweit ist uns das wohlvertraut. Und wir wissen, Ihr seid doch jetzt der Bürgermeister von Stralsund geworden; erneut wieder geworden."

Wulflam machte dazu eine Bewegung mit der Hand, die nur eitel wirken mußte. Wulflam: „Allerdings haben diese Verbindungen nach Wisby in dem letzten Jahr gelitten. Sehr! Wir können uns kaum mehr erlauben, Ware nach Wisby abgehen zu lassen, obwohl wir das liebend gern täten. Beinah jedesmal, wenn wir ein Schiff gen Wisby schicken, wird uns – auch uns – das Schiff samt der Ware von Störtebeckers Schalken weggenommen", Wulf Wulflam lachte bitter auf; das Lachen war jetzt echt. „Nicht mal Erich hat sich gegen Störtebeckers Schalme durchsetzen können oder der Erich hatte sich selber solche Übergriffe erlaubt."

„Warum", sagte Brodersson, „sagt Ihr *hat*? Setzt er sich jetzt durch?"

Die Königin saß, die beiden Herren standen noch. Der Rangordnungen bediente sich Margareta stets. Wulflam, zu Margareta gewandt, selbstgefällig lächelnd: „Ja, da gibt es nun was hinzuzufügen –"

Margareta fiel Wulflam ins Wort. „Dieser Erich ist das allerärgste! Ein mieses Mannsbild. Ich kenne ihn ja von den Jahren her, als ich ihn eingekerkert hielt … von daher. Ein Schreckgespenst. Diesem Erich ist alles zuzutrauen dem miesen Knochen. Er haßt mich."

„Dazu", sagte Wulf Wulflam leise und schnell, „gehörte nicht viel von seiner Seite her; dazu wart Ihr ihm zu überlegen." Laut und nicht so schnell mehr sagte er weiter: „Das Schreckgespenst haßt Euch, Majestät? Macht Euch nichts draus. Jetzt hat es sich für ihn ausgehaßt. Erich ist jetzt gestorben Ende Juli. Ich denke, Ihr wißt das noch nicht. Dero halber bin ich auch zu Euch gekommen." Margareta sprang auf.

Margareta: „Was, ganz tot?" Brodersson sprang mit auf eigentlich, obwohl er ja schon stand, er hüpfte ein Mal. Wie ein leichter einbeiniger Hupf war das.

Brodersson: „In Wahrheit? Ist Eure Nachricht sicher?"

Margareta: „Da ist ja alles ganz anders jetzt!", sie klatschte sich knapp oberhalb ihres Busens gegen ihren Körper dabei, impulsiv, wenig königinnengleich.

„Ich wollte", sagte Wulf Wulflam ganz zu Margareta gewandt, „euch diese unerhörte Zeitung vor allen anderen bringen –"

„… Löblich von Euch, Wulflam."

„– das Gespenst ist nun wirklich nichts weiter mehr als ein Gespenst."

Margareta sprudelte erneut, wie dreist dieser Erich gewesen sei, wie schlecht er gewesen. Wie er sich unrechtmäßig König genannt habe, sich dessen erfrecht habe. Wie er nun seine Strafe ja weghabe – göttlich gerecht –, und die Herren bejahten fortwährend. Sie bejahten nahezu um die Wette, und ein Diener, der Gebäck brachte, grinste sich im Hinausgehen eins; Brodersson identifizierte das noch. Margareta fing sich endlich wieder etwas und heißhungrig langte sie bei den Honigkringeln zu. Ohne den Herren, den beiden, anzubieten. Margareta: „Im Juli, er? Wundervoll. Mein Gott, es ist recht, daß wir das jetzt schon wissen."

„Na ja naja naja." Abraham Brodersson wiegelte hier ab. Brodersson wurde immer gereizter.

„Da ist ja alsbald was zu unternehmen", und nach kaum mehr als einer Atempause, „... laßt mich nachdenken, ihr zwei. Was für Augenblicke, jetzt! Ach mir fällt gar nichts ein." Und sie deutete eine Geste und die Handbewegung, Platz zu nehmen, an.

„Ihr, Königin", sagte Wulflam, „könnt Euch erlauben, so etwas zu sagen, denn Euch fällt immer genug ein! Es ist auch nicht leicht jetzt. Was werden Störtebecker und Euer Sture, Hoheit, mit Erichs Witwe weiter machen? Der Sture hat ja seine ganzen Leute da. Und Störtebecker und dessen Vitalier: haben die Schiffe. Aber die Herren sind derzeit wohl in Verwirrung. Eure Gelegenheit, Königin! Störtebecker und Sture werden sich gegenseitig kaltstellen wollen. Und die vierundzwanzig Jahre alte Witwe wird sich letztlich nichts von den Männern sagen lassen wollen. Da ist das für Euch jetzt, Königin, der richtige Zeitpunkt, einzugreifen."

„Mit Heeresmacht dort dazwischenzutreten?"

„Eben ja. Solch ein günstiger Zeitpunkt wird nicht mehr kommen. Königin, treten Sie jetzt dazwischen. Besetzen Sie die Insel. Damit haben Sie dann auch die Störtebeckerscharen aus der Welt! Nicht zu vergessen."

„Sie sind ein guter Handelsherr, aber kein guter Feldherr", sagte Brodersson zu Wulflam.

„Was? Oh. Oho. Ich habe vor einem Dutzend Jahren selber die Seeräuber aus der See gebracht für die Hanse."

„Die Seeräuber sind wieder da."

„Die nicht; andre. Den Störtebecker gab es damals noch nicht."

„Zum Teil", sagte Brodersson, streitsüchtig und wohlbeschlagen, „sind es heute die nämlichen Anführer. Und Gotland: selber sagtet Ihr gerade, Störtebeckers Scharen hätten die Schiffe. Wie wahr. Wir verfügen über weniger Schiffe als Störtebeckers Vitalianer insgesamt. Deshalb habe ich ja noch nicht Stockholm einnehmen können. Nein nein Königin“, Brodersson wandte sich ganz seiner Bettgenossin vom Nachmittage zu, „ob da ein Erich herumläuft oder kein Erich, die Insel ist für uns so jetzt nicht anzugreifen; laßt Euch da nicht von einem hergelaufnen pommerschen Handelsmann zu was verleiten. Euch nicht in eine ungewisse Sache ’reinreißen. Ihr kennt mich als … keinen Feigling.“

„Sowieso, mein Brodersson. Ich bin Euch dankbar. Mir fällt was ganz anderes ein. Unternehmen will ich etwas mit Gotland, darin folge ich Wulflam. Mein Vater hatte Wisby ja schon besessen. Ich könnte des weinen. – Wulflam: Ich will mit der Sophia, dieser unbedeutenden, über Gotland verhandeln. Aber ich muß erst mal an die herankommen. Ihr könnt“, sagte sie, noch eindeutiger zu Wulflam, „nicht wissen, daß ich das nämlich schon einmal versucht habe, mit brieflicher Ansprache. Keinerlei Antwort von dieser Zicke. Ohne Erfolg. Freilich lebte da deren Mann noch. Herr Wulflam, wollt Ihr nicht wieder einmal im geheimen was für mich tun? Tretet Ihr für mich an Sophia heran? Wollt Ihr ein Treffen in die Wege leiten?“

Wulflam, der hier gehetzt und gearbeitet hatte, wich jetzt doch zurück. Mit dieser Wendung hatte er nicht gerechnet. „Hoheit, das kann ich diesmal leider nicht.“

„Na na.“

„Unser Freund“, sagte Brodersson, und weiter voll Glätte, „ist ja wie vom Donner gerührt.“

„Ich würde, nach allem, was ich weiß, bis zu Sophia gar nicht durchdringen. Und ich würde übrigens dem Störtebecker ausgeliefert sein.“

„Nun, selbst wenn“, sagte Brodersson. „Das werden Sie doch deichseln.“ Schweigen allerseits. Brodersson: „Sie sind ja nicht ich. Sie sind ja kein dänischer Feldherr, Sie sind ein privater Handelsherr.“

„Das geht in dem Fall dennoch nicht.“

Margareta und Brodersson sahen Wulflam erwartungsvoll an;

voller Neugier. Margareta: „Ihr seid, Herr Wulflam, doch immer ein tapferer Mann? Ich muß ja diese Witwe auf meine Seite ziehen. Und dafür muß ich erst einmal mit ihr reden können. Darauf käm's jetzt an."

„Seid Ihr", sagte Brodersson, „so feige doch, Wulflam? Das hätte ich nicht gedacht."

„Ja wenn Euch", sagte Wulflam, zu Margareta und indem er die Niedertracht Broderssons überging, „das gelänge. Sophien auf Eure Seite! Als Bundesgenossin zu bekommen."

„Gelingen würde es schon", sagte Brodersson zu Wulflam. Erkennbar giftig. „Nur ob sich die Witwe zu einem Treffen hergibt."

„Wenn ich die Witwe überzeuge", sagte Margareta, „dann könnte ich auch den Störtebecker austrocknen. Über Sophia."

„Ah ja –"

„Wir würden Euch, Herr Wulflam, die Dienste wieder hoch vergüten."

„Da seid Ihr doch", sagte Brodersson, „als friedlicher Handelsmann immer für zu haben."

„Ich hätte auch nichts dagegen. Aber nein. Diesmal – ich wäre da aufs furchtbarste gefährdet. Ich käme ja ohne jede Streitmacht, wirklich als einzelner. Und dieser Störtebecker würde mir den Hals umdrehen, genau das. Mögt Ihr das, Herr Brodersson? Königin, Ihr wißt, ich hab sonst viele Male die Klinge schon geführt, mehr wohl als jeder andre große Kaufmann von der Ostsee." Wulflam überlegte nun tatsächlich. „Königin, wenn Ihr so darauf erpicht seid, – ich könnte zwei Verwandte Sophiens dafür einspannen. Allerdings das weiß ich jetzt schon, die würden sich in solche Gefahr nicht begeben, wenn sie nicht ziemlich hoch dafür entschädigt würden."

„Die Dänsche Schwedische Norwegsche Krone", sagte Margareta, „würde desfalls –"

Und Wulf Wulflam versprach ihr, für sie sein Bestes zu tun. Den Feldherrn Brodersson schnitt er.

Durch den Großen Belt verließ Wulflam Fünen wieder … und eine Seemeile weiter sperrten die plumpen Seeleute des Holks Mund und Augen auf. Die sahen den Bürgermeister an der Bretterwand der Steuerbordkajüte lehnen, sehr in Gedanken war der Bürgermeister, und mitten dabei rechnete er mit den Fingern für sich – eins und zwei und drei – etwas Unsichtbares vor seinem Bauche aus, lautlos, und immer wieder das.

Die von Wulflam bald angesprochenen Unterhändler Barnim IV. und Wartislaw VI. suchten Sophia in ihrem Domizil zu Wisby auf, und sie bemühten sich, sie für ein Treffen mit Margareta zu gewinnen.

„Kein Bedarf!", sagte Sophia, und die Seeräuberpatronin winkte ab.

Sophia roch wahrscheinlich, daß die zwei pommerschen Herzöge, die ihre Verwandten waren, mit Gotland noch durchaus eigene Pläne verfolgten[34]. Und sie gedachte sich auch von den Verwandten nicht etwa schlanker Hand entmachten zu lassen.

Die beiden hinwiederum machten Sophia fleißig klar, Gotland sei für Sophia doch nunmehr eine recht unsichere Heimstatt. Und es empföhle sich da für sie, sich in Verhandlungen mit Margareta einzulassen. Sophia blieb ablehnend, und sie wollte mit Störtebecker sprechen. Dagegen gingen die zwei Sendboten aufs heftigste an. Sophia spürte schnell, wie die hier unnachgiebig zu sein hatten, freute sich und frohlockte heimlich, sie spürte, wie die zwei von ihren Auftraggebern in die Pflicht genommen waren, juchzte ein Mal gar. Und beharrte erst recht darauf, Störtebekker, dieser Mann müsse mit entscheiden. Die zwei pommerschen Herzöge erkannten, wie sie gegen eine Wand hier redeten. Sie sagten zu Sophia, sie würden aber nur zwei Stunden warten, eher weniger lang. Sei sie da nicht von Störtebeckern zurück, so braue sich für sie, des seien sie gewiß, etwas Ungutes zusammen und sie segelten ab. Und so wenig sie dem Manne trauten, so wenig nämlich wisse Sophia in Wahrheit, was der Störtebecker noch machen werde. Sie würden auch nicht hier in Sophias Domizil im Residensgränd warten, sondern lieber draußen auf ihrem Balingerschiffe; dorthin müsse sie kommen.

Die unerwartet mit zweifachem Besuch Beehrte eilte zu Störtebecker, kleines Gefolge hinter sich. Das kleine Gefolge hätten Barnim und Wartislaw ihr auch noch gern verwehrt, Sophia lachte bei der ungeheuerlichen Zumutung nur auf. Diese Frau hatte übrigens ein sehr melodiöses Lachen.

Den Störtebecker fand der kleine Sophiensche Trupp bei den Koggen.

Sophia schaute sich neugierig und kregel auf Deck um. „Hier seid Ihr also wieder?"

Lakonisch Störtebecker: „Hier ist unsereins meistens."

Sophia drehte sich auf ihrem Fleckchen noch ein paarmal nach drei Seiten um. „Hier könnt Ihr wenigstens allen Leuten trauen. … Das ist was Schönes. Bei mir ist das nicht so. Ich kann eigentlich niemandem trauen. Noch nicht mal meinen Verwandten richtig. Und nicht meinen Dienern" – so sagte sie vor den Dienern ihres Gefolges – „den Wisbyerinnen sowieso nicht. Ich bin da arm dran. Die plaudern doch Jegliches ihren Männern." Störtebecker blickte die sehr gerade gewachsene und dennoch wibbelig-zarte Frau an. Die unterhielt ihn noch weiter. „… Und nähm ich Vitalier von Euch für die Arbeiten im Haus, dann kann ich denen auch nicht trauen. Ihr versteht schon. Es sind doch Rabauken, und Angst, bestraft zu werden, hielte die niemals von was ab." Sie berichtete ihm nun, was ihre beiden Angehörigen ihr vorschlügen. Die zwei Verwandten hätten sie soeben aufgesucht und führen, sobald sie ihnen geantwortet habe, wieder ab.

„Margareta! Was sie will", sagte Störtebecker, „ist klar. Sie will Euch Gotland abhandeln."

Für Sophia – sie hatte ein seidnes Kleid an, dessen Stoff über unendliche Strecken bis zu ihr gekommen war –, für Sophia war anderes wichtiger. „Meine Verwandten, Wartislaw und Barnim, die warten jetzt nur noch eine Stunde."

„Ach was. Quark. Wenn sie erst eingetroffen sind! Und Euch eigens aufsuchen."

„Dann segeln sie wieder davon. Sie haben massig Angst vor Euereins und vor Euch. Sie sagen also nur, ich soll mit Margareta reden[35]. Ihr habt eben so eine Wirkung, daß meine Leute auch davonfahren, ohne daß sie von mir eine Antwort mitnehmen."

„Ich rate Euch ganz sehr ab."

„Was!"

„Margareta treffen? Wozu überhaupt? Ihr seid Margareta nicht gewachsen." Sophia begehrte auf. Störtebecker nach einigem: „Und was wollt Ihr mit Margareta? Die will Euch um Gotland bringen. Ihr habt da gar nichts zu gewinnen, Ihr habt nur zu verlieren."

Über solcherlei Hin- und Her-Streiten sah Störtebecker dann, mäßig entfernt, ein Schiff unter Segel gehen, einen wendigen Balinger, der ungewöhnlich schnell aus dem Hafenbecken herauskam, weil der Balinger ja auch mit Riemen gerudert werden konnte. Störtebecker machte mit Hilfe von Sophia aus, daß es das Schiff von Sophias Verwandten war, und auf Wunsch Sophias gab er Weisung, dem Balinger zu folgen – er selber hätte es fürs einfachste gehalten, diese Verwandten unverrichteter Dinge davonfahren zu lassen.

Störtebeckers unvollständige Mannschaft konnte sich dem schnellen Schiffstyp allmählich nähern. Man brachte den Balinger regelrecht auf, Störtebecker und eine Anzahl Vitalier warfen sich in das kleinere Schiff. Es gab Gerangele, man geriet aneinander; gerade daß man Blutvergießen vermied. Eine solche Begegnung hatte Störtebecker weder je vorher noch je danach.

Störtebecker kümmerte sich wieder um Sophia; nun ging das Hin- und Her-Geziehe vor Zuhörern weiter. Auch vor den zwei herzoglichen Unterhändlern redete Störtebecker ganz offen mit ihr. Sophia kam ihm mit *Nö* und *Ach so*.

„Die dänische Königin wickelt Euch nur ein, Sophia."

„Denkt Ihr das?"

„Na –! Ihr seht es ja schon jetzt: mit mir. Ihr werdet es mit Margareta nicht aufnehmen können." Und eine solche Zusammenkunft richte sich auch gegen ihn und die anderen Vitalieranführer. Mit ihnen wolle Margareta ja nicht verhandeln. Nochmals, was denn wolle die? Natürlich Gotland wolle sie.

„Gotland habt Ihr", sagte Barnim zu Sophia.

„Also", redete Störtebecker ihm dazwischen, „spränge für Euch nichts dabei 'raus, Sophia."

„Doch", sagte Sophia, schrie nahezu Sophia. „Ich kann im ganzen Reich bekannter werden", und sie reckte sich ein wenig, und damit ihren Busen. Der sich unter ihrer Seide rieb.

„Und nach dem, was ich so über Margaretchen höre – das ist 'ne Abgefeimte. Die ist auch falsch. Ihr aber glaubt der alles."

„Macht mich nicht so klein." Er rate ihr auch nur von seiner Lage her und nicht von ihrer. „Störtebecker, Ihr reizt mich sehr – sehr, sehr –, das Gegenteil zu tun. Ich treffe die." Ein Freudentaumel – mittelalterlich unbedarft und bieder – der zwei Herzöge belohnte Sophia vorab gleich.

Störtebecker zu Sophia: „So schnell schon gegen mich? Erich ist noch nicht lange weg. Dem ich zum Königtum verholfen hatte."

„Ihr habt Euch da verrechnet in mir, Störtebecker."

„Ja in jungen Witwen täusche ich mich."

„Ich will auch zeigen, daß ich der nicht unterlegen bin. Außerdem will ich haben, wie die sich um mich bemüht", und sie ließ, sich reckend, wieder insgeheim die Seide ein bißchen reiben.

„Aha aha. Aber ich warn' Euch vor den Gesprächen weiterhin."

„Es handelt sich", sagte Sophia zu den zwei herzoglichen Unterhändlern, „nur noch darum, wo wir zusammentreffen werden." Die beiden offenbarten, daß Margareta nicht nach Wisby kommen werde. Und Margareta bestehe darauf, daß nur Margareta und Sophia zugegen seien, nicht Störtebecker. Nicht Sven Sture; und daß man sich gegenseitig sicheres Geleit zusage. Das Treffen solle noch geheim bleiben. ... Und das ist es überhaupt geblieben. Die zwei Verwandten schlugen Schloß Åhlhult in Mittelschweden vor, so wie sie von Margareta angewiesen waren, ein Schloß, das Margareta soeben einem Anhänger Albrechts enteignet hatte und in dem zur Zeit die Albrechtfreunde noch säßen. Sophia schlug die gotländische Burg Varvsholm-Landskrona südlich Wisbys vor, die Sophias Verblichener hatte aufführen lassen, – die Frauen trafen sich ein Vierteljahr später auf Varvsholm, so wie Sophia es verlangte.

Die Örtlichkeit, Erichs Schöpfung, war in jeder Hinsicht symbolträchtig.

Margareta hatte nur wenig Leute mit. Allerdings auch den Wulf Wulflam und verstieß damit selber gegen das, was sie vereinbart hatten. Störtebecker, so hatte sie durch Barnim erfahren können, hielt sich ja an das Vereinbarte. Mit einer mehrköpfigen Leibwache und mit Wulf Wulflam ging sie an Land. Varvsholm – „Holm“ – lag unmittelbar an der See.

Bei Sophia war schon einen knappen Tag lang Barnim zu Besuch. In dessen raschem Balinger gelangte Sophia nach Varvsholm, und drei Minuten, nachdem Sophia, mit spärlichem Troß, in der Burg verschwunden war, kam Barnim einfach nach.

Margareta und Sophia betraten zugleich, nur von verschiedener Seite durch verschiedene Türen, das Sälchen. Die vierundvierzigjährige Margareta lächelte, als sie Sophias ansichtig wurde. Sophia lächelte Margareta nicht zu. Und so begann das. Sophia fragte, noch bevor sie sich endgültig setzten, um was es Margareten denn gehe. Margareta: „Ich wollt' dich einmal kennenlernen. Du bist ja die von uns ... die auf der Sonnenseite ist.“

„Ah!“

„Auch wenn dein Mann nun in der Domkirche ruht. Du bist in diesem sonnigen, in dem starken Wisby geblieben. ...“

Sophia hörte den Worten einen Augenblick nach. „Warum immerhin bemühst du dich um mich? Schon, hierherzukommen. Unbedingt mußt du mich treffen. ... Tut ja gut.“

„Dachte ich auch, daß dir“, sagte Margareta, „das gut tut. Warum soll ich nicht einer hohen, einsam gewordnen Frau eine Freude machen! Vielleicht hast du gar nicht die besten Berater. Und zugegeben, so ganz sicher ist dir die Insel hier ja auch nicht; seit sich der Tod deines Mannes 'rumspricht. Deine Legitimation, das ist ja alles etwas wacklig.“

„Da“, sagte Sophia, „ist mitnichten etwas dürftig, weil ich die Witwe König Erichs bin.“

„Ja, schon deines Erichs Anspruch –. Eigentlich hatte er gar keinen Anspruch. Wohingegen mein Papa selig ... der hatte die Insel gewonnen, Waldemar Atterdag.“

„Gewonnen. Nur mit den blanken Waffen und indem er viel Unbill sich erlaubte; also gegen alles hiesige gutnische Recht. Dagegen mein Erich war von den Folkungern. Und so liegt jetzt die Gewalt bei mir.“

„Nun nun.“

„Ich sehe wirklich, du willst mir die Insel abdingen –“

„Nein! –“

„Das, was mir meine Freunde schon gesagt haben. Ich hätt' womöglich doch auf sie hören sollen.“

„Deine Berater? Störtebecker?“ sagte Margareta. „Man muß immer auch selber entscheiden. Wenn einem das gelassen wird: zu bestimmen. Und läßt man dich das? Denn daß du denken kannst, hei das seh ich.“

Wulf Wulflam lächelte hier boshaft, Sophia entging es nicht. Sophia wandte sich zu Barnim hin. „Wozu bin ich da eigentlich hergekommen? ...“

Barnim: „Aber Sophia.“

„Ei um“ – Margareta erhob sich während der nächsten Worte kurz und drehte Sophia das Kinn zu sich – „auch mal eine wahre Königin zu sehen und die Gepflogenheiten von solch einer, die in unsers lieben Gottes Gnade ist. Und, um zu sehn, ob ich noch beßre Kleider anhab als du. Das ist schon ein Grund. Ich hab mir sagen lassen, wie gierig du bei Schmuck bist und bei Goldarbeiten.“

Die Anwesenden sahen, wie Sophia da schlucken mußte. „Eine“ – sagte Sophia – „wirkliche Königin, bin ich ja schon.“ Margareta räusperte sich bloß. „Außerdem“, fuhr Sophia fort, „bin ich eine Königin mit makellosem Ruf. Ich möchte nicht ... in so einem angeknacksten Rufe stehn wie du.“

Nun schluckte Margareta. „Na ist das jetzt auch bis in euern Winkel gedrungen.“

„Was? Wer ahnungslos ist, bist du. Man munkelt und munkelt, und du denkst nur dran – nicht? –, daß du ganz oben bist! Nicht?“

„Nicht?“ wiederholte Margareta sie, und Margaretas Mienenspiel zeigte, daß die Dänin bereits rasend war. „Du möchtest doch gern auch so lange herrschen wie ich. Wenn dir das je gelingen sollte – ja, wenn –: Wart ab, was dann mit deinem Ruf ist.“

„Und von dir wissen alle“, sagte Sophia, und Sophia baute den Augenblickstriumph nur weiter aus, „was du doch suchst. Oben ... wo auch die Hände sind ... oben – sucht unten.“ Margareta sprang auf, ihre Hände zu Fäusten kurz einmal ballend, setzte sich aber wieder. Sophia: „Wo ich nur Schmuck will, willst du lieber – unten.“

Wulflam runzelte die Stirn. Er runzelte immer mehr die Stirne. Verschiedene andre Männer bekamen heiße Backen.

„Schick mal deine Begleitung hinaus", sagte Margareta.

„Nein", sagte Sophia.

„Ich schicke meine auch 'raus." Sophia traf keine Anstalten und legte die Hände in den Schoß. Margareta jetzt in neuem Tone: „Bitte schick sie alle 'raus. Ich will dir doch etwas ganz anderes vorschlagen."

„Na gut", sagte Sophia. Sie scheuchte Barnim und ihre Leibwache hinaus; Margareta aber beließ wie selbstverständlich Wulflam und die eigenen Wachen hier. Margareta stand auf und sagte nun im Stehen zu Sophia: „Du bist auf dem Holzwege, du irrst. Ich will dir nicht Gotland wegnehmen, gar nicht, aber siehst du nicht, daß du dir selber schadest mit diesen Vitaliern?"

„Du meinst, mit Störtebecker und mit den Anführern, mit Sture?"

„Sie erweisen", sagte Margareta, „dir einen schlechten Dienst. Sie hemmen den Handel. Indem sie sich an den Handelsschiffen vergreifen, den einlaufenden, vergrätzen sie die Fernhändler, und dein reiches Wisby wird ärmer und ärmer." Margareta setzte sich. „Darauf wollte ich dich nur lenken. Du solltest die Vitalier wegjagen ... das kannst du nicht, willst du mir sagen?"

„Nein, das will ich gar nicht sagen ..."

„Aber du solltest die Vitalienbrüder wirklich entlassen. Und wenn du das als Frau nicht kannst, dann sollte man sich um deren Anführer kümmern. Sophia, du bist doch klug, soll ich dir was ins Ohr flüstern? Du hast ja hübsche Ohren, in die flüstre ich dir gern was hinein, und ich sag dir, schick doch mal den Störtebecker zu mir. Unter irgendeinem Vorwand. Und dann wird der nicht mehr zurückkommen. Für mich als die Königin dreier ... jetzt eines so großen Reiches[36] ist da natürlich immer was möglich. Dann hättest du erst richtig die ganze Insel hier. Und es fiele kein Verdacht auf dich, das ist allemal was wert "

„Und", sagte Sophia, „was würdest du mit Störtebecker anfangen?"

„Hm –."

„Und womit sollte ich ihn zu dir locken oder schicken?"

„Mein'twegen sag ihm, ich hätte dir ins Ohr gewispert: ich wollte mit ihm vier Mal hintereinander in der Nacht. Zieht bei tapsigen Schiffersleuten immer. Oder sag ihm auch, ich würd' ihm Grund und Boden geben. So wie ich das schon bei Arnd Stycke, dem Vitalier, jetzt tue. Du siehst, Sophia, ich rede frei mit dir, offen."

„Und genau vor dem Entgegengesetzten warnen sie allenthalben bei dir, und dies eilt dir immer voraus."

Margareta biß sich da endgültig die Lippe blutig. „Als Frau wird man noch hurtiger verleumdet als wie die sonstige Creatur. Aber –"

Sophia war aufgestanden und öffnete nun höchstpersönlich die eine Flügeltür, sie rief ihre Leute wieder herein; und während die kamen, sagte sie kalt. Zu Margareta. „Das werde ich alles *nicht* tun, ich schade mir doch nicht selber; ich bin doch nicht doof."

„So? Ah. Na dann doch: Gotland gebührt mir! Weißt du eigentlich, daß ich meinem Großneffen den Namen deines Mannes gegeben hatte? Den habe ich umgetauft auf Erik[37]; den Rest kannst du dir denken." Sophia erstarrte, wie sie das hörte. Im angrenzenden Raume entstand Getöse. In die lärmige Unruhe hinein sagte Margareta weiter: „Dein Stuhl wird schon noch wanken. Es gibt viele Mittel für mich."

„Glaube ich nicht", erwiderte Sophia. „Krieg, gegen uns auf Gotland? Deine Männer laufen dir ja weg, deine Befehlshaber, der Sture. Da ist auch klar, daß du zwischen mich und so Männer wie Sture einen Keil treiben willst."

Das undeutliche, scheppernde Gepolter im angrenzenden Raum wiederholte sich, Margareta sagte trotzdem: „Männer, du redest von Männern … du kennst gar keine Männer. Dein Erich hatte gegen mich eine Schlacht verloren; Schwächling, der. Du hast nur einen Schwächling, keinen Mann gehabt. Nicht wahr? Nicht wahr?" Sophia sprang auf. „Du schlechte Frau, nein du echte Metze. Du Kuh." Auch Margareta sprang hoch, Sophia hatte die Arme mit etwas gespreizten Händen ausgestreckt und wollte sich wohl auf Margareta werfen, Margareta sah auf einmal groß Sophias Fingernägel. Nun erst auch setzten sich Margaretas Leibwächter in Bewegung und Barnim. Wulflam vollends blieb, wo er war. Der beobachtete nur. Die Leibwachen trennten die höchsten Frauen; Sophia wich von sich aus zurück. Indes wurde eine Tür aufgeschmettert und Störtebecker erschien. Margareta, die Störtebecker noch nie gesehen hatte, blickte erst nur aufgetan-unruhig auf den Hinzukommenden. Anders Wulf Wulflam. Der jagte sofort hoch und, wutsch, verschwand der, er rief noch – sehr gegen seinen Willen – „der Störtebecker!“. Und verabsentierte sich, durch die andre Flügeltür rannte er davon und er vergaß die Tür nicht hinter sich zuzuschmeißen. „Wutschi!“ hatte, grinsend und kühl, einer aus den Leibwächtertrupps bemerkt.

Und Sophia, die schrie schrill-melodiös und mächtig laut auf.

„Meinen ehrerbietigen Gruß!“ sagte der Eingetretene, „meinen Gruß den Anwesenden!“, und damit ging Störte rasch zu Margareta hin. „Barnim ist wohl nicht hier! Der ist ja doch hier“, sagte er mit herrisch-ironischer Stimme, und mit den Worten verschaffte er sich noch einen Augenblick mehr Zeit, an die Frauen heranzukommen; er nahm Margareta kraftvoll hoch – den Bruchteil einer Sekunde vorher neigte er leicht den Kopf vor ihr –, Margareta war so sehr erstaunt, daß sie noch ohne Gegenwehr war; und Störtebecker riß die Königin hinweg. Die Wachen drangen auf ihn ein. Da die sich aber sofort auch selber im Wege waren, konnte er, mit unerwartet starken Stößen und mit Tritten, zwischen den sich Behindernden weiterkommen; er führte in der Rechten das bloße Schwert und mit der Linken schleppte er und zog er die sich nun krampfhaft windende Königin. Margareta kreischte von dem Moment an, als sie sich zu wehren begann, in Sophias Richtung: „Du hast mir sich’res Geleit versprochen! Verräterin. Eine heimtückische, heimliche Sache – Hilfe!“, sie brach wieder ab, Störtebecker hatte einen der ihm zu Leibe rückenden Dänen mit dem Schwerte glatt niedergestreckt, während er die wilde, wütende Königin weiter im Arme behielt –. Und der sich Windenden log er einiges vor. „Was macht Ihr? Seid doch leise, Königin. Ich rette Euch ja. Hört Ihr? Rette Euch hier heraus. Seid doch schlau.“

Damit – verwirrt – verhielt Margareta sich verblüffenderweise viel ruhiger. Wieder sah sich Störtebecker veranlaßt, sich mit dem Schwert durch Margaretasche Männer durchzukämpfen. Es blieben noch mehr am Boden liegen. Er gewann mit Margareta das Freie und draußen warf er Margareta zweien seiner Vitalier zu; denen regelrecht in die Arme. „Nicht verletzen sie!"

Die warfen sie überaus schnell weiteren Vitaliern zu; ersichtlich war das vorher abgesprochen worden. Und Störtebecker vor allem schlug sich mit den Leibwächtern herum; indem er sich dieser Wachen erwehrte, hielt er die Wachen auf.

Er war mit der Kogge hergekommen, jetzt aber enterte er mit einer Handvoll Vitalier den Barnimschen Balinger, der von allen Seeleuten entblößt war, und er segelte mit dem Balinger nach Wisby wieder zurück, die dänisch-norwegisch-schwedische Königin mit im Schiff unten. Auf den Balinger hatte er es abgesehen, weil der schnell war … und vielleicht auch aus purer Abenteuerlust; und da er dieses Schiff feiner noch zu handhaben verstand als die Barnimschen, holte ihn niemand bis Wisby ein.

Wie das aber mitunter gehen kann, seiner Geiselnahme wurde er doch nicht recht froh. Denn, von Margareta ganz zu schweigen, Sophia setzte ihm in Wisby so zu, wie er es nicht erwartet hätte. Sophia landete Stunden später im Wisbyschen Hafen an. Und als auch die anderen Vitalianerhauptleute und sogar Sture auf ihn einstürmten, er solle Margareta wieder hergeben, und sie sich diesmal gegen den Überfall aussprachen, begann er unwirsch einzulenken. Er vermißte Gödecke. Er sah natürlich, den Genossen war ein derartiger Geiselbesitz einfach zu fett. Sagen taten die das nicht. Sondern sie sagten, er und sie alle würden mit dem Geleit-Bruch nirgendwo Freunde gewinnen, er brächte nur alle Welt, auch die Mecklenburger, gegen sie auf; und Störtebecker verzichtete, enttäuscht und des Redens überdrüssig, darauf, hinzuweisen, daß sie für die mecklenburgische Herzogsfamilie ja schon nicht mehr wirkten. Niemand auf der weiten Welt werde diese Vitaliertat gutheißen … tagelang hörte Störtebecker sich an, wie sie schnarrten und quarrten.

Der Seeräuber zwang zuletzt die Königin nur, ihr kostbar teures Reisegewand abzulegen. Das mußte sie hierlassen, und er gab das der Sophia weiter. Margareta wurde mit einem kratzigen, weit simpleren Gewand beehrt – so daß man sie zu Hause an ihrem dänischen Hof wohl kaum mehr erkennen würde. … Ihr mochte das vielleicht recht sein. Auch noch ein Federbett bot Störtebecker ihr als Ausgleich an. Denn sie behauptete, sie als Königin werde auf See in der Bekleidung frieren.

„Schade nur jetzt", sagte Störtebecker in Margaretas Beisein zu drei, vier Männern seiner Umgebung, „daß ich mir über der Frau Holle den bösen Wolf, den Wulflam habe entwischen lassen."

Wirklich sollte er noch des öfteren daran denken.

Mit ihrer Mannschaft – die um einige Mann vermindert war – segelte Margareta in die dänischen Gewässer zurück. Und die zwei Sophienschen Verwandten Barnim und Wartislaw erhielten ungeachtet dessen vom dänischen, sjællandischen Bistum Roskilde – dem Margaretas Residenz unterstand – das Vermittlungshonorar[38]. Der Kriegszug der preußischen Ordensritter, die Margaretas gotländische Begierden ihrerseits noch einmal unterliefen, machte diese Zahlungen bald doppelt sinnlos.

Dem militärischen Schlag der Ordensritter, dieser *Reise*, waren die Vitalier, Sture, Störtebecker, Sophia nicht gewachsen[39]. Die Deutschordensherren hatten eine der größten Marineflotten zusammengebracht, die bis dahin jemals in der Ostsee schwammen: viertausend Mann und fünfzig Ritterbrüder, vierhundert Pferde in vierundachtzig Schiffen. Die Abteilungen der flatternd-weißmanteligen Ordensritter und der Ordensdiener, wohlgeordnet allesamt und in metallisch schimmernder Ausrüstung, die hypermodernen Belagerungsmaschinen, darunter Kanonen und *stormtarczen*, Sturmtatzen, wirkten auf die mutigen, schlichten Vitalienbrüder niederschmetternd. Störtebecker sah den Maschinenpark noch gar nicht, ihm berichtete man nur. *Schreckerregend* waren die Kanonen; schreckerregend auch für Störtebecker, nachdem man ihn unterrichtet hatte; der Blonde schloß einen Augenblick einfach die Augen.

Die sechs Gebietiger der Deutschordenstruppen ritten allein vor die Wisbyer Stadtmauer, so daß Störtebecker zu ihnen hinaustrat und sich mit ihnen auf ein Gespräch einließ. Mit der Witwe Sophia, die er als rechtmäßige Erbin der Insel ins Spiel zu bringen suchte, wollten die Gebietiger kein Wort reden; die Witwe Erichs grenzten sie aus. Mit Störtebecker vereinbarten sie schließlich, an einem der nächsten Tage wegen einer Kapitulation weiter zu verhandeln. Zwar waren die Invasoren glücklich gelandet – bei Västergarn, fünfundzwanzig Kilometer von Wisby –, aber jetzt kamen sie wegen tiefen Schnees und, weil es fortwährend so sehr schneite, auf der Landstraße nach Wisby nicht mehr durch, Transportmittel und die ungefüge Belagerungsartillerie blieben stecken. Die Kanoniere beschlagnahmten auch das Bastlager eines gutnischen Bauern. Aus seinem Bast bauten die Kanoniere provisorische Schutzdächer, und mit denen schützten sie ihre Kanonen ein wenig vor dem Schneewetter.

Die berittenen Ordensangehörigen kämmten schon in den nächsten Tagen die gesamte Insel außer Wisby nach Vitalienbrüdern durch, und Störtebecker war dagegen machtlos. Die einheimischen gutnischen Bauern halfen den Ordensrittern und metzelten mit. In keiner Kirche, keinem der mächtigen, massivgewölbten und wehrhaften Großbauernhäuser konnten sich Vitalienbrüder halten.

Beim zweiten Verhandlungstermin – zu dem Störtebecker und die Wisbyer Bürgermeister im Hauptquartier der *Creutzherren* erschienen – brauchten die Gebietiger nur noch von Wisby zu reden, das platte Land war inzwischen erobert, und die Ordenshauptleute ließen Wisby bereits belagern. Die Ordensflotte drang jetzt auch gewaltsam in den Wisbyer Hafen ein, und in erstaunlich kurzer Zeit liefen die Ordensleute schon auf den Wisbyer Mauern herum, denn die Wisbyer Bürger halfen ihnen hier von hinten. Angesichts dessen war Störtebecker bereit aufzugeben. In zwei Tagen mußten die Vitalienbrüder, er und Sophia Gotland geräumt haben, Ostersonntag, den siebten April 1398, bei Sonnenaufgang, und außerdem mußten die Vitalier abschwören, etwa noch weiter auf See zu räubern. Von den Großtaten umgekehrt der *Creutzherren* vermochte Störtebecker bei den Kapitulationsverhandlungen nicht zu reden. Sittenstreng und würdig waren die Deutschordensherren auch diesmal nicht gewesen; so wenig wie sonst. Sie vergewaltigten geradezu gewohnheitsmäßig; diesmal Haustiere, sonst noch lieber Frauen, Mädchen und Kinder ... im außerdeutschen Raum ist das über Jahrhunderte hin nicht vergessen worden. Noch sechs Jahrhunderte später stehen sie überall im Ausland in dem Ruf von Wüstlingen. Nur in Deutschland selbst haben sie ihr Ansehen.

Sophia dachte sich das nun so, daß sie ihrem Vater, Bogislaw VI., einem der pommerschen Herzöge, eine Menge Vitalier von Gotland aus zuführen wollte. Diese Vitalier hatten soeben sämtlich der Seeräuberei abgeschworen. Sophias Vater *hegte* bereits Vitalienbrüder, gewährte denen Unterschlupf, er *hausete sie und hofete sie*, er gab sich intensiv mit ihnen ab, und die Tochter wollte ihm jetzt noch Verstärkung bringen. Ihr Vater konnte die Schalme allerbestens brauchen.

Ungewöhnlich genug ist das gewesen, auch für damalige Zeiten: diese Frau, hochgeborene Herzogin, Gemahlin zuletzt eines jungen Königs, mit rüden Vitaliern auf einem und demselben Schiffe. Mehrere Schiffe nur voller Männer; die eine Frau mitten zwischen ihnen, tagelang.

Ich habe inzwischen auch die Segelroute klären können, die sie wählten. Störtebecker wandte sich zunächst südlich, nahm Kurs auf die zwei kleinen Inseln Groß- und Klein-Karlsöe; bevor er dann bald in einen seiner blutigsten Kämpfe hineingeriet, durchkreuzte er erst einmal tagelang die Ostsee.

Die beiden Inseln Groß- und Klein-Karlsöe liegen vor der Westseite Gotlands, südlich von Västergarn, und bei Karlsöe hieß es für Störtebecker auch schon höllisch aufpassen; hier vorbeizukommen war nautisch das gefährlichste Stück Arbeit auf der ganzen Fahrt; *eine quade grunt,* böse Untiefe machte den Vitaliern hier, nordöstlich der Inseln, zu schaffen; die Leute mußten eifrig loten. Vor allem mit dem Lot orientierten sich Hansen und Vitalienbrüder auf der Ostsee. Mühsam, mühsam, die Lot-Methode. Ein Vitalianer warf ständig den Lotkörper aus; und zwar warf er das Blei immer nach vorn. Denn das Schiff macht ja Fahrt, und anders mäße das Lot eine schräge Strecke. Immer so mußte der Vitalier werfen, daß das Lot querab war; in dem Augenblick, in dem er mit dem Schiff genau über den Lotkörper kam, sollte das Lot schon am Grunde sein und sich mit ein wenig Lotspeise füllen.

Auch vor und nach der Karlsöer Untiefe mußte Störtebecker

hier bei den Karlsöen aufpassen: den äußersten Inselvorsprung hatte er so zu umfahren, daß sie gerade immer über einer ganz bestimmten Meerestiefe blieben. Und welche Fadenzahl hier der Steuermann oder Störtebecker dem Kerl, der das Fünf-Kilo-Lot unablässig über Bord schmiß, einbleute:

„Zwölf Faden!"

In die Lotleine waren Marken eingeflochten – Fädchen oder Knoten –, an denen konnte der Quartermeister ablesen, wieviel Leine ins Wasser gegangen war. Zwölf Faden: wenn sie immer auf zwölf Faden Tiefe blieben – zweiundzwanzig Meter –, hielten sie den richtigen Kurs; dann kamen sie hier sicher durch. Anders hätten sie gleich mit weiteren Überraschungen rechnen müssen, Klippen, die selbst ihren Schiffen, bei zwei bis dreieinhalb Metern Tiefgang, gefährlich wurden.

Auf die Weise navigierte Störtebecker damals in der Ostsee.

Von den Karlsöen aus nahm er Kurs *to den Sudernodden*. Das ist das Südkap der langen, dünnen Insel Öland, heute *Ölands södra udde*. Tagelang hatten sie jetzt nichts als Meer vor sich. … Wie mögen Störtebeckers Vitalienbrüder sich auf ihren Schiffen gefühlt haben; hatten sie zum Beispiel Angst? Absaufen, und Angst?

Wir wissen heute genau: die hansischen Kaufleute hatten auf See, wenn sie ihre Waren selbst begleiteten, fast ständig Angst. Zu kentern, Angst, gekapert zu werden. Die Vitalier hier und Störtebecker fürchteten folglich allenfalls zu kentern. Aber da hatten sie ja auch den Klabautermann. Sogar heute noch ist der Klabautermann für die Fahrensleute wichtig. Der ist ein Geist – so mehr oder weniger die Seele des Schiffes.

„Der", heißt es, „ist am Wohl des Schiffes interessiert."

Natürlich konnte es sein, daß der Klabotermann sich mit Störtebecker anlegte; wenn er meinte, der Kaperführer baute Mist. Hinwiederum konnte es auch sein, daß Störtebecker an schiffsfremden Zielen mehr interessiert war. Und dem Klabautermann geht es einzig und allein um das Wohl des Schiffes. Als Störtebecker den Koggen übernommen hatte, hörten die Gesellen dann den Klabautermann oft, tags wie nachts, im Schiff arbeiten. Drohte dem Schiff Unheil, kam ein Unwetter, ein schweres, her-

auf, oder bevor ein Fahrensmann erkrankte, schwieg der Klabautermann. Einmal verlor das Schiff den Anker. Ein andermal erlitt es eine schwere Havarie. Beidemal verstummte der Klabautermann einige Zeit vorher.

Und was für weitere Geräusche hatten Störtebecker und die Vitalier unaufhörlich um sich, auf ihrem Koggen? Was hat Sophia, der Seefahrt ungewohnt, an Geräuschen wahrgenommen? Das läßt sich heute genau sagen – der Vorteil davon, daß sich das Leben auf einem Holzschiff abspielte, das der Größe nach bekannt ist. Bei leichter bis schwacher Brise verursachte das Schiff selber noch die Geräusche. Bei schwacher Brise vernahm Sophia Knarren oder Knistern des Schiffsleibs und ein charakteristisches, gurgelndes Geräusch des vorbeiziehenden Wassers. Ein Zischen und Gurgeln, wenngleich nicht sehr laut, um das Schiff herum, sobald die Wellen und der Wind achterlich kamen. Von hinten her kamen; die Wellen liefen gewissermaßen unter dem Schiffe durch. Ab vier bis fünf Windstärken verursachte nur noch der Seegang die Geräusche und das Getose. Bis Windstärke zehn, schwerem Sturm, steigerte sich das Tosen so, wurde das Brüllen, das von der See herrührte, so gewaltig, daß Sophia oder Störtebecker nicht mehr ihr eigenes Wort verstehen konnten. Wenn ein Wellenberg sich bricht: mit dumpfem Donnern sackt der in sich zusammen.

Die Vitalienbrüder um Störtebecker und Sophia hatten aber nur grobe See: zwei Meter hoch die Wogen. Das Orgeln und Pfeifen schmerzten Sophia dennoch schon. Das Schiff wurde, bei argen Aufschlägen, ausgereckt und zusammengedrückt. Zurrungen zerfetzten, Holzgegenstände küselten mit dem Wasser über Deck, bis die See sie über Bord nahm: „Geht das Schiff unter?“, fragte Sophia.

„Ich glaub, es ist schon untergegangen“, sagte Störtebecker.

Er befahl, schlagendes Tauwerk zu kappen. Nach einiger Zeit dünkte Sophia das Schlingern, Gieren, Stampfen, Rollen des Koggens wieder etwas gnädiger. Ein schwerer Sturm deuchte ihr allemal noch weniger als ein Kaperkampf.

… Und wird ein Schiff sinken, verläßt der Klabautermann es gänzlich. Manchmal erschien der vorher noch dem Vitalianerkapitän, nahm Abschied von dem, und dann flog er vor dessen Augen davon. Solang ein Klabotermann gut Freund mit dem Schiffsvolk war, ging ein Schiff aber nicht unter, und jede Fahrt gelang.

Ob Störtebecker einen Sturm abritt? Oder wetterte er ihn ab?

Ein äußerst erfahrener Mann, der Meister Lahn[40], hat darauf geantwortet: „Ja, wie die abgewettert haben, mag der liebe Himmel wissen!"

Daß die damals einen Treibanker hatten, „beinah anzunehmen". Einen Treibanker auszubringen, machte sich unter Umständen recht günstig. Ein Treibanker ist ein Sack, der zwei Öffnungen hat, eine große und eine kleine; sie werden meist durch steife Ringe offengehalten. Diesen Treibanker hätte Störtebecker dann als Bug- oder als Heckanker ausgebracht. Als Buganker – vorn: dann hätte er damit bewirkt, daß er den Bug des Koggens in den Wind brächte. Durch den Buganker würde er den Koggen mit der Nase in den Wind drehen. Der Sack würde bremsen; der Sack bremst das Wasser sehr stark ab und damit auch den Koggen; das Schiff triebe langsam achteraus. Das Schot – die Leine –, an dem der Treibanker hängt, hätte Störtebecker dabei auf genau ein Vielfaches der Wellenlänge auslassen müssen, damit die Kogge immer gleichzeitig mit dem Treibanker einen Wellenberg oder ein Wellental erreichte. Hätten sie das nicht zustande gebracht, dann hätte es immerzu ein scheußliches Rucken gegeben. Auch hätten sie das Schot gleichmäßig gespannt halten müssen … und doch wird ihnen das Schot immer wieder einmal schlapp durchgehangen haben; das Rucken ist gar nicht richtig zu vermeiden, und das beansprucht ein Schiff ganz erheblich.

Abgewettert haben sie womöglich aber auch, indem sie vor Topp und Takel lenzten. Topp: die Spitze des Masts. Takel: der ganze übrige Krempel; alles, was zur Segelführung nötig ist. Dabei hätten sie nun zuvor das Segel geborgen, alles festgezurrt, das Ruder belegt – das Steuerruder also – und hernach das Schiff Wind und Wellen überlassen. Oft legt sich dann das Schiff genauso dwars zur See wie beim Beidrehen. Bei diesem Lenzen hätten sie außerdem den Vorteil gehabt, daß ihnen das Segel nicht kaputtriß.

Worauf Störtebecker bei allen diesen Methoden aufpassen mußte: daß er nicht in Legerwall geriet. Nicht auf eine Küste zugetrieben wurde, etwa auf die gotländische, wenn der Sturm, wie üblich, von Nordwesten kam.

Sturm oder kein Sturm, wurde die Herzogin nicht seekrank? Und, blieben dann die bösen Gesellen immer höflich, anständig? Hat die Herzogin sich übergeben, weil das nun einmal passiert, und irgendein Rabauke hat gelacht, nicht gehässig, sondern durchaus mitfühlend? Und sie kotzte und kotzte; der Räuber sagte schließlich wohlmeinend-zotig zu ihr: „Wann wat Kleines, Braunes, Knubbliges kommt, dat solln Se man wieder runterschlucken; dat is bloß 's Arschloch!“ Und Störtebecker lachte kurz auf? Schallend lachte der auf, er behielt dann aber seine Stirn gerunzelt.

* * *

Nein, anders ging es: Sophia von Pommern-Barth spuckte doch nicht. Der wüste, gefährliche Sturm konnte dieser Frau nichts anhaben. Großartig hielt sie sich auf Hochsee. Um Mitternacht flaute das Wetter ab; am nächsten Tag schien Sonne, alles war herrlich, und nach der morgendlichen Mahlzeit fing Sophia an zu heulen, erbarmungswürdig; stumm an zu heulen. Saß da, und ihr liefen die Tränen, viertelstundenlang.

„Ich kann's nicht erklären. Ich weiß nicht, weiß nicht, muß weinen.“

Störtebecker: „Na, macht nichts. Eine hohe Frau, wie Ihr – allemale! Ihr mögt Euch das erlauben. Daß Ihr tapfer seid, weiß ja hier jeder schon. Nur unsren eignen Fischweibern … und Huren, mit Verlaub, denen würd ich's Flenschen nicht extra raten.“

Jedesmal, wenn Störtebecker das Wort an die Herzogin richtete, jedesmal, wenn er mit ihr sprach, verstummten die Mannschaften in seiner Umgebung, aus Neugier. Nicht aus Ehrerbietung; die wollten, neugierig, alles mit anhören. „Die eigenen Fischweiber?“ sagte einer. „Die riechen mit ihrer langen Nase immer Sturm. Drum fährt nie eine bei uns mit!“

Viel später erst zeigte es sich richtig: Sophia hatte während des

Sturms doch Todesängste ausgestanden. Dennoch schlief sie sogar nach dem Sturm noch, bevor sie weinte.

Wie haben aber Störtebeckers Vitalienbrüder bei Sturm schlafen wollen? Fast jedes Holzschiff ist ja nicht ganz dicht. Ein Holzschiff hat immer Wasser in der Bilge, und damals hatten sie eher noch mehr Bilschwasser unten darin. Wenn das Schiff bei Sturm krängt und Schlagseite hat, dann schwappt dies inwendige Wasser seitlich hoch, macht den Schlafplatz naß – und das haben die Schlafenden auch nicht so gern. Nicht umsonst packten die Hansekaufleute ihre Ware in Tonnen ein. In Fässern wird die Herzogin aber doch nicht geschlafen haben. Mächtig lenzen mußten bei Sturm Störtebeckers Leute; durchaus fünfzig Eimer in der Stunde auf jedem Schiff. Fünfzig Eimer herauszuschöpfen ist da jederzeit normal. Bei hundert Eimern wird es den Schöpfenden natürlich schon etwas blümerant. Ist ein Schiff in Klinkerbauweise gebaut wie die Kogge, hält solch eine hölzerne Schiffswand sowieso weniger dicht, und bei Sturm wieder noch weniger. Das mag dem Binnenländer beängstigend vorkommen. Aber so ein Holzschiff ist nicht in sich völlig steif; erst recht nicht, wenn es geklinkert ist; bei Klinkerbauweise erhält man einen elastischen Schiffskörper, und wenn sich das Schiff bei Sturm und stürmischer See in sich bewegt, dringt durch die Fugen etwas Wasser ein. Ja, die Fugen zwischen den Planken können sich dann ein wenig öffnen, und erst recht, weil bei Sturm der Mast nach Lee drückt und er die Luvseite des Schiffes gewissermaßen etwas auseinanderdehnt. Die Ritzen werden da eine winzige Kleinigkeit geöffnet. Sophia hat nicht tief im Laderaum unten geschlafen; aber Vitalienbrüder lagen da und mußten dann mit der Nässe, die ständig etwas hochschwappte, klarkommen.

Einige Zeit nahmen wir sogar an, Störtebecker und die Vitalier hätten einfach an Deck geschlafen, mit einer Persenning geschützt, einer Segeltuchplane. Ein paar alte Fahrensleute von der Wasserkante, Mecklenburger, haben uns nur ausgelacht. Nie! Viel, viel zu kalt. Zugig. Und irgendeine freie Ecke unten im Stauraum hätten die sich schon gesucht. Unter freiem Himmel schlafe an Bord keiner; Mann, das hältst du ja nicht aus!

Also die Herzogin auch mit da unten, irgendwo; und was das

Schlafen anlangte: lagen doch bei den bäuerlichen Großfamilien Bauer, Bäuerin, Knechte, Mägde, Kinder sowieso nachts nebeneinander. ... Beharrlich, unabweislich näherten sich, weiterhin segelnd, die Störtebeckerschen Mannschaften ihrer nächsten Auseinandersetzung, einem Ort, einem Augenblick, den sie noch nicht kannten und die doch für so manchen ein endgültiger Punkt sein sollten.

* * *

Nach dem Sturm wurde Klarschiff gemacht; so ordnete Störtebekker an. Durchprobieren, nachsehen, überprüfen ließ er, und zum Teil tat er das selber.

... Alles, was am Tag zerbrochen ist, zimmert der Klabautermann nachts wieder zurecht. Er bereitet zudem manche Arbeit für die Schiffsleute vor, auf Störtebeckers Kogge mithin für die Vitalienbrüder, oder verrichtet die Arbeit gar für sie. Ist er schlechter Laune, macht er einen greulichen Lärm, wirft mit Brennholz und Rundhölzern herum, kloppt gegen die Beplankung, hindert die Arbeitenden, ja gibt den Fahrensleuten unsichtbar ganz schlimme Ohrfeigen. Wer am zweiundzwanzigsten Februar in der Mitternachtsstunde geboren ist, kann den Klabautermann auch von Angesicht zu Angesicht sehen. Er soll als kleiner Junge im grauen oder blauen Anzug erscheinen, und er habe einen feuerroten Kopf. Sticht ein Schiff montags oder freitags in See, so hat der Klabautermann die Macht über die Mannschaft an Bord; Nebel, Regen, schwarzes Wetter werden das Schiff die ganze Fahrt begleiten.

Und tags, wie bewegten sich Stortebeker und die Vitalier da auf dem Schiff? Wo hielten sie sich überhaupt auf? Latschten sie fleißig auf der Ladung herum? Auch wenn sie diesmal keine Beute mitführten – Lebensmittel ja doch und Bier beziehungsweise Trinkwasser. Bier wurde nicht so schnell faulig und schmeckte besser deshalb; es hielt sich länger. Liefen die Vitalier immerfort durcheinander und bewegten sie sich viel, und die Herzogin andererseits saß meistens ruhig an ihrem Platz? Kühl, unnahbar? Oder scherzte sie und ließ sie mit sich scherzen? Sophia bei einer

Mahlzeit: „Ihr seid wirklich spannende Leute. Bisher hab ich die Menschen immer essen sehen und reden hören. Aber ihr: euch hör ich immer essen und seh ich reden.“

Der einzig trockene Raum war unter dem Kastelldeck; das Kastell war kalfatert. Hier also, hier hat sich dann Sophia aufgehalten, meistens gesessen wohl; gesessen und nicht gehockt. Störtebecker saß manchmal, hockte manchmal, und viel lief er herum. Die Vitalier hockten dicht bei dicht. Und wenn Sophia einmal aufstand, oder wenn Störtebecker oder irgendwelche Vitalier herumgingen? Dann kann es nicht ausgeblieben sein, daß die Männer immer wieder einmal versehentlich gegen sie rempelten; an ihre Schulter anstießen oder ihre Wade, und da durfte die hehre Frau nicht schon beleidigt sein.

Dennoch war Sophia absolut tonangebend.

Diese Segelfahrt Störtebeckers mit der fürnehmen fünfundzwanzigjährigen Frau an Bord: nicht ohne Kitzel. Und selbst das Problem des Schlafens einmal als geklärt angenommen – was aber, wenn die Herzogin verschwinden mußte? Wird ihr auch nichts anderes eingefallen sein, als ihren weißen Po über Bord zu halten. Auf manchen Koggen gab es achterlich schon einen Toilettenkasten. Er war hinter dem Steuerbordkajüt und nach unten frei über dem Wasser eingebaut. Den Kastendeckel hatte man mit einem großen Loch versehen, das, der männlichen Anatomie entgegenkommend, vorn noch eingekerbt war[41]. Auf den Handelsschiffen benützte diesen Kasten freilich nur die Schiffsführung. Die Einfachen schwangen sich über die Bordwand.

Und ganz unbeachtet blieb Sophia dabei nicht. An Bord kommt es immer zu einer Lebensgemeinschaft; das ist unvermeidlich. Tagelang auf den engen Raum von dreiundzwanzig, allerhöchstens fünfunddreißig Metern Länge und sieben Metern größter Breite zusammengedrückt – das bringt die Menschen einander näher.

Ob der Herzogin nun, öffentlich zu verschwinden – nicht zu verschwinden –, leichtgefallen ist? Immerhin befand sich die hochgestellte Sophia in einer Männerumgebung, die ihr freundlich gesinnt war. Störtebecker zu Sophia sehr, sehr höflich. Und mangels Erfahrung auch ein wenig linkisch; das ja wollten seine Vitalienbrüder gerade sehen. Störtebecker war doch bisher äußerst wenig mit solchen sehr hohen Frauen zusammengekommen, der Unterschied zu den kleinen Freifräuleins seiner früheren Umgebung war da gewaltig, und die *Hübscherinnen* – später sagte man, die Hürlein – aus der Wismarer Hafengegend benahmen sich schon anders, sahen auch arg anders aus als Sophia ... waren von ihr verschieden sogar vielleicht im Schamlos–Verborgenen ihres Körpers. Wer wußte das!

Störtebecker zu Sophia: „Seid fein vorsichtig, Sophia. Sehr vorsichtig. Nur nicht ausrutschen hier auf den Decksplanken; nicht hinknallen! Hinfallen, ist schlecht für Euch."

„Warum denn gar?", die Herzogin, „deine Fahrensleute hocken ja samt und sonders schon am Boden. So könnt' ich wohl nur weich aufkommen."

„Ich", sagte Störtebecker, „empfehl's Euch trotzdem nicht."

Mägde und betagte Seeräuber

Und hat Sophia auf der Fahrt nicht gefroren? War es doch erst Anfang April. Aber die Menschen konnten 1398 Kälte viel besser aushalten als wir heute. Sie waren abgehärteter. Die Vitalienbrüder um Sophia werden kaum sehr gefroren haben. Die Menschen hatten damals auch längst nicht so viel an wie heute wir. Zwei Hüllen übereinander, selten drei; keinesfalls mehr. Das obere Gewand hatten die Reichen gefüttert: die Innenseite des Obergewands war ein zweites Stück Tuch; – zwei Tuche zusammengenäht.

Die Menschen damals, die Vitalienbrüder, Stortebeker, trugen vor allem lange Mäntel; wie schon ihre Altvordern. Um 1400 war noch immer die Lange-Mäntel-Zeit.

Störtebecker hatte von Wisby bis zu den Karlsöen fünfundvierzig Kilometer und von den Karlsöen bis zum Südkap Ölands hundertfünfundfünfzig Kilometer. Die Seefahrenden rechneten damals nicht in Kilometern, auch nicht in Seemeilen; auf der Nordsee und im Ärmelkanal rechneten sie gern in Kennunge und hier in der Ostsee nach Weeke sees. Fünf Weeke sees von Wisby bis zu den Karlsöen; zweiundzwanzig Weeke sees von den Karlsöen nach Ölands södra udde, – so veranschlagten damals die Vitalier. Und verschätzten sich ein wenig dabei. Wie auch hätten sie Entfernungen, schon gar Seedistanzen exakt messen sollen? Die Vitalienbrüder loggten nicht, man kannte damals kein Log. Wenn es um Entfernungen ging, waren die Segelnden völlig aufs Gissen angewiesen, aufs Schätzen, und das hätte eigentlich um so unsicherer ausfallen müssen, als sie auch keinen genauen Zeitmesser hatten. Dennoch gißten diese alten Schiffer ganz erstaunlich gut.

Von Södra udde aus haben Störtebecker, die Vitalienbrüder und ihre Sophia Kurs südwestlich *bet to den klippen*, bis zu den Klippen, genommen, bis Utklippan nämlich, die südlich des heutigen schwedischen Hauptkriegshafens Karlskrona und vor der Südostspitze der schwedischen Landschaft Blekkinge liegen ... und Störtebecker und die Vitalier dachten zur Zeit wenig an Kämpfe, an Bartaxt-Wirbeln, feindliche Berührungen. Allerdings ausbleiben würde die nächste Auseinandersetzung nicht ... und für manchen würde es dann bereits das letzte Bartaxt-Schwingen sein. Noch ging es ruhig zu. Lange geht es ruhig zu, und dann einmal unversehens beschleunigt sich alles; urplötzlich heißt es mit kleinsten Augenblicken rechnen und nicht mehr mit Wochen. Noch gaben die Gesellen sich dem beliebtesten Spiel hin: sie würfelten. Oder sie kauerten auf einer Tonne oder auf Decksplanken und dösten, phantasierten sich eine reiche und geile Zukunft, hockten da und polkten sich an den Zehennägeln.

Wigbold, eigentlich ein Magister, ein abtrünniger Universitätsgelehrter, kam zu Störtebecker an. Wigbold: strahlend. „Weißt du, ich habe zur Zeit eine artige Glückssträhne."

Störtebecker, abgelenkt, beschäftigt mit anderem, knurrte nur.

Wigbold: „Gewaltige Glückssträhne. Denn ich hab gerade mein Schwert wiedergewonnen."

„‚Wieder' ...? Das hatt'st du schon verspielt? Also, reitet dich denn vollends der Deibel? Das gilt nicht! Um eure Waffen würfelt ihr mir nicht!"

Utklippan, so heißen vor allem zwei Felsklötze im Meer, je dreihundert mal hundertfünfzig Meter groß. Auf ihnen erkannten Störtebeckers würfelspielende Vitalienbrüder ein paar Sträucher. Kaum Rasen, und windig war es dort, so erkannten sie an dem Strauchwerk. Zwischen den beiden Hauptblöcken liegt und lag außerdem ein Naturhafen.

Von Utklippan Kurs Bornholm, weiterhin südwestlich, quer durch die Hanö-Bucht; und zwar ließ Störtebecker die Nordspitze Bornholms anpeilen, Hammeren. Passiert man die Nordspitze ganz nahe, so wirkt sie schroff; insgesamt gesehen ist sie aber wie ein riesiger Rundfels gebildet; seine vom Eise abgeschliffene Stoßseite fällt nordöstlich ins Meer ab. Die Brandung der Weststürme rollt durch die Jahrhunderte gegen die steile, granitene Westküste der Insel. Bewachsen ist der Granithorst des Hammeren heute immer noch mit Heide, Wacholder, etwas Nadelwald; Störtebecker sah das vor sechshundert Jahren auch schon. Die vielen Bäche Bornholms und die vielen Quellen sah der Vorbeisegelnde nicht. Die rieseln hier nicht auf die Küste zu.

Das Gelände steigt im Bavnet auf einundvierzig Meter an und zweitausend Schritte südwestlich beim Stejlebjerg bis auf zweiundachtzig Meter; dieses Massiv hatte Störtebecker schon von weiter Ferne ausgemacht. Und sie bewegten sich hier fünfundzwanzig Meter über dem Meeresgrunde dahin.

Knapp südlich von Hammeren, ein Fünftel Weeke sees weiter, erreichten sie die Erzbischofsfeste Hammershus. Anderthalb Jahrhunderte schon hatte die sich nun als nützlich erwiesen: zuletzt für die Vitalienbrüder.

Hammershus war die größte Burganlage Nordeuropas, und die schmutzigrot leuchtenden Backsteinmauern und -gebäude von Hammershus hatten die *Fetaljebroderne* zu schätzen gewußt. Das Backsteinmauerwerk war an einigen Stellen mit wilden Rosen überzogen; die auf dem Meere Heransegelnden und Störtebecker, solange er noch auf dem Wasser war, konnten diese Rosen nicht sehen, Störte wußte nur – von der Dalarö-Zeit her: zwischen den sich da und dort ausbreitenden Heckenrosen wirtschafteten Claus Schilds Leute. … Wirtschafteten nun nicht mehr; wie Störtebecker hundert Schritt schräg unterhalb der Rosen erkannte.

Sieben Jahre lang hatte die Backsteinmauern vor allem ein *Seeräuber aus Rostock, Claus Schild mit seiner Bande*, als Stützpunkt genutzt. Schild war ein alter Kampfgenoß von Gödeke Michels. Vor wenigen Tagen aber hatten die Hamburger Ratspatrizier eine Fredekogge mit fünfzig Gewappneten und gleich darauf ein weiteres Schiff mit Gewappneten hierher geschickt, und diese Hamburger räumten blutig auf. Tote, Erschlagene auf beiden Seiten. Den Vitalienbrüdern wurde auf der Ostsee zugesetzt. Das Haus Mecklenburg befleißigte sich inzwischen einer anderen Politik, und die Angehörigen des herzoglich-mecklenburgischen Hauses hatten keine Verwendung mehr für die Vitalier.

„Wie sollen“, sagte Wigbold, „wir hier noch Fische fangen?, wie solln wir jetzt nur verfahren?“

„Ist für uns keines Bleibens mehr“, sagte, zu Wigbold, langsam der gelbhaarige Störtebecker. Und Störtebecker bedachte zähneknirschend, was er da gesagt hatte.

Was, wurde er von Sophia angesprochen, knirsche er nur so mit den Zähnen? Sie zeigte sich viel weniger betroffen als Störtebecker und als Wigbold.

Störtebecker ließ seine Blicke umherschweifen, unstet. Nach einigen Minuten erneut zur Herzogin: „Quetscht euch, hohe Frau, bloß nicht an der Winsch. Das kommt leicht“; wieder war er besorgt um sie, um die hochgeborne Frau. Und Sophia beruhigte ihn ein weiteres Mal.

… Ihre adlige Abkunft streifte Sophia ganz und gar nicht ab. Die Herzogin hatte es mit den Vorfahren. Wohlmeinend wendete sie sich Störtebecker wieder zu – sie wollte ihn auch ablenken und ihm so seine Besorgnis nehmen. Wem von seinen Angehörigen, ei, sehe er – sagte sie – denn nun ähnlich?

Störtebecker, knurrend. Und weiterhin sehr höflich: „Oben meiner Mutt, unten meinem Vadder.“

Von Bornholm aus hielten die Vitalienbrüder auf Kap Arkona zu. Das ist die Nordspitze Rügens. Das Kreidesteilufer, das bis auf sechsundvierzig Meter ansteigt, konnte Störtebecker vierzig Kilometer weit sehen. … Auch bei Arkona hatten sich Vitalienbrüder aufgehalten, um die Kauffahrer zu erfreuen[42]; jetzt aber waren die Vitalier weg. Sie hatten den Standort aufgegeben. Von einem etwas betagteren Vitalier, der einer Magd wegen hier geblieben war und ein braveres Leben anfangen wollte, hörte Störtebecker, man habe sich in Richtung Kattegat davongemacht.

Der Vitalienbruder stand auf der Brandungsplatte vor der schwappenden See und äugte ununterbrochen auf das Wasser, nun schon eine Viertelstunde. Störtebecker gesellte sich erneut zu ihm. Der alte Räuber wandte sich ihm wieder zu. „Also, Störte, ja, das gibt’s doch nicht! Das möcht’ man doch nicht glauben, ich kann’s gar nicht fassen.“

„Na was denn, was denn, Bruderherz? Du stehst doch schon eine Ewigkeit und kiekst in das Meer!“

„Ja.“

‚Erwartest wen? Wollen noch welche von unsern Leuten wiederkommen?“

„Ja nein. Gestern habe ich dem kleinen Bruder meiner Magd, gestern hab ich dem erst beigebracht, wie Schwimmen geht und Tauchen, und jetzt kann der schon eine Viertelstunde tauchen. Das ist doch nicht zu glauben? So viel, so was Dolles hätt' ich dem nicht gleich zugetraut, nee.“

* * *

… In Richtung Kattegatt. Das bedeutete noch einmal, zur Nordsee hin, auch die hiesigen Vitalier. Störtebecker wurde äußerst einsilbig auf der Weiterfahrt, knirschte nicht mehr mit den Zähnen, lehnte nur mit dem Hinterkopf am Mast. Dann lief er eine kurze Strecke auf Deck immer hin und her, und die hier Hockenden mußten wegrücken; immer auf und ab lief er.

Von diesem trübsinnig gewordenen Arkona aus orientierte er sich am Dornbusch. Hier, auf dem Nordstrang der Insel Hiddensee, gab es auch den Leuchtturm. Neumodische Einrichtung! Aus Holz war dieser Turm; und sein Licht kam von einem offenen Feuer. Der gelahrte Wigbold fand das nicht so neu und schwärmte vom Altertum. „Das Weltwunder des Pharusleuchtturms.“

„Aha.“

„Noch bis vor zweihundertfünfzig Jahren hat der geleuchtet. Mehr als ein Jahrtausend lang.“

„Brauchten sie aber viel Holz! Wo stand der denn?“

„Sag ich ja schon immerfort, auf Pharus. Vor Alexandrien.“

An den höchsten Erhebungen der Stauchmoräne des Dornbuschs zieht sich heute ein schmaler Streifen Uferschutzwald entlang. Und Wald stand am Dornbusch auch Anno 1398.

Derart nach Sicht navigierte Stortebeker, wo immer er nur konnte. Die Rudergäste hatten die Küste und ihre markanten Punkte unglaublich gut im Kopf. Ein paar Küstenabschnitte merken sich die heute Vorbeiknatternden ebenfalls, vor allem Hochansteigendes. Aber danach, bei den einförmigen Küstensäumen, fängt die Kunst erst an.

An der Dornbuschküste tauchten ein, zwei Mal Koggen auf. Störtebecker griff diesmal niemanden an, er wollte die hehre Witwe sicher zu ihrem Vater geleiten; und auch Störtebecker wurde nicht behelligt. Seltsame Situation. Die Deutschordensschiffe ließen ihn auf dieser Fahrt in Ruhe; so war es vertraglich in Wisby vereinbart worden. Seltsam kam ihn die beiderseitige Enthaltsamkeit dennoch an.

Er segelte mit seinen Leuten an ganz Hiddensee entlang, wobei sie auf dem Südland Hiddensees einen lockeren Kiefernwald als Silhouette sahen. Gleichzeitig durfte er sich hier auf Untiefen von zwei Metern gefaßt machen. Sein Steuermann fädelte sich in den Gellenstrom, die Meerenge südlich Hiddensees, ein und umschiffte den Bock.

Diese Sandbank, zehn Kilometer lang, anderthalb breit, sahen sie entweder vom Meer überflutet, oder der Bock war trockengelaufen, je nachdem wie der Wind gerade kam. Die gelblichweißen Sande des Bocks gingen 1398 noch nicht südlich in festes Waldgelände über: dies Land haben die Leute erst fünf Jahrhunderte später künstlich aufgeschlickt. Die Vitalienbrüder loteten sich um die Sande des Bocks herum, steuerten in den Grabow und in den Barther Bodden, die oft auch nur zweieinhalb Meter tief sind, und machten in Barth, bei der heutigen Neuen Burg, fest.

So, just so, segelte Störtebecker damals. Eine Reihe glücklicher Umstände sind zusammengekommen, daß seine Route derart gut nachgezeichnet werden kann.

Sophia begab sich, an der heutigen Sudelwiese entlang, ungesäumt zur Alten Burg. „Siid Gode bevolen!“, seid Gott befohlen, und Störtebecker sah noch einmal, daß sie eine schlank und groß gewachsene, wundervolle Witwe war, von hinten sah er ihre Himmelfahrtsnase überhaupt nicht.

* * *

Bogislaw VI. war höchlich erfreut, daß die Tochter ihm die vielen neuen Vitalienbrüder zuführte, und manche Vitalier, die sich schon lange aus den Augen verloren hatten, trafen sich jetzt wieder. Bogislaw würde mit den Neuen und mit seinen alten Vitaliern jetzt erst recht vor den pommerschen Küsten auf und ab kreuzen. Der Pommernherzog, aus der Barther Linie des Wolgaster Hauses, hatte eine entsprechende Vorliebe.

Störtebecker überlegte es sich aber bald anders. Er und die Vitalier, die besonders auf ihn setzten, sechzig etwa, kehrten der Ostsee ganz den Rücken … soweit sie überhaupt die nächsten Tage überlebten.

Denn Störtebecker fühlte sich von den Creutzherren argwöhnisch beobachtet. Sie mutmaßten wohl, daß er doch nicht des Seeräuberns entsagte, und waren zentral gesteuert von den Marienburger Herren um den Hochmeister. Mehrfach begegnete er wieder Schiffen der Ordensritter; er kam nicht zur Ruhe. Sie verfolgten ihn fast immer mit überlegenen Kräften, segelten mit mehreren Schiffen, und die Schiffe waren vollgepackt mit Gewappneten; um ein Schiff nautisch zu betreuen, hätten zehn Mann genügt.

Anderthalb Weeke sees vor Kap Arkona spürten die Kreuzritter ihn ein weiteres Mal auf – wieder mit einem der neuen, überlegen gebauten Danziger Holke. Deren Holk ließ sich, wie sich zeigte, noch etwas schneller segeln als Störtebeckers Schiff, das schon fünf Jahre alt sein mochte. Der Holk des vermaledeiten Ordens folgte ihm … und diesmal sah er, Störtebecker, das gegnerische Schiff aus der Perspektive, in der bisher ihn die Gegner immer gesehen hatten: von vorn. Mit dem Bug von vorn. Bislang war es umgekehrt gewesen: Ob die Gegner ihn hinter sich entdeckt hatten, ob sie ihn seitlich neben sich erkannt hatten, backbord oder steuerbords, immer hatten sie sein Schiff von vorn gesehen und nur den Vordersteven; sein Segel war mehr oder weniger auf sie zu gebauscht gewesen; seine blaue Piratenflagge stand stets in Linie zu ihnen. Denn er verfolgte bis jetzt immer, nahm immer Kurs auf die anderen zu und drehte nicht ab. Und zum Schluß hatten die Kauffahrer Stortebekers Schiff seitlich gesehen. Immer war das so gewesen.

Diesmal kamen aber nicht die Vitalier Bordwand an Bordwand, sondern die Preußen. Die Vitalienbrüder hörten noch den Schluß des *Media vita in morte* vom Ordensschiff, vor Kampfbeginn sangen die streitbaren preußischen Knechte; in diesen mittelalterlichen Tagen sang man vor den ersten Schlachthieben. *Mitten wir im Leben sind / Mit dem Tod umfangen;* Melodie, die noch sechs Jahrhunderte später ergriff, und da wurden auch schon die Enterhaken in Störtebeckers Kogge gehauen; die preußischen Wäppner sprangen von ihrem Schiffskastell aus die Vitalienbrüder an.

Immerhin, auch Störtebeckers Leute fingen zu entern an, fingen geschickt zu jumpen an. ... Enterkampf, schreckliches Handgemenge, unübersichtliches Gewoge. Die Übersegelten hatten zwar nicht gesungen, aber stumm blieben sie ebensowenig wie die Preußen. Ihr vitalianerisches Feldgeschrei fuhr den Preußen durch die Glieder, *Godes Frund unde aller Werlt Viant.* Störtebecker stimmte den Ruf immer neu an. Herzerschreckend wirkte der Satz. *Godes Frund unde aller Werlt Viant*, wie oft schon hatte der Kampfschrei die Gegner entnervt! Die Vitalienbrüder hatten das schon früher erkannt, und sie riefen die Worte deshalb um so lieber, *Gottes Freund und aller Welt Feind*, schrien sie oft und überlaut.

Stortebekers Vitalienbrüder kämpften vor allem mit Bartäxten. Messern außerdem. Sie liefen samt und sonders ungewappnet herum; mit bloßem Gesicht. Wer sich den Vitalienbrüdern beigesellte, hatte meist keine Knappenjugend hinter sich, hatte nicht eine volle Jugend lang in einem teuren Harnisch trainiert, und sobald hier einer der Preußen ins Fleisch traf, gab es diese wüsten, schrecklichen Schnittwunden; klaffenden, ganz entsetzlich blutenden Fleischwunden. ... Auch noch während die Getroffenen brüllen, bleibt, allenthalben, vieldutzendfach, der hohe Metallklang der Waffen. Schwert gegen Bartaxt. Schwert gegen Schwert, und es bleibt das Rascheln und Klappern der vielen Rüstungen. Der Eisenharnische, in denen die preußischen Knechte stecken. Die Geräusche der Rüstungen hören sich oft wie Rascheln an, unerwartet wäre das für uns Heutige. Und quer darüber hin: die Schmerzensschreie der Getroffenen. Ihr barbarisches Geheul, ihr Gekreisch und Geblök, ihr Blasen; das sich überschlagende kurze Heulen, die letzten Laute eines Zerhackten. Das Kampfgewühl hält an. Wigbold, Störtebeckers akademisch gebildeter Mitgeselle, wird von hinten zu Boden gepufft. Wie leicht einer, der auf dem Boden liegt, zertreten werden kann! Das Decksholz blutig naß um

Wigbold herum, glitschig; und die Kämpfenden trampeln teilweise schon auf ihn. Straucheln darf einer nicht! Um keinen Preis stürzen; auch der Schwächlichere darf beim Kämpfen nicht kippen. Wenigstens sollte er sich am Schiffsmast festhalten; sofern er beim Mast kämpft. Eine Kogge war immer einmastig; den Mast im Rücken zu haben war eine begehrte Kampfposition. Beim Handgemenge – auf dem Deck des preußischen Holks – wurde Störtebecker mehrere Male von vollkommen unerwarteter Seite her attackiert. Die Überraschungen beim Nahkampf in großer Enge. Störtebecker, sich umwendend, hatte einen Wäppner auch dort noch vor sich, wo er einen der Seinen geglaubt hatte.

Die Kampfgesellen, die wanken und über Bord gehen. … Sie fallen mit wirbelnden Gliedern, wirbelnden Armen, strampelnden Füßen; über Bord, ins Wasser, in den Tod. Unwillkürlich strampeln sie im letzten Augenblick noch. Zappelnde Arme. Noch einmal krampfhaft nach etwas zu greifen und ins vollkommen Leere zu greifen. Einer, der sich an der Reling von außen noch festhält und in rasender Angst sieht, wie sein Gegner mit dem geschärften Eisen leicht ausholt. Und dieser andere hackt ihm schlicht die Finger durch. Der gebaumelt hatte, sackt ab, hinunter, in die See.

Störtebecker trifft einen Gewappneten gegen das Ohr und ans Trommelfell; der Horizont bewegt sich für den Getroffenen; der Horizont ist auf einmal ganz verschoben und ist nichts Stabiles mehr. Ein so Getroffener landet auf dem Boden, gerät in jene gefährlichste Lage. So einer – ist schon fast verloren. Störtebecker selber fängt einen wüsten Tritt in den Bauch. Wahnsinnige Bauchschmerzen; ja sogar Kopfschmerzen; ihm ist das, wie wenn er mit entzündetem Kopf und Bauch durch einen Sturmwind müßte.

Immer wieder die Situation: die Kämpfenden waren nicht nur darauf aus, den Gegner tödlich zu verwunden, sondern versuchten oft, ihre Gegner über den Bordrand zu treten. Über die Bordkante zu drücken, das gelingt oft schneller, als erst mit der Waffe auszuholen. Wo immer möglich, nehmen sich mehrere gleichzeitig einen Gegner vor. Schweißtreibende Todesangst des von mehreren Männern Gepackten; der Gepackte windet sich rasend und kommt doch nicht frei. Schweiß und Angst.

Einer wird, von einem preußischen Armbrustschützen, in den Schenkel geschossen und schwankt über Bord; er kommt ums Leben, obwohl die Wunde längst nicht tödlich ist: in vier Minuten wird er im Wasser, in der Frühjahrseiseskälte, ertrunken sein. Und da tritt jemand dem Wigbold, der sich vorhin wieder hatte aufrappeln können, in den Wanst, daß der vor Schmerz wirr wird und erneut taumelt; daß er da hinmuß, wo er absolut nicht hinwill, auf die Decksplanken, hinunter, unten hin. Hinunter, platt auf die Planken; und getreten wird er hier, bis ihm das Wasser aus dem Hintern rinnt. Und Störtebecker erkennt, wie Luder Rantzau, Störtebeckers alter, alter Kumpel, gefällt wird, Störtebecker sieht, wie Rantzau mit den Fersen noch das Deck trommelt, rasend schnell das Deck schlägt mit den Fersen. Da wird auch Störtebecker weich. Da paßt er selbst nicht auf. Schließlich zuckt Rantzau nur noch[43]; und Störtebecker ist nicht sofort wieder imstande, sich zu wehren wie zuvor; nicht ganz kräftig. Gesellen hauen Störtebecker gerade eben so heraus. Und ein anderer zuckt nur noch ein paarmal am Boden. Rundherum, überall ist dies so. Die Arme streckt der Sterbende im Augenblick des Sterbens ganz weit von sich weg; rechts, links die Arme weit weg; ganz weg. So sieht das mit dir aus am Schluß. Die Beine leicht gespreizt. Oder leicht angewinkelt; nie eng zusammen.

Der Kapitän des preußischen Schiffes ist ein gewisser Rorebek. Störtebecker behält schließlich, mit einem um die Hälfte kleiner gewordenen Haufen Vitalienbrüdern, die Oberhand; er bringt endlich Rorebeks Holk doch noch in seine Gewalt – „böse und ungerecht“, wie die preußischen Schreiber später behaupten –, und nach dem Sieg lacht einer der übriggebliebenen Vitalier. Lacht, hatte Spucke vorm Mund, so lachte der. Ein anderer Vitalier klatschte sich immerzu auf die Beine, daß es ganz merkwürdig laut knallte und schallte; im Siegestaumel waren die Burschen von Sinnen. Rorebeks Schiff – Störtebeckers restliche Männer wußten sich nicht mehr zu lassen – hatte unter anderem eine Ladung feiner englischer Tuche, und zwei englische Kaufleute, William Munde und Thomas Cornwaile, begleiteten[44] ihre eigene Ware; über die beiden, die mit dem Leben davongekommen waren, verfügte Störtebecker noch im besonderen.

„Euch behalt ich als Geiseln zurück."

Munde war froh genug, daß er das Gemetzel überstanden hatte; Cornwaile war auch sehr froh, verlegte sich aber überdies aufs Betteln und Bitten. Störtebecker, der sich mit einer Hand den schmerzenden Bauch hielt: „Das hilft dir alles nichts, Mann; zwanzig Nobeln sind dein Lösegeld", und Cornwaile möge an seine Familie alsbald einen entsprechenden Brief schreiben. Er legte dann Cornwaile den fertiggeschriebenen Brief von Munde hin; „schreib das so ab, wie er das hier hat!" Um die zwanzig Nobeln in Empfang zu nehmen, werde man nun sogar ein gutes Stück näher an die englische Insel heransegeln; ihnen eigens zuliebe, und Störtebeker lächelte kurz, trotz Bauchschmerzen. Der Kaufmann fletschte die Zähne. Cornwaile war ein geiziger Mann. Und Störtebecker erhöhte deshalb, während der geizige Mensch zu schreiben begann, das Lösegeld auf dreiundzwanzig Nobeln.

Ja, Störtebeckers Burschen lachten und hatten gelacht, aber der Sieg war so verlustreich – Störtebecker entschloß sich, die Ostsee zu verlassen und zur unübersichtlichen ostfriesischen Nordseeküste überzuwechseln. Vielleicht würde er dort auch Gödecke Michael wiedersehen.

Die ostfriesische Küste war um 1400 noch weit mehr zerrissen, mehr zerstückt und noch mehr von der See angefressen als heute. Zu kontrollieren war sie äußerst schlecht.

* * *

Er traf Gödecke dann auch wieder: bei einem der Ostfriesenhäuptlinge, Ede.

Die ostfriesischen Adligen und überhaupt die Ostfriesen trieben selber schon seit Urväters Zeiten Seeraub. Bei den Menschen der angrenzenden Länder galten die Ostfriesen als raublüstern. Von den Holsteinern bekamen Störtebeckers Leute bereits auf der Durchfahrt gesagt: … Daß ein Ostfriese in Nachbars Garten war, sei sehr leicht zu erkennen. Die Wäsche sei danach abgehängt. Und eine Holsteinerin ergänzte noch, der Hund sei dann auch trächtig.

Ede Wummeke hatte sich in früheren Jahren gern und eifrig dem Seeraub gewidmet[45]. Er war schon älter, Störtebecker mußte immer auf ein paar Grützbeutel bei ihm im Angesicht starren.

Stortebeker und die frisch angekommenen Vitalier wurden mit großem Hallo begrüßt. Freudiges Gebrüll; auch hier trafen sich alte Bekannte wieder. Gödecke und Störtebecker schlugen sich auf die Schulter, drei Fussige, Rothaarige [?] taten es ihnen sofort nach.

Die Anführer der Vitalienbrüder ließ Ede in seiner Burg mit wohnen – und damit sind wir Heutigen nun auf einmal weg von allem Sagenhaften. Stortebeker hielt sich bei Ede auf. Stortebeker war hier. Das ist historisch sicher.

Wie Stortebekers Vitalienbrüder jetzt hausten? Jetzt lebten? Sie übernachteten nicht mehr in der ekelhaft engen Kogge. Sondern die *Friesen gönneten denselben in ihren Häusern und Wohnungen Auffenthalt und Wohnung*. ... Das war um so uneigennütziger, als die Menschen nicht viel Wohnraum hatten; ein Überangebot an Zimmern gab es in Mitteleuropa, vom adligen Milieu einmal abgesehen, erstmalig im neunzehnten Jahrhundert. Die Häuser in Ostfriesland um 1400 waren winzig.

Und wie das im einzelnen zuging? Wie schliefen die Gäste, die Vitalienbrüder? Oft genug mit im Bett eines Hausvaters. ... Die Mannschaften, die Munde und Cornwaile bewachten, mußten freilich auf der Kogge bleiben. Schon deshalb warteten die Vitalier-Wachen sehr auf die englischen Boten. Auf die Überbringer, die das viele Lösegeld aus ihrer Geldkatze herausholen würden.

Die Burg Edes, in der Stortebeker umherging, entdeckte unsere Vätergeneration mitten im heutigen Wilhelmshaven, in einem Parkgelände[46]. Ede hatte 1383 als Bauplatz für seine Burg eine Stelle zweieinhalb Kilometer südöstlich des Made-Außentiefs ausgesucht; das Außentief, eine anderthalb Kilometer breite und sieben Kilometer lange Mündungserweiterung des damaligen Flusses Made, ließ in vielversprechender Weise ein Ankern zu.

„Schön, die Ankerplätze!“ sagte Störtebecker sofort zu Ede.

„Das hör ich oft. Auch von meinen Feinden. Und die ärgern sich drüber!“

„... Und besonders gut ist so ein Ankerplatz hier für *zeerovere*.“

Ede blieb ihm an Offenheit nichts schuldig. Aber Ede Wummeke war auch ein schlitzohriger und schlauer Mann. Störtebekker, dies schon begreifend, sagte lächelnd zu ihm wieder: „Ich glaube ja, das Ankern ist hier am allerbesten für Utligger, hast du just deshalb dein Steinhaus hier gebaut? Hast du dafür diesen Platz einmal befohlen für dein festes Haus?"

Ede lachte. Und sagte: „Liegt ja derweilen ein paar Jahre zurück."

Von Ede und Gödecke wurde Störtebecker durch die kleine Burg geführt. Ungewöhnlich *fest* hatte Ede die Anlage bauen lassen. Die weit entfernten Lübecker Ratsherren nannten sie ein *mechtich slot*, Schloß. Und ein Jeverer Kundschafter schrieb von ihr auf, *wol bevestigt mit 3 graven und ein stark stenhus mit ein dicken muren gemuret*. „Drei graven", Gräben: einen sieht man noch heute; voll blasiger Jauche ist er. Naturjauche, von Enten.[47]

Von der Burg zeugt ein drei Meter hoher Hügel. Der Hügel ist oben plan und allseits abgeböscht, eine fast quadratische Fläche. Ein verwaschenes Quadrat zweiundzwanzig mal fünfundzwanzig Meter, und hier ging einmal der leibhaftige Stortebeker herum. Der Hügel stammt von dem Wehrturm der einstigen Burg[48]. An der Süd- und Westseite gab es weitere Gebäude, sie stießen rechtwinklig aneinander, und noch dazu durch eine Mauer waren sie rechtwinklig miteinander verbunden. Groß war die Burg absolut nicht; „starkes Steinhaus mit einer dicken Mauer gemauert".[49]

„Und was", wurde Störtebecker dann gefragt, „ist in der Burg alles drin?"; die armseligen Geiselbewacher waren es, die auf dem Koggen geblieben waren; sie fragten ihren Störtebecker, und neugierig waren sie.

„'ne Folterkammer!" … so wurde ihnen Bescheid gestoßen.

Recht hatte Störtebecker. Hier an der Stelle ließ Ede bereits seinem Schwager[50], nach vielem Quälen, mit hänfenen Stricken die Glieder abschnüren und ihn mit weiteren Hanfstricken mittendurch sägen. Das leistete er sich noch vor Stortebekers Zeit.

Lange hielt es Störtebecker und Gödecke nun nicht in Edes Obhut. Es war Frühjahr, Frühsommer, hohe Zeit zu kapern. Man kehrte aber zu Edes Burg immer wieder gern zurück; mit der Beute.

Bettücher aus schwarzem Satin für Störtebeckers Frau

Nicht nur zu Ede brachten sie Beute. Sie mußten ja zusehen, wie sie solche Neuware in Geld umwandelten, und in den Dörfern anderer Friesenhäuptlinge lernten sie ebenfalls Abnehmer und Hehler kennen. Noch besser waren die kleinen ostfriesischen Städte. Käufer brauchten sie! Geld war Gödecke und Störtebecker jedenfalls das liebste. Was sollte Stortebeker mit einer ganzen Schiffsladung feinen flämischen Tuches! Er mußte das ja wieder loswerden. Über Bargeld ließ sich die Beute auch leichter aufteilen.

Überall an den Küsten hatten die hansischen Fernkaufleute Fuß gefaßt. Überall waren *henzelstede*; an der niederländischen Küste und nacheinander an der gesamten Nord- und Ostseeküste reihten sich Städte der Hanse, von Brügge bis Reval; nur eine Lücke hatte die Kette, zwischen Ems und Weser. Spannend und eigentümlich: in diesem Abschnitt gehörte kein einziger Ort der Hanse an. Hier befand sich die Macht in ganz anderen Händen. Grundbesitzer aus alten Geschlechtern standen hier vornean. Die hatten sich in den letzten Jahrzehnten hochgekämpft. Eine besonders ehrgeizige Grundbesitzerfamilie lebte fünfzig Kilometer westlich von Edes Burg, vier Hauptorte gehörten ihr, worunter Marienhafe: die Familie tom Broke[51]. Außerhalb des Einflußbereichs der tom Broke und Edes hatte beinah jeder größere Ort einen anderen Häuptling. Wir kennen Namen über Namen, Hare in der Grete (Haro Cirksena)[52], Hisko von Emden, Sibrand von Loquard, Focko Ukena, Folkmar Allena.

„Genauso scharf auf Pelzwerk", sagte Störtebecker, „wie Edes Familie sind diese tom Brokes … hab ich gehört."

„Da hast du wohl richtig gehört", erwiderte ihm Gödecke.

„Ja. So sag schon, wer ist denn dort der dicke Herr?"

„Der heißt Witzel. Der macht's eigentlich für seinen Halbbruder, und der heißt Keno. Witzel stammt von einer Kebse her. Dick ist er aber gar nicht. Eher drahtig. Und nicht dumm."

„Da gehn wir doch endlich auch mal zu ihm!"

„Weißt du, daß die tom Broke und Ede sich spinnefeind sind und sich nur so belauern?"

„Und? Willst du darauf Rücksicht nehmen?"

„Wir gehen dann glatt zu Edes Feinden!"

Sie nahmen tatsächlich keine Rücksicht darauf. Und sie wandten sich außerdem auch an Hisko, der, als Probst von seinem Emden, nie Geldprobleme hatte und der mit einer elegant tuenden, anspruchsvollen Frau gesegnet war, der Fossa. Keine Frau in den Landschaften zwischen Groningen und Oldenburg war teurer gekleidet, und niemand hatte mehr Gewänder als sie.

Bei allen diesen Ostfriesenadligen trafen Stortebeker und Godeke Michel Vitalienbrüder an. Godeke überraschte das nicht. Gut informiert war er, sehr gut, und er wußte, daß schon seit längerer Zeit immer wieder Vitaliergruppen von der Ostsee her hier eingesickert waren. Keineswegs nur kleinräumig war Godeke auf dem laufenden, sondern großräumig.

Bei der Familie tom Broke hielt Störtebecker sich nun viel auf, und es heißt, den Marktflecken Marienhafe hätten die tom Brokes Störtebecker und Gödecke regelrecht überlassen ... seit Jahrhunderten heißt es inzwischen so. Störtebecker und Gödecke hätten hier allerlei geplant und verbessert, und sogar den Turm der Marien-Wehrkirche hätte Störtebecker aufgestockt. Das Satteldach des Turmes habe Störtebecker auf der einen Seite mit Ley, Schiefer, und auf der anderen mit Kupfer decken lassen. So hatten er und seine Leute ein Landzeichen, das sie von der See aus anpeilen konnten[53]. In der Leybucht, die nahe heranreichte, habe Störtebecker solche Orientierung auch sehr gebraucht. Arg abgelenkt sei er da manchmal gewesen. Nicht nur einmal seien im Meerwasser der Leybucht vor Störtebecker eine Rotte nackter Dirnen, glitzerndes Frauenvolk, herumgeschwommen, die glatten Friesinnen hätten sein Schiff umringt, und die Anführerin hätte ihn angespritzt[54].

Die Marienhafer Marienkirche war einst riesig, und die Pfeiler drin im Kirchenschiff bemaßen sich auf drei Meter siebzig Dicke; die Kirche hatte in Norddeutschland kaum ihresgleichen. Noch Anfang des neunzehnten Jahrhunderts kontrastierte sie zu den riedgedeckten, geduckten Friesenhäuschen rund um sie unglaublich[55]. Oben im Turm soll Störtebecker eine Kammer für sich gehabt haben. Und an den Mauern der Marienbasilika habe er eiserne Ringe anmontiert, um die Schiffe hier vertäuen zu können, hier an der Kirche.

Was da Schiffe? mag sich einer überlegen, Marienhafe liegt acht Kilometer landeinwärts. Das allerdings ist heute. Damals lag es näher an der See, oder genauer, die See – die Leybucht – war näher an Marienhafe; die Küste verlief vollkommen anders.

Auch habe Störtebecker, so ist überliefert, in seine Kirchturmkammer eine Tochter hier aus der Umgebung geschleppt. Erst lockte er sie nur weich: „… komm ich zeig dir mal –."

Ihr hingegen schwante gleich nichts Gutes. „Na was denn schon? Ich will nicht einen Pfifferling gezeigt kriegen!"

Er: „Ei, doch."

Sie: „Nichts!"

Er lockte sie ein bißchen mehr und trug sie einfach die Wendeltreppe, die winzig schmal ist und hoffnungslos steil, zu dem Turmzimmer hoch.

Immerhin war es sogar der Turm einer Kirche; und er erlaubte sich das alles, auch obwohl hier keinerlei durchlochte Steine herumlagen. Scheußlich – so empfand es die Strampelnde – schnaufte er, als er die Turmtreppe mit ihr, mit ihr als Last, überwand, und der Strampelnden war es egal, daß er sich nur ausnahmsweise so benähme, wie er ihr sagte, egal, daß er nun schon so lange von dem Waschstein weg sei und er nicht *noch* länger auf ein Weib oder Weibchen verzichten könne.

Die Verschleppte – so etwas heißt verschleppt zu werden – war sehr rein. Und sie war mitnichten auf ruhm-redige Männer jeck. Sie ging die Kirchturmtreppe nicht hinauf, und sie ging die nicht hinab: die Schande, wenn sie von ihren Altersgenossinnen – um Hilfe! – wieder gesehen werden würde, wollte sie nicht aushalten.

Am zweiten Tag danach sprang sie sich turmabwärts zu Tode; sie sprang in die Flut. Die Sage behauptet: Störtebeckers Ansehen wurde in damaliger Zeit dadurch nicht beschädigt; eher im Gegenteil. Keno tom Broke verband sich mit ihm bald noch verwandtschaftlich. Keno ließ seine Tochter regelrecht mit ihm trauen. Vielleicht leitete den Keno dabei allerdings auch, daß Störtebecker nicht noch mehr unter den einheimischen Frauen wildern möchte.

Kenos Tochter selbstredend gehörig hübsch ... wer ahnt, wie hübsch; ein großes Gesicht; träumerisches und zugleich trotziges Gesicht; dunkelhaarig, lange Mähne; dem Ehemann auch im Bett schmeichelnde Haare – um den zu nachtschlafender Zeit immer noch zufriedenzustellen. Hübsch? Womöglich hat sich das nur durch den langen Zeitabstand seitdem so versimpelt, und Störtebecker heiratete vielmehr eine deftige, kräftige Jungfer ... und recht eigentlich eine Canaille. Die Kirchturmkammer hielt er auch weiterhin.

In der Kammer machte er mit seinen Kumpanen die Nächte durch und soff er. Und mancherlei Schätze stapelte er hier auf; deshalb hätten, heißt es, in der Kreisstadt Norden ein wenig nördlich noch jahrhundertelang so viele Juweliere gewohnt, und die Nordener Frauen besäßen deshalb so schönes ostfriesisches Filigran. Ein Erbe des Wykhofweilers, drei Kilometer westlich von Marienhafe, fand vor einigen Jahrzehnten, als er sein altes Haus umbaute, eine Reihe von Töpfen mit Gold, einen Schatz noch von Störtebecker her; und die heutigen Marienhafer versichern: die Marienhafer hätten einst jenen Störtebeckerjahren heftig nachgetrauert[56].

Keno wäre mithin der Schwiegervater von Störtebecker geworden. Die canaillenhafte Braut wußte allerdings schon, daß sie nicht ewig an der Seite dieses blondwuscheligen, energischen Mannes bleiben, sondern eines Tages die Witwe eines gewaltsam aus dem Leben Gebrachten sein würde; eine gut ausgestattete Witwe dazu noch. Zunächst, so ist überliefert, sei sie mit Störtebecker auf dessen Kaperschiff mitgefahren. Störtebecker sagte zwar zu seiner Jungvermählten: „Frauen an Bord, bringt Totschlag oder Mord", und das wolle er nun gar nicht, aber sie kümmerte sich nicht um alte Sprüche und lachte nur. Er versuchte sie auch weiterhin noch von den Schiffen fernzuhalten. Störtebecker stand mit ihr und einigen Vitaliern bei Marienhafe am Strand der Leybucht, Sturm tobte, er sagte: „Engelein guck mal, da ist Wellengang; da hätt'ste gekotzt", aber sie scherte sich noch einmal nicht darum; was da Vorhaltungen! Ja, sie machte bald Anspruch, Bettücher aus schwarzem Satin mit aufs Schiff bringen zu dürfen. Solche Bettücher mußten es schon sein; in allerhöchsten Brüsseler Kreisen waren die gerade Mode. Das setzte sie dann auch durch, solche rare Bettwäsche – um die nichtstuerisch-verführerische Blässe ihrer Haut hervorzuheben, und um die Entfernung zu der Turmkammer zu zeigen. Der hünenhafte Ehemann schluckte es ... indem er allabendlich den Mund verzog[57].

Daß Störtebeker sich mit einer Kenotochter verheiratete? Das ist schlicht unmöglich. Ein jahrhundertalter Irrglaube. Kenos Vater Ocko I. Kenesna tom Brok wurde am siebten oder neunzehnten Oktober 1391 ermordet, und Keno war damals noch minderjährig. Deshalb regierte auch zunächst Kenos Stiefbruder Witzel stellvertretend für Keno. 1396 zeugte Keno einen Sohn, Ocko II. Hätte Keno zum Beispiel im Jahr zuvor oder ein Jahr später auch noch eine Tochter gezeugt, so hätte Stortebeker dieses Kind doch in den folgenden fünf Jahren nicht gleich heiraten können. Mehr Zeit blieb Stortebeker aber nicht. Stortebeker hätte keine Zeit mehr gehabt, sich mit einer Keno-Tochter zusammenzutun.

Es ist historisch nicht ausgeschlossen, daß Godeke und Stortebeker einst in Marienhafe herumliefen. Freilich ist es auch nicht belegt. Daß die beiden in Ostfriesland waren, mit dem einen und anderen Häuptling zusammen im trüben fischten und mit den Häuptlingen klüngelten, ist historisch erwiesen. Orte im einzelnen zu benennen überfordert außer bei Loquard die Historiker.

Lokalisieren kann man bei Stortebeker nur noch wenig.

Aber eine Tätigkeit läßt sich geradezu sicher angeben: er hatte oft Reparaturarbeiten am Halse. Solch eine Kogge hielt nicht allzu gut. Kurze Lebensdauer der Schiffe; die Vitalier hatten immer wieder viel auszubessern. ... Die geklinkerten Seitenwände von Störtebeckers Kogge könnten es nötig haben. Störtebecker läßt einteilen. Wieviel Mann haben sich zuerst sich damit zu befassen, wieviel in der nächsten Schicht. Er muß allerhand anordnen.

Geklinkert? Die einzelnen, waagrecht verlaufenden Planken griffen dachziegelartig übereinander. Da soll neu kalfatert werden. ... Selbst wenn die Schiffbauer damals oft die Außenhaut des Schiffes durch Übergehen mit Feuerbränden ganz oberflächlich verkohlten, um sie gegen Nässe widerstandsfähiger zu machen, für Jahrzehnte hielten sie die Faulerei doch nicht auf. Die umgebogenen Nägel im Plankenholz haben sich hier und da ausgeleiert, denn das Schiffsholz arbeitet im Seegang ununterbrochen. Die geklinkerte Beplankung befestigten die Koggenbauer nicht durch Nieten, sondern durch umgebogene Nägel; und bei den Nageleinschlaglöchern fing das Holz zuerst zu faulen an. Gerade hier war es schwierig heranzukommen, und man mußte genau sein – es gab viel zu fluchen. Die Arbeitenden fluchten, und der Marienhafer Pfarrer setzte sich mit seinen Ermahnungen nicht durch. Die Schalme hörten nur auf Störtebecker, und Störtebecker sagte ihnen nichts, konnte ihnen nichts sagen, Störtebecker fluchte seinerseits. Marienscheiße Himmelhund noch mal, Votzteufel; ihm waren da die Hände gebunden.

Während die herben und unordentlichen Vitalienbrüder noch pingelig an der Kogge arbeiteten, trat auch Gödecke mit herzu. „Pfaffe, was ist los? Das Fluchen paßt dir von uns nicht? Klaus! Was meinst du, ist es zuviel für ihn?“

Störtebecker, abgelenkt und mit den Nagellöchern beschäftigt: „Ich nehm' schon an, daß es ihm den Magen umdreht.“

Gödecke, immer im Beisein des Pfäffleins, das Almer hieß: „Und wieviel Gold hat er inzwischen von uns für seine Kirche abgekriegt? Wenn's reichlich ist, muß er sich sowieso die Flüche anhör'n. Wenn's doch nicht so reichlich war, ja – ja –?“

Störtebecker, weiter am Achtersteven und weiter eine Planke kontrollierend, die sie ausbesserten: „Worüber du dir wieder Gedanken machst! Immer diese Anwandlungen von Gefühl. – Gefühl, Gefühl!“

„Und darum haben wir dich auch einmal von deinem Wrack abgefischt, deinem kippenden; und so bist du noch quick und lebendig!“

Störtebecker maulend und kurz lächelnd: „Nehm's dir ja auch nicht krumm."

„Und also hier der empfindliche, gottesfürchtige" – Gödecke zog eine schnelle Grimasse – „der kluge Herr Almer? Segeln wir halt gleich zu Hisko ab. Heute noch! Da können wir ja weiter ausbessern." Und Gödecke kniepte dem Störtebecker zu.

„Dem Propst? Also zu dem Propst Hisko", sagte Almer, „dem Emdener?"

„Dem. Dann hörst du uns eine Weile nicht mehr fluchen. Und wir machen dort unsre Kähne fit. Der Hisko ist nicht so zimperlich."

„Er tut aber vielleicht sehr gottgefällig."

„Da sei unbesorgt. Der ist gerieben. Und nicht zimperlich."

„Er tut gern so. Anmahnen wird er euch vielleicht noch mehr als ich." Almer, das war zu merken, wollte die Vitalier auch nicht weghaben. Nur nicht! Er würde obendrein von den tom Brokes angeblasen werden, wenn er Störtebecker vergraulte. Und wie rasch die Vitalianerkapitäne umplanen konnten, wie rasch sie entschieden, wußte Almer. Gödecke und Störtebecker sah'n sich an. Und lächelten.

Hisko oder tom Brokes oder Ede Wummeke: Stortebeker und Godeke waren bei all denen willkommen. Wohlgelitten. Störtebecker und Gödecke wurden sich darüber klar, der entspannte Zustand jetzt würde nicht ewig dauern ... und insofern, mit dieser Gewißheit, waren sie auch in den Mußezeiten ziemlich unter Druck.

Sie hielten sich noch die nächsten Tage fleißig bei den Schiffen auf, an denen jeweils verschiedene ihrer Leute herumschrammten und zusammen mit Einheimischen herumkratzten, und hin und wieder kam sogar jemand von der Familie Broke zu ihnen an die Lände, stand mit zwischen den verlausten Vitaliern herum, schaute sich an, wie für die neumodischen, übergroßen Schiffe der Teer gekocht wurde. Die Vitalierkerls, bei der Arbeit: schwitzten. Sie schwitzten und rochen; und die Großmutter Kenos, Foelke, sagte zu Störtebecker: „Also ich mag euch ja sehr, aber eins will mir nicht in den alten Kopf: so schöne Stoffe bringt ihr mir an, und diese himmlischen Webereien haben so stinkende Rotzlöffel hergeschafft."

„Aber, aber!"

„Na ... ich weiß nicht. Und gerade die haben ihr Leben dafür gewagt. Diese Stinker."

„Aber Muttchen, Muttchen."

„Ja ..."

„Foelkemuttchen, Ihr seid doch, überhaupt, Ostfriesin! ..."

„... Ja. Da könnte ich jetzt schon wieder in Ohnmacht fallen. So ein Schweißgeruch, da fall ich bald immer in Ohnmacht."

Niemand hatte eine derart empfindliche Nase wie sie, nicht einmal ihre gleichnamige Tochter. Man war damals, was Körpergeruch anlangte, viel gewohnt, und selbst die höchsten Familien nahmen Gerüche hin.

* * *

Stortebeker und Godeke Michel redeten mit ihren adligen Hegern. Mit Leuten zu reden, ist für die Leitpersonen der Vitalier ganz wichtig gewesen. Zuvor und dann später wieder mag es sich anders verhalten haben, mögen Outdrops bei den Piraten häufig vorgekommen sein und der Piratenboß oft ein Outsider gewesen sein. Jetzt waren zumindest die vitalianerischen Spitzenleute kontaktstark, die bürgerlichen Anführer in der Nordseezeit just ebenso wie die meist adligen der Ostseezeit. Godeke und Stortebeker hätten sonst niemals eine so genaue Kenntnis der politischen Verhältnisse erlangt, hätten nicht derartig fein dem politischen Kalkül ihrer Heger entsprechen können, hätten ihre Fluchtwege nicht so souverän wählen können. Dennoch entging auch ihnen Entscheidendes: während sie sich bei den ostfriesischen Häuptlingen noch aalten, brachten andere Gruppen langsam einen Konsens zustande: Diese Vitalier mußten vernichtet werden! Godeke und Stortebeker entging das, denn sie sprachen nicht mit allen Kreisen. Sie sprachen nicht mit Hansestädtern. Inzwischen tauschten sie sich nicht mehr mit den hansischen Rostocker Patriziern aus und nicht mit den Wismarern, denn Rostock und Wismar waren zu weit weg. Und wenn sie ein Hanseschiff kaperten, nutzten sie das in der Freude über die Beute nicht immer genug aus. Sie ließen da öfter die Gelegenheit verstreichen, den – elegant gekleideten – hansischen Kapitän auf die neusten politischen Entwicklungen hin zu vernehmen.

Freilich haben Godeke und Stortebeker sich auch wenig um die Stimmung in den geschädigten Städten bekümmert. So merkten sie jetzt nicht, wie sehr die Hansen es sich angelegen sein ließen, eine Front gegen sie zusammenzubringen.

Fortwährend beschwerten sich insonderheit die *Älterleute und der gemeine Kaufmann* aus Gent, Brügge, Ypern und andern Städten. Zwar werden Gödeke und Störtebeker in den Beschwerden nicht namentlich genannt; kein Zweifel aber, daß auf diesen Nordseerouten gerade dem Godeke und dem Stortebeker viel angelastet werden muß. Klagen auf Klagen über den schrecklichen Verderb, dem der Kaufmann nun fast täglich durch das Piratenvolk unterliege. Aus einer Klage Gents, Brügges und *Iperns* vor den Lübecker Ratsleuten: *Vos scitis, quanta mala quantaque scandala*, ihr wißt, was für böse und große Skandale ... Das war die Stimmung in Brügge am vierundzwanzigsten Mai 1398.

Halbwegs systematisch haben die überlegenen Engländer ihre Verluste für die Zeitspanne von 1393 bis 1405 aufgelistet. Im Dezember 1405 hielten die Abgeordneten des englischen Königs den Hansen im südholländischen Dordrecht eine Klageakte hin, unmittelbar nachdem sie mit den Hansen am selben Tag ein Abkommen zustande gebracht hatten: *An agreement made betweene King Henrie the fourth and the common societie of the Marchants of the Hans*. In den dreizehn Jahren 1393 bis 1405 haben die Engländer dreißig Unternehmungen von Seeräubern erfaßt. Sämtliche dreißig Überfälle haben Vitalienbrüder auf dem Gewissen. Gödeke Michels ist an sechzehn Überfällen beteiligt, Störtebeker an vierzehn. Siebzehnmal nennen die Engländer ausdrücklich die Städte Wismar oder Rostock als Bezugspunkt für die Räuber.

Das englische Schadensverzeichnis ist eine Sensation. Es ist nicht nur für die Engländer äußerst wichtig gewesen, sondern heute auch für uns, sechshundert Jahre später. Es ist nahezu das einzige wirklich historische Zeugnis, das wir von Störtebeker und Gödeke besitzen. Fast: ausgenommen einige authentisch-gleichzeitige Bemerkungen, die mit einer Schlacht an der Ems zusammenhängen, ausgenommen ein Vertrag des bayrisch-holländischen Grafen Albrecht und ausgenommen all das, was niedergeschrieben worden ist, als Störtebeker und Gödeke endgültig abtraten.

Lange hat es gedauert, bis man auf dieses Schadensverzeichnis überhaupt stieß ... ahnt einer denn, daß es über Störtebeker gerade im außerdeutschen Schrifttum noch etwas so Genaues gibt?

Und alles andere über Störtebeker ist entweder – alles! – nachgeplapperte Sage oder stammt aus nachträglichen, nachgeschobenen Chroniken: aus der Chronik Detmars, Korners und eines vermeintlichen Rufus. Diese Chronisten, Mönche, fingen erst Jahre, meist erst Jahrzehnte nach Störtebekers Abgang überhaupt zu schreiben an, und sie machen auch, so im nachhinein, Fehler über Fehler. Sie irren sich ständig. Die Engländer haben dagegen die Kapereien jeweils gleichzeitig notiert und sie 1405 in Dordrecht[58] alle zusammen vorgelegt. Ihre Klageschrift enthält so viele detaillierte Bemerkungen über Störtebekers Räubereien wie kein anderes Dokument sonst, und nirgends hören wir authentisch mehr über Gödeke. Nicht Deutschen verdanken wir das, sondern Engländern, und wir lesen das nicht in Mittelniederdeutsch oder Latein, sondern in Englisch.

Bei der ersten Kaperei, Anno 1393, bringen die geschädigten Engländer noch keine Räubernamen, sie schreiben nur, *bestimmte Missetäter aus Wismar und Rostock*. Im nächsten Jahr, 1394, haben die Engländer sieben Fälle erfaßt, im Jahr 1395 zehn Fälle, 1396 zwei Fälle, 1397 einen, 1398 drei Fälle, 1399 zwei, 1400 keinen, 1401 und 1402 je einen, 1403 und 1404 keinen, 1405 zwei Fälle. 1394 tauchen zum erstenmal auch Gödeke Michels und Störtebeker auf: Gödeke in zweien jener sieben Fälle, Störtebeker einmal. Beim ersten Fall von 1394 führen die Engländer eine Gruppe von sieben Vitalianeranführern namentlich auf, und Godekin Michael rangiert in dieser Siebener-Gruppe an zweiter Stelle, das andre Mal haben es die Engländer mit einer

Gruppe von drei Vitalieranführern zu tun, und Goddekin Mighel ist hier an erster Stelle, Störtebeker an letzter. Bei den übrigen fünf Fällen des Jahres 1394 können die Engländer keine Räubernamen beibringen. In sämtlichen zehn Fällen des Jahres 1395 werden Gödeke und Störtebeker als Beteiligte genannt. 1396 sind sie in einem der beiden Fälle wieder dabei. 1397 werden keine Räuber namentlich bezeichnet. 1398 wird Gödeke in zweien und Stertebeker in einem der drei Fälle genannt. 1399 ist das letzte Jahr, in dem *Godekin Mighel* und *de Stertebeker* von den Engländern namentlich angeführt werden: in einem der zwei Fälle. Und danach, in den restlichen sechs Jahren bis 1405, bringen die Engländer sowieso nur noch vier Fälle bei, einen einzigen davon mit einem Personennamen.

Gödeke Michels und Störtebeker mischen also kräftig mit. So häufig sie aber auch genannt werden: wir können daraus nicht folgern, daß sie sämtliche Vitalienbrüder kommandiert hätten. Außerdem treten sie eben nur während der ersten Hälfte der insgesamt erfaßten Zeit in Erscheinung und nur während des ersten Drittels der Gesamtvitalierzeit. Im übrigen müssen wir uns bei der Dordrechter Note immer vergegenwärtigen: diese Auflistung erfaßt nur englische Verluste. Betrachtet man die Vitalianerbewegung insgesamt, haben Gödeke und Störtebeker zur zweiten Garnitur gehört.

Wie stark beteiligt Gödeke und Störtebeker innerhalb der Nordseeszene waren, kann man auch an den Schadenssummen ersehen. Damit objektivieren sich die Aussagen zugleich sehr. Man kann die englischen Verluste einmal zusammenzählen; lediglich von zwei Kapereien kennen wir keine Schadenssummen. Bei achtundzwanzig der dreißig Aktionen haben sich die Vitalienbrüder von den Engländern insgesamt Beute im Wert von 3 349 Pfund, von 1 800 englischen Mark sowie von 6 372 Nobels sechs Schillingen verschafft. ... Wieviel wäre das nun nach heutigen Begriffen gewesen? Ein paar Anhaltspunkte für einen Wechselkurs quer durch die Jahrhunderte haben Historiker tatsächlich erarbeitet. Allzuviel dürfen wir trotzdem nicht darauf geben; die Historiker tun das heute selbst nicht mehr.

Sachwerte, reine Produktwerte, und außerdem Lösegelder für umgerechnet etwa fünfzehn Millionen Euro hätten die Vitalienbrüder in den dreizehn Jahren den Engländern abgejagt. Gödeke hat davon – teils zusammen mit Störtebeker und anderen Vitalierkapitänen – Waren im Wert von 736 Pfund und 600 englischen Mark und von 4 092 Nobels abgeschleppt; das wären heute etwa 5,4 Millionen Euro.

Mit alledem sind wir auch ganz weg vom Sagenhaften. Wir bewegen uns hier auf sicherem historischen Gelände, und darum ist die Dordrechter Akte sensationell.

Überraschend: Gödeke wird in ihr mehr hervorgehoben als Störtebeker. In den Sagen glänzt Störtebecker mehr. Die Engländer nennen den *Godekin Mighel* ausnahmslos immer vor *de Stertebeker*. Und das wiegt noch um so schwerer, als die Engländer in der Akte die Jahreszahlen keineswegs konsequent hintereinander bringen: 1395er Fälle schmeißen sie den 1405er Fällen nach; der erste Fall – der von 1393 – steht erst an neunter Stelle, und so fort. In all dieser Unordnung wird aber jedesmal Gödeke vor Störtebeker plaziert.

Sogar in der Schreibweise von Gödekes und Störtebekers Namen wechseln die Engländer innerhalb der Klageakte: Godekin Mighel, Goddekin Mighel, Godekin Wisle – ja, hallo! –, Godekin, Godekins, Strotbeker, Storbiker, Stertebeker. Offensichtlich haben die Verfasser der Akte die Eigennamen einfach so eingesetzt, wie sie ihnen auf separaten Blättern oder gar mündlich Jahr um Jahr, Fall für Fall hereingereicht wurden, und Gödeke war durchweg, jedes einzelne Mal, auch für die beteiligten Engländer der Wichtigere gewesen: übergeordnet, bedeutender, gefährlicher.

Diese Dinge werden einem also erst in der vergleichenden Übersicht deutlich. Und Historiker folgern: Stortebeker ist bei seinen Zeitgenossen gar nicht so berühmt gewesen, wie wir heute allgemein glauben. Nicht bei seinen Zeitgenossen! Die späteren Generationen sind da durch die Sage irregeleitet.

Godekin Michael steht bei den sechzehn Nennungen nur zweimal nicht an erster Stelle: einmal in einer Sechsergruppe 1394 ist Henry van Pomeren noch vor ihm, ein pommerscher Herzog also, ein Angehöriger des Hochadels; das andre Mal, im Jahr darauf, sind in der Vierergruppe Hans van Wethemonkule und Klaus Scheld noch vor Godekin Mighel; nach Godekin wieder Strotbeker. Den Klaus Scheld müssen wir, obwohl er heute so unbekannt ist, ebenfalls als starken Vitalier einstufen. Scheld tritt insgesamt achtmal auf. Viermal davon wird er noch vor Störtebeker genannt – nach Gödeke –, einmal gar vor Gödeke, einmal überhaupt als einziger – 1399 –, und einmal ist er in einer Fünfergruppe – 1398 –, in der Gödeke oder Störtebeker nicht vertreten sind.

Störtebeker erscheint in dieser offiziellen Klageschrift niemals ohne Gödeke. Nie! Daraus läßt sich klipp und klar ableiten: Störtebeker hatte sich ganz eng an Gödeke angeschlossen; allzu selbständig dürfte Stortebeker nicht gehandelt haben. Spannend genug dieses Verhältnis: ein Vitalianeranführer, der schon so lange an vorderer Stelle ist – seit 1394 mindestens –, und der immer noch im Schlepptau des Größeren bleibt, Gödekes, in dauernder physischer Nähe zu Gödeke. Das Verhältnis muß noch um so mehr überraschen, als die beiden Räuber ja praktisch unbehaust und nicht seßhaft waren.

Schlecht vertragen kann sich Stortebeker mit Godeke nicht haben. Das wird auch durch sämtliche Sagen bestätigt – und es gibt nicht weniger als dreihundert kleine Einzelsagen[59]. Störtebecker und Gödecke sind sich ganz einig: den Sagenerzählern ist das so selbstverständlich, daß sie es fast nie eigens thematisieren … und in der stets unruhigen, stets etwas kurzatmigen Umgebung solchen Seeräuberlebens wurde dieses gleichbleibende Verhältnis nicht als lahm empfunden, sondern – wenn schon – eher als erholsam. Eine Sage beschäftigt sich damit, wie Gödecke und Störtebecker Freunde geworden sind: Gödecke habe ein dreimal um einen Mast geschlungenes Hanftau zerfetzen lassen und Störtebekers Handeisen zerknacken lassen. Daraufhin: Freundschaft. Nirgendwo eine Sage – nichts –, in der Gödecke und Störtebecker nicht zusammenhielten wie Pech und Schwefel.

Interessant ist bei der Dordrechter diplomatischen Note auch, daß in einer Vitaliergruppe als ein Anführer ein Hans van Wethemonkule noch vor Gödeke genannt wird. Wethemonkule klingt reichlich englisch. Und bei zwei Kapereien tut ein John Derlowe mit. Dazu würde passen: Störtebecker hat der Sage nach einen Edelmann von der Küste bei Jarmouth, von der äußersten englischen Ostküste also, zum Verbündeten gehabt. Störtebecker und Gödecke sollen einer anderen Sage zufolge eindeutig in England gewesen sein. Daß sich ihre Vitalienbrüder außer aus Mecklenburgern, Pommern, Holsteinern, Ostfriesen noch aus Dänen, Schweden und in Störtebekers letzter Zeit aus Westfriesen und Holländern zusammensetzten, ist sowieso historisch sicher. Wir werden's sehen.

Was Gödeke und Störtebeker wirklich an Beute gewonnen haben, darüber sind wir dank der Dordrechter diplomatischen Note auch genau im Bilde. Allerdings, prompt klingt das nicht mehr so abenteuerlich, wie wir es, durch die Sagen verwöhnt, gerne erwarteten. Die Beutelisten sind nicht sehr abwechslungsreich; meistens erkämpften Störtebeker und Gödeke von den Engländern nur Ladungen eingesalzener Fische! Oft als einziges solche Fische; darüber hinaus mußten sie sich mit Schiffsausrüstungsgegenständen begnügen und mit dem gekaperten Schiff selbst. Das steht in eklatantem Gegensatz zu den märchenhaften Beuteangaben der Sagenerzähler.

Und sonst: zweimal Pelzwerk, Wachs, Osmund[60]. Immer wieder Schiffsgerät und eben das aufgebrachte Schiff selbst. Zweimal überhaupt nur ein leeres Schiff samt Schiffsgerät. Bei zwei Kapereien auch Artillerie – Gödeke und Störtebeker kamen in den Besitz von Kanonen. Einmal erkapert sich Gödeke ohne Störtebeker eine Rotweinladung und einmal eine gewaltige Ladung Wolltuche. Ein einziges Mal fällt dem Gödeke Gold und Bargeld zu. Störtebeker hat von den Engländern niemals Gold abfassen können. Zwar haben die Engländer nicht immer alle Verluste detailliert aufgeschlüsselt, aber Gold hätten sie schon erwähnt.

Die anderen Vitalienbrüder haben den Engländern Schiffsladungen mit Wolltuch abgenommen. Tuche und wieder Tuche. Des weiteren – die meisten Posten jeweils nur bei einer Kaperei – Kisten voll Rüstungen; Schiffsgerät und Masten; Waffen; Rinderhäute und Schaffelle, Leinwand und Segeltuch; Butter, Öl, französisches Seesalz, das kräftig roch – „puza! puza!“ –, Mehl und ein einziges Mal auch Silber und Gold. Nicht das wenigste Geld nahmen sie durch Geiseln ein: wenn die dann von den Angehörigen ausgelöst wurden. Was Störtebeker und Gödeke von Nichtengländern, etwa den Hansen, sich holten, wissen wir aus all dem natürlich nicht.

* * *

„Was sollen wir jetzt mit dem vielen Wolltuchgelumpe? Verfluchte Zucht!“

‚Du“, erwiderte Gödecke, „bereust doch nicht, den Koggen gekapert zu haben, den flämischen? Tut jetzt dir der Flame schon leid, der D'Haen?“

„Ha? … [61] Aber was sollen wir nur? Ich werd wahnsinnig werd ich. Ein ganzes Schiff voll Stoffbahnen!“

„Na ich weiß dir einen Rat: wir werden's wieder verkaupeln.“

Störtebecker … knirschte da nur mit den Zähnen. „Jetzt werden wir schon bald selber wie die erz-erbärmlichen Hansen. ‚Verkaufen‘, ‚verkaufen‘. Wenn ich das schon höre! Bin ich ein *Zeerovere* geworden, um zu verkäupen? Da hätten die Fettwänste natürlich auch mehr Geschick als ich.“

Gödecke zu dem Hitzkopf: „Mann, es bleibt uns ja nichts andres übrig! Bei den Massen Zeug. Aber wir werden's ein bißchen besser anfangen. Wir machen es uns leichter; verstehst du wohl?“, und Gödecke ließ die Tuche zu Schleuderpreisen verkaufen. In Emden, in Herrn Hiskos Stadt mit den kleinen Häusern.

Seit sie in die Nordsee gekommen waren, teilten sie die Beute mit ihren Vitalienbrüdern zu gleichen Teilen. Vielmehr: nicht die Beute, sondern den Erlös der Beute. Zu veräußern, darauf waren sie einfach angewiesen. Was sollten Stortebeker und Godeke mit einem Berg von Tuch? Mit einem Koggen voll eingesalzner Heringe? Sie verkauften den Küstenbewohnern, den Seßhaften, von denen sie gerade beherbergt – *geheghet, gehuset und gehovet* – wurden. Sie verkauften weit unter Wert und ließen so auch ärmste

Einwohner von den schönen Pökelfischen und den Tuchen nutznießen, und das war denn mit ein Grund dafür, daß die schlichten Ostfriesen und nicht nur die ostfriesischen Häuptlinge sie gerne aufnahmen.

Oder blickten die Küstenbewohner teils etwas geringschätzig auf Störtebecker und Gödecke und ihre Vitalier herab? Auf diese Dösköppe, die sich derart billig ihre Ware abluchsen ließen? Nein. Wir können hier außerdem manches aus den Störtebeckersagen entnehmen. Daß jemand den Vitalienbrüdern hochnäsig gekommen sei, davon ist in den Sagen nie etwas zu spüren. Geringschätzig? Nie.[62]

Dem Stortebeker, Godeke, den Vitaliern liefen auch aus den ostfriesischen und oldenburgischen Landstrichen immer wieder neue Burschen zu. So hatten sie nun auf ihren Schiffen meist irgendeinen, der sich in den ostfriesischen oder butjadischen oder oldenburgischen Gewässern und an der flachen und navigatorisch schwierigen Küste[63] auskannte. Ihre bessere Ortskenntnis konnten Stortebeker und Godeke dann in entsprechend überlegenes Segeln umsetzen. Das lästige Loten erübrigte sich für sie dadurch oft. Strömungen ließen sich ausnutzen.

Einheimische Lotsen also an Bord der Schiffe Stortebekers, Godekes und der anderen Vitalier; den hansischen, flandrischen, preußischen, englischen Schiffern verwehrten die Ostfriesen dagegen möglichst jeden Lotsen, und in dem Gewirr von unübersichtlichen Flüssen und Flüßchen, von Tiefs und Prielen, zwischen denen es obendrein viele Zufluchtsorte gab, verloren Verfolger leicht die Spur. Stortebeker und Godeke konnten hier auch gut ankern: hinter den Deichen, die die friesischen und butjadischen Viehhalter gerade in diesen Jahren überall als Schutz gegen die Flut aufschütteten, waren die Vitalier mit ihren Schiffen vor Sturm geschützt.

Ja, Godeke, Stortebeker und andere Vitalieranführer ließen sich nun, seit sie in der Westsee waren, zu einer gleichmäßigen Gewinnaufteilung herbei. Von den adligen Kommandeuren der *Vitalienbrodere* hatte fast keiner den Ostseeraum verlassen wollen; diese Adligen zogen sich, als der mecklenburgische Schwederkönig Albrecht zur Bedeutungslosigkeit herabgesunken war, aus dem Kaperkrieg zurück, und ihre Mannschaften sahen sich nach anderen, nichtadligen Leitfiguren um. Verschiedene schwedische Vitalieranführer hatten auch mit Hilfe der Vitalier Landgewinne gemacht und kümmerten sich jetzt lieber um ihre neuen Ländereien[64] in Margaretas großem Reich. Sie heirateten teilweise sogar schon in den ortsansässigen, landbesitzenden Adel hinein, um damit ihre neue Rolle zu stabilisieren und um ihren Neubesitz mehr abzusichern; und ihre nun verwaisten Vitalierscharen suchten sich, als sie in die Westsee überwechselten – wie sie die Nordsee nannten – andere Leitpersonen. Sie suchten sie sich unter ihren eigenen Genossen[65]. Manche Gruppen waren sogar eine gewisse, kurze Zeit ganz ohne Leitfiguren. In dieser Phase entwickelten sie untereinander neue Umgangsformen. Neue Selbstverständlichkeiten schliffen sich bei ihnen ein; die Utligger waren schon durch viele Kämpfe, vielerlei Kampferlebnisse aneinandergeschweißt – immer alles Augenblicke, in denen gemeinsam ihr Leben bedroht gewesen war. Die Gesellen organisierten sich um. Von Außenstehenden wurden sie jetzt manchmal Likedeler genannt, auch Stortebeker und Godeke. Likedeler, Gleichteiler. Sie teilten Beute untereinander so, daß jeder von ihnen gleich viel abbekam: Gleichteiler. Sie nahmen den Fernkaufleuten weg und teilten sich das untereinander auf, reichten die Waren über die ramschartigen Billigverkäufe an ihre Wirtsleute weiter. Den Reichen zu nehmen, den Ärmeren zuzuschlagen: Likedeler, Gleichteiler.

Nirgendwo auch findet sich eine Sage, unter den Hunderten Störtebecker-Detailsagen nicht, in der Störtebecker seinen Hegern etwas geraubt hätte; nirgendwo, daß er seine Wirtsleute, jedenfalls nicht die männlichen Gastgeber, schlimm behandelt hätte.

Störtebecker is'n feinen Kerl. Arm Lüd hett he wat gewen, riek Lüd wat namen, reichen Leuten was genommen. Und dieser Zug von ihm hat den Sagenzuhörern ganz besonders gefallen. Immer hat das Volk, durch die Jahrhunderte hindurch, Störtebecker als einen der Seinen betrachtet. Zumindest bis zum Ende des neunzehnten Jahrhunderts war Störtebecker gerade rein menschlich sehr angesehen beim Volke. *Umbringers sünd dat nich wäst*, Meuchelmörder sind das nicht gewesen.

Störtebeker habe einer armen rügenschen Frau aus Bobbin, die aus der Wohnung geschmissen werden sollte, weil sie die Miete nicht mehr zahlen konnte, so viel Geld gegeben, daß die Frau gleich für mehrere Jahre den Mietzins entrichtete. Einer anderen armen Frau, die Beinkleider stopfen wollte und die keinen Flicken hatte, warf er einen Lappen hin, sie hob das Läppchen auf: da war dessen Unterseite mit Goldstücken beklebt.

Besonders im Hause tom Broke gingen Störtebecker und Gödecke längere Zeit ungestört ein und aus. Nun aber argwöhnte die Familie tom Broke, daß die Hansen auch gegen sie etwas unternehmen wollten; gegen den rüden Ede, um den herum es ebenfalls von Vitaliern wimmelte, hatten die Hansen inzwischen schon eine Untersuchung angestrengt. Bei den tom Broke war zur Zeit noch Witzel maßgebend, Witzel, dessen Abkunft diesen kleinen Webfehler hatte, Witzel, der Bastardsohn. Am ersten August 1398 besprachen sich in Kopenhagen, in Hjortholm, die hansischen Bevollmächtigten von Lübeck, Hamburg, Stralsund, Greifswald, Stettin, Thorn, Elbing, Danzig, Dorpat mit Königin Margareta, sie stimmten sich wegen „König" Albrechts ab, und sie befaßten sich mit Witzel tom Broke, der Vitalier hegte. Wulf Wulflam aus Stralsund verlangte da gleich zu Anfang, scharf gegen das Haus tom Broke vorzugehen. Wulflam vermutete nämlich zwingend, daß Störtebecker und dessen Leute jetzt den Schutz Witzels genossen.

Der Danziger Hansevertreter wandte sich dagegen. Er befürwortete eine Hansemaßnahme gegen den neuerlich Vitalier bergenden Barnim. Den Barnim hatte er Hunderte Seemeilen näher. Er sehe nicht recht ein, warum die Hanse gerade den Witzel maßregeln wolle. Andere Häuptlinge in Ostfriesland hätten auch Vitalier.

„Witzel hat die gefährlichsten", entgegnete Wulflam. „Die Vitalieneranführer, die bei ihm verkehren, scheuen am wenigsten vor Bosheit zurück. Besonders von denen sind auch Kaufleute unserer Hansestädte als Geisel genommen worden und diese Geiseln konnten erst gegen schreckliche, erkleckliche Summen wieder ausgelöst werden."

Das wirkte.

Der Stralsunder Bürgermeister hielt es dabei für besser, Störtebeckers Namen nicht eigens anzuführen. Er hetzte hier in Kopenhagen gegen seinen Feind ohne dessen Namen. Er wollte dem Störtebecker nicht noch zu weiterer Bekanntheit verhelfen. Dieser begabte Bürgermeister hatte erkannt, wie sehr Ruhm nützen kann.

Nur Margareta gegenüber gab er den Namen Störtebeckers preis. „Ich", sagte er zu Margareta hier in Hjortholm, „bin ja selber in eine Lösegeldgeschichte hineingerissen worden. Durch diesen Störtebecker."

„Ihr, durch Störtebecker?" sagte Margareta. „Ah; ha. Aha."

Wulflam begann ihr den Hergang zu erzählen. Sie hielten sich einen Moment in einer Kemenate des ersten Stockes auf.

„Wieviel hatte der Störtebecker denn für Eure Person erpreßt?"

„Ich bin dann auf dem Schiff noch ausgetauscht worden, gegen Gödecke Michael. Nichts also. ... Heute glaube ich allerdings, daß ein Lösegeld, gleich, wie hoch Störtebecker es auch bemessen hätte, meinen Besitz nicht geschmälert hätte. Der Räuber konnte gar nicht ermessen, wie viel ich habe." Und der Blick, den die Königin auf ihn nun warf, schmeckte dem städtischen Geldmenschen. Dem Wulf Wulflam. Er hatte hier in Hjortholm freilich schnell gesehen, daß sein Verhältnis zur Königin gestört war. Er würde doch erst noch bereinigen müssen, daß er auf Varvsholm-Landskrona die feige Figur gemacht hatte. Fatal, wie ihm da die Pferde durchgegangen waren.

Witzel, das ist erstaunlich genug bei den damaligen, mittelalterlichen Nachrichtenverhältnissen, wußte schon vorab von dieser Kopenhagener Konferenz und davon, daß sein Überleben verhandelt werden würde. Er[66] schickte zu den Kopenhagener Tagungsteilnehmern einen Boten, und dieser Mann traf am zweiten Konferenztag in Hjortholm ein. Der Bote bat um gut Wetter. Die Hansen möchten dem Witzel verzeihen, daß er sich mit Vitaliern umgeben habe.

Witzel war es nämlich leid, immer nur den Vertreter seines jüngeren Halbbruders Keno abzugeben. Er strebte danach, das Erbe seines Vaters selber zu besitzen. Dazu war es für ihn notwendig, nach außen hin Handlungsfreiheit zu haben und sich nicht umgekehrt etwa den Zorn der Hansen zuzuziehen. Für ihn konnte es nur nützlich sein, die Hansen versöhnt zu wissen.

Die Städter: von dem Erscheinen des Boten total überrascht. Das ist authentisch. Die Städter: reserviert. ... Der arme Bote hatte viel Gelegenheit, die Königin zu begaffen, und er tat das auch. Diese *schwarze Margret*, sie besaß wirklich sehr dunkles Haar; volles Haar, und die ziemlich langen Haare hatte sie an dem Tag heute unter die unterste Krone geklemmt. Bis in die Ohrgegend fielen sie, die Haare, und von da an waren sie locker füllig wieder hochgenommen; wieder hochgesteckt, so daß dort, wo die dänische, unterste Krone auflag, mehr Haar und mehr Polsterung waren und Krone und Kegelhaube nicht so drückten. Die Burgunderhaube ging durch die drei übereinander angeordneten Kronen, von denen eine immer enger war als die andere; ein bißchen drückte es ja gewiß; so dachte sich der ostfriesische Bote. Und der Ostfriese staunte, wie sehr die selbstauferlegte Reserve der Königin – ihm gegenüber – von Margaretens hyperaktivem, hellwachem, ja hektischem, höchst gegenwärtigem Gesichtsausdruck abstach. So viel Gegensätzliches in einem Gesicht hatte der Ostfriese noch nie erlebt.

Wulflam arbeitete auch in Hjortholm nicht ungeschickt. Er sah, wie die hansischen Freunde zauderten. Ihnen behagten wieder einmal die Ausgaben nicht, und Wulflam ließ sich da einfallen: Witzels Burg läge auf dem Wege zu den flämischen Städten; denen wäre mithin besonders gedient, wenn Witzels Vitalier und Witzel selbst ausgeschaltet würden, und die Fläminger sollten diesmal die Hauptlast übernehmen. Die Anführer, die sich bei Witzel aufhielten, verfügten über eine besondere Zähigkeit und über kriegerische Erfahrung, das habe sich schon in der Ostsee gezeigt, das flämische Kontingent dürfte nicht gar zu klein ausfallen. Und Wulflam lächelte und kniepte in unauffälligen Momenten der königlichen Burgherrin zu. Er beriet sich auch mit Margareta und deren jungem Erik in einer Weise, daß Margareta dann ihrerseits seinen flandrischen Vorschlag unterstützte.

Und Wulf Wulflam erreichte mit seinen Hetzreden das, was er wollte. Die Vertreter der Städte und die dreifach gekrönte Unionskönigin einigten sich dahin, daß die tom-Broke-Familie mitsamt deren Vitalienbrüdern niederzuringen sei; die flämischen Patrizierkollegen sollten eine Expedition in der Westsee[67] durchführen und die Aktion bezahlen. Witzels Bote mußte mit schlechtesten Nachrichten zurücksegeln.

Witzel tom Broke besuchte Störtebecker. Das tat Witzel in der Marienhafer Kirche. ... Witzel betrachtete in der Marienhafer Kirche innen das Holz des Hauptportals, die Innenseite des Portals, während sein Störtebecker aus der Turmkammer heruntergestiegen kam. Ungeheueres Gepolter. Wenige Augenblicke danach kamen noch drei schlanke Weibchen die Treppe herab, fast lautlos. Die drei boten dem Witzel und dessen Almer artig die Tageszeit und sie drückten sich durchs Portal ins Freie.

Witzel winkte Almer weg und sprach mit dem blonden Räuber so offen wie lange nicht. „Ich fange wieder davon an, Störte: ich habe Feinde. Bannig viele Feinde. Massenhaft."

„Natürlich. Den Hisko von Emden, den windigen, schleimigen. Das ist schon einer."

„Und die Holländer unter ihrem neuen bayrischen Grafen. Auch den ollen Ede Wummeke. ‚Der Schatten manches alten Mannes ist gefährlicher als die Klinge eines jungen Kerls'."

„Na gut. Also Hisko hie, Ede da. Hisko, den verschlagenen Propst-Kerl, finde ich –"

„Daß ich noch ganz andere Feinde habe, etwa bei den Sagterländern – ich will dich nicht geradezu langweilen!" Und von seinem Halbbruder, den er, weniger offen, gern an die Wand spielen wollte, redete er auch nicht. „Störtebecker, ich bin doch in einer Zwickmühle: Weil ich dich halte, hab ich nun doppelt was zu befürchten, jetzt auch von den Flämingern. Hielte ich dich aber nicht, würden Ede und Hisko –"

„– über dich herfallen. Ja?"

„Ja. Ede mit seiner um die Vitalier verstärkten Macht, Hisko mit seiner um euch Vitalier vermehrten Macht. Also: werde ich noch weiter dich und deine Vitalier bei mir lassen. Und dadurch werden mir leider auch noch die Hansen auf den Pelz kommen."

„Ja; vielleicht hast du recht", sagte Störtebecker.

„Noch einmal: Ede und so weiter haben sich mit Vitalienbrüdern umgeben, um es mit den anderen Häuptlingen aufnehmen zu können; auch mit mir. Daraufhin mußte ich meine vetkoperische Partei verstärken – ich hole mir so aber die gefährlichen Hansen *in de ghand*", in die Kante; hierher. „Indem wir Friesen uns stärker zu machen gedenken durch euch Vitalier, gefährden wir uns um so mehr. Schiebe ich dich ab, so bin ich keineswegs mehr da, wo ich mal war, sondern ich muß gewärtigen, alles gleich entrissen zu kriegen."

„Ja, eigentlich ist schon klar", sagte Störtebecker, und der Seeräuber lächelte, „daß dies mit dir nicht gutgehen kann", und des *Zeeroveres* Räuberaugen blitzten ... blinkten in der dunklen Kirche, in die durch eine Portalhälfte ein Spalt Sonne fiel; der Blonde dachte statt an Witzel an neue Kapereien und ein wenig dachte er auch an seine einstigen Rachegelüste und an den Anfang.

„Ich werde mich", sagte Witzel unvermittelt, „als Lehnsmann dem Herzog von Holland unterwerfen."

Störtebecker: „Was willst du tun?"

„Dem Albrecht. Der heißt ja Albrecht."

„Ja, so heißt der. Aber ich würd mich dem nicht unterwerfen."

„Dann bin ich einiges sicherer. Bleibst du bei uns?"

„Ich bin dir treu wie Gold", und Störtebecker lächelte erneut. „... Der Herzog von Holland, der König von Schweden – ich mach ja doch, was mir gut dünkt."

Witzel vollzog[68] den Schritt auch, sehr zum Mißfallen Edes und zum höchsten Mißfallen seines Halbbruders Keno.

Alte Frau, junge Frau in Zeiten des Sieges

Störtebecker war nicht festgelegt. Die Dokumente, die zeitgleichen, vor allem die mittelniederdeutschen, die wir über die Vitalier haben, sind zwar allermeistens von den Feinden der Vitalier geschrieben worden und sollen die Schlechtigkeit der Vitalier beweisen. Aber gelegentlich haben sich in die Urkunden Vorfälle eingeschlichen, die so nicht abzutun sind. Sie liegen quer zu alledem, was von den städtischen Fernkaufleuten unaufhörlich behauptet wurde. Etwa fünfunddreißig Vitalier und Störtebecker erschienen auf der Reede von Blexen, an dem Ankerplatz in der Wesermündung also – gegenüber dem heutigen Bremerhaven –, und sie kaperten hier einen Kreier und einen Korner. Zwei Schiffe. Die Leute des Kreiers, dessen Tragfähigkeit vierundvierzig Tonnen betrug, hatten Weizen geladen, die Leute des Korners – vierundzwanzig Tonnen[69] – hatten Fische als Fracht. Nach dem Kaperakt besahen sich die Männer um Störtebecker ihre Beute. Es wurde durcheinandergeredet, ununterbrochen wurde geredet, gerufen, gelacht, gelärmt; war solch eine Hauerei glücklich zu Ende gebracht worden, ging es lebhaft zu.

Nach einer Viertelstunde zogen sich die meisten Likedeler und Störtebecker, dreißig Mann, kurz auf ihre Kogge zurück, fünf Likedeler blieben bei den Hansen, die inzwischen gefesselt worden waren, und bewachten die weiterhin. Störtebecker stimmte sich mit seinen Leuten ab. Und er und seine Leute entschieden schließlich: „Lassen wir die Helden wieder laufen."

„Ungeschoren."

„Ausnahmsweise."

„Samt ihren Fischen. Und ihrem Weizen."

Die gerade erst Überwältigten glaubten, die Muttergottes wär' ein Raubvogel. Sie waren in all ihrer Angst fassungslos. … Die hansischen Seeleute wußten bestens, was sie als Unterlegene nach dem Schiffskampf zu erwarten hatten: kurzerhand über Bord geschmissen zu werden. Gepflogenheit bei Seeräubern ebenso wie bei Hansen. Störtebecker aber wendete sich spöttisch an den einen der beiden Schiffer, Detmar Drukkebuk hieß der. „Du bist also ein Bremer, sagst du?"

„Dat bin ick", erwiderte der mit dünner Stimme, „Ihr hebbt Euch nicht verhört."

„Nein, wenn du Bremer bist – so tun wir dir nichts. Dir und euch nicht."

Verblüffende Rede. Die Likedeler grienten ihr seeräuberisches Grinsen. Auch Störtebecker lächelte, als er das sagte. Und mit seinen Worten legte er jedenfalls folgenreich eine Irrfährte. Die Vitalier hatten zu den Bremern durchaus kein besonderes Verhältnis; es gab keine Abmachungen zwischen Vitaliern und Bremern, nichts; Störtebecker brachte hier den Bremer Herrn Drukkebuk unversehens in eine prekäre Lage.

Denn es konnte nicht ausbleiben, daß dieser ungewöhnliche Akt Bremer Tagesgespräch wurde. Die Drukkebuksche Mannschaft und die Seeleute des anderen Kapitäns würden die Vorfälle zu Hause in Bremen herumerzählen. Die Berührung mit den Vitaliern, und wieder freigekommen zu sein, war der Höhepunkt ihres Lebens.

„Un' wie stehe", sagte Drukkebuk zu seinem Steuermann, „ick dann da in Bremen? Wat wird folgen?"

„Ja. Was?"

„Ick bün doch dann der Mann, der mit dem Störtenback unter einer Decke steckt. Dat!"

„Ja …"

„Dat wird Pein schaffen. Und verdächtig ist dat für unsre Leute zu Hause; un' ganz haarig für mich."

„Ja, da habt Ihr auch wieder recht. Vielleicht solltet Ihr in Bremen zum Rat gehen."

Detmar Drukkebuk ist in Bremen alsbald zu den Ratsherren gelaufen, zitternd. Er berichtete denen, furchtsam und ehrfürchtig. „*Vruntliken grut tovorn …*", freundlichen Gruß zuvor, „… die *Vyta-*

lyenbroders sagten, se sind aus Kampen in Holland. Aber das stimmt wohl nicht; und se sagten, ‚den Bremern fügen wir keinen Schaden zu'. Hierumb so wissen wir nicht, woran wir sind. Hoher Rat!"

Eine rückgängig gemachte Räuberei, unangetastete Ware, Schiffe, die ohne Geldforderungen zurückgegeben wurden, das paßte nicht in das Bild, das die Hansen hatten. Den Bremern war das noch nicht widerfahren. Die bremischen Patrizier waren sprachlos.

Deshalb protokollierten sie es auch. Und darum wissen wir heute davon.

Haben Stortebeker und andere Vitalianerhauptleute noch einige Male mehr so eine falsche Fährte gelegt? Falsche Hinweise in Umlauf gesetzt? Die Historiker, die Forscher sind sich bis auf den heutigen Tag nicht darüber klar[70]. Man hält es für möglich – und man hält genauso für möglich, daß Stortebeker und seinesgleichen tatsächlich mit einzelnen Hamburgern und Bremern in Kontakt traten. Waren es gar keine Irreführungen?

Geheimnisvolles Dunkel.

Was für die eine wie für die andere Möglichkeit spricht, ist auch noch ein anderes Vorkommnis: Bei Witzel weilende Vitalienbrüder plünderten einen Schiffer schwer aus,[71] und schließlich trugen die dem Schiffer einen bestimmten brisanten Satz auf, für dessen Hansefreunde. Sie *befahlen* dem Mann, zu Hause zu sagen, *dat se weren Godes vrende unde al der werlt vyande, sunder der van Hamborch unde der van Bremen,* daß sie Gottes Freunde und aller Welt Feinde wären außer den Leuten von Hamburg und Bremen, denen sie keinen Schaden zufügen wollten, weil sie dort kommen und gehen konnten, wann immer sie das wollten.

Traf das inhaltlich zu? War das nicht gelogen, hatte es damit seine Richtigkeit? Dann wäre daran zu sehen, was Godeke und Stortebeker inzwischen alles geschafft hatten. Und es würde umgekehrt auch noch die Hansen beleuchten: Manche Kaufleute aus diesen beiden … vor lauter Hanseatentum sich schon überschlagenden Städten Bremen, Hamburg wären also derart raffgierig gewesen, daß die sich sogar mit den verpönten Vitalienbrüdern auf geheimen Handel einließen – vielleicht um ein, zwei Ecken herum. Was die Kaufleute so begehrlich gemacht hätte, wären die hemmungslos niedrigen Preise der Vitalienbrüder gewesen.

Die militärische Expedition gegen Witzel und den von Witzel gehaltenen Störtebecker führten die Flamen dann doch nicht durch, denn die gut rechnenden Flamen scheuten die Geldausgabe. Die flämischen Stadtpatrizier hatten überhaupt nur noch wenig Lust, für die Hansen die Kastanien aus dem Feuer zu holen: Die Stadtväter von Gent, Brügge und *Ipern* sprachen sich ab und begehrten[72] von den Henzel-Obern, Hanse-Obern, daß namentlich den Bremern und den Hamburgern verboten werden sollte, Vitalianerraubgut anzukaufen. Die Wiederverkäufer sollten, als Genossen der Seeräuber, bestraft werden; auch bei benachbarten Fürsten und bei nichthansischen Städten solle ein Verbot, Raubgut zu übernehmen, durchgesetzt werden.

Mit diesem Vorstoß der Flamen wird heute für uns noch erhärtet, daß die Witzelschen Vitalier – Stortebeker? – sich vor jenem Schiffer so äußerten. ... *unde al der werlt vyande sunder der van Hamborch unde der van Bremen*: die Flamen erfuhren von diesem Satz und nahmen ihn wörtlich.

Im Spätherbst 99 einigten sich, im Prachtbau des Großen Remters der preußischen Marienburg, die Hansedelegierten erneut darauf, gegen die Viktualienbrüder in Ostfriesland vorzugehen. Zusätzlich sollten in der Elbe hansische Truppen gegen die Vitalier stationiert werden. In ihren Heimatstädten wollten dann die Delegierten jeweils ihre Ratskollegen auf dieses Programm einstimmen – die Hansen schickten sich an, obwohl sie geizig waren, die Schlinge zuzuziehen. Witzel freilich kümmerte das alles nicht mehr. Denn Witzel kehrte ganz unerwartet von einer unnützen kleinen Schlacht in einer Moorgegend nicht mehr zurück. Er wollte ein Zerwürfnis mit den Saterländer Friesen dazu gebrauchen, die ten Brokeschen Lande wieder noch etwas zu vergrößern. In Detern im südlichsten Zipfel Ostfrieslands prasselten Witzel und die Saterländer aufeinander. Mit Witzel kämpften außer seinen Gefolgsleuten auch stortebekersche Likedeler – Stortebeker selbst war nicht mitgekommen –, Witzel aber hatte einen schlechten Tag, oder die Likedeler waren doch mehr den Schiffskampf gewöhnt; erst auf einem engbegrenzten, ihnen genau vertrauten Deck konnten sie ihre Finten anziehen, zu unerwarteten Volten ansetzen, mit Täuschungsmanövern dienen; und Witzel war nicht recht bei der Sache, sondern grübelte über die immer gefährlicheren Hanseentschlüsse. Genug, er wurde *totgeslagen* und achtzig seiner Leute mit ihm. Verrechnet hatte er sich vor allem, weil er den Likedelern in der offenen Feldschlacht zuviel zutraute; und nun stieg Keno im Haus tom Broke auf. Keno war gerade erst dem Kindskopfalter entwachsen.

Auf dem nächsten großen Hansetag[73] am zweiten Februar 1400 in Lübeck arbeiteten die Hansen noch zielstrebiger den Vernichtungsfeldzug gegen die Vitalienbrüder aus – und der Stralsunder Bürgermeister, der sich darob hätte freuen sollen, ärgerte sich bald. Er ärgerte sich, daß diesmal nicht er die treibende Kraft war, sondern wieder die Lübecker das waren. Wulflam hatte aber in Lübeck auch einen schweren Stand. Daß sein flämischer Vorschlag von den Flamen nicht ausgeführt worden war, schadete ihm; wie er sah. Man lastete ihm hier diesen Mißerfolg an. Wulflam wiederum war drauf und dran, den Fehlschlag dem Störtebecker anzulasten … gewissermaßen; seine Haßbeziehung zu dem *Zeerovere* hatte ihn verführt, vorschnell und ungenügend bedacht etwas zu empfehlen. Wulframs Unversöhnlichkeit wurde dadurch jetzt nicht weniger. Irgendwie war er auch überzeugt, es dem blonden Unverwundbaren noch eintränken zu können. An dem Gedanken richtete er sich denn auf, so sehr war er in seinen Haß vernarrt.

Ja, über Margareta würde er das bewerkstelligen. Wulflam beteiligte sich folglich hier im Lübecker Rathaus, ab der Vesperunterbrechung des ersten Tages, so wie die anderen Hansen an den Beratungen, und er preschte nirgendwo nun mehr vor. Man war damit befaßt, den Pfundzoll zu bemessen, den, unterschiedlich hoch, jede Hansestadt für die geplante Vitalierbekämpfung erheben sollte – als ihnen jemand in ihre Zahlenrufe hineinplatzte. Der Pfaffe Almer kreuzte auf.

Den schickte Keno her.

* * *

Almer ritt – er muß geritten sein, denn die Boten sind damals so gut wie immer geritten. Er ritt … und reiste nicht etwa. Nicht im Wagen. Denn reisen konnten die Menschen damals und noch lange danach nur während der warmen Jahreszeit; die Hochwasser mußten bereits abgelaufen sein – sie reisten also erst ab Mitte Mai[74], und das Wasser in den Furten durfte nicht zu kalt sein. … Wären sonst die Pferde krepiert. Kenos Almer traf in der mittelalterlichen Großstadt Lübeck, der Siebzehntausendeinwohnergroßstadt Lübeck von Südwesten oder Westen her ein, und folglich ritt er durchs Holstentor ein. 1400 ritt er freilich noch nicht durch das riesige Bollwerk, als das wir dieses zweizipflige Tor kennen; der Bau, den die Lübecker heute durcheilen, stammt erst von 1478. Geradeaus ritt Kenos Almer durch die Holstenstraße, er kam nah an Sankt Petri vorbei, aber nicht unmittelbar an ihr; einer Kirche, deren Hallenbau damals schon hundertfünfzig Jahre stand. An ihrem überhohen Turme konnte Kenos Mann allerdings noch nicht entlangblicken, denn der Turm wurde erst zwanzig Jahre später gebaut, und als Kenos Abgesandter nur noch ein paar Schritte zum Rathaus hatte – das Rathaus linker Hand –, schlug er mitten auf dem Kohlmarkt noch rasch sein Wasser ab. So etwas war das Alltäglichste damals. Gleich danach betätigte er am Rathausportal den Türklopfer, und zwar hob er das Messinghündchen an, das blankgegriffen war, hob es an seinem rückwärtsverdrehten Kopfe an, das sitzende, schlappohrige Hündchen, und ließ es fallen, pong klong.

Almer erklärte den versammelten Delegierten, sein junger Herr wolle mit den Städten Freundschaft pflegen. Nur aus Not habe Keno tom Broke die Vitalienbrüder zu sich genommen: Keno fürchte sonst, sein Land an die benachbarten Häuptlinge zu verlieren; und in den Genuß der Güter, welche die Vitalienbrüder geraubt hätten, sei er gar nicht gekommen. In seiner Bedrängnis habe er sich damit einverstanden erklären müssen, daß die Vitalier Schiffe und Waren, die sie mitbrächten, so verwendeten, wie es ihnen passe. Keno sei jetzt aber gerne bereit, die Vitalienbrüder wegzuschicken, wohlgemerkt zu Lande, nicht zu Wasser; er werde sie auch nicht wieder zu sich nehmen. Ja, sogar wenn jemand aus seiner eigenen Partei oder der Gegenpartei in Friesland die Vitalienbrüder bei sich aufnähme, wolle er den Städtern gegen den Betreffenden mit aller seiner Macht helfen.

Almer erregte damit das größte Aufsehen. Keno? ... Dieser Häuptling war bisher so unbekannt gewesen, daß die Hansen seinen Namen gar nicht gekannt hatten und ihn einfach nur wie seinen längst verstorbenen Vater Ocko bezeichneten. Das wurde nun mit einem Schlage anders[75].

Die Hanseaten fürchteten allerdings trotzdem, von dem noch keine zwanzig Jahre alten Keno hinters Licht geführt zu werden. In diese Gruppenmeinung steigerten sie sich bald hinein. Vielleicht konnte Keno seine vollmundigen Versprechen auch gar nicht erfüllen? Wulflam dachte hier erst recht an Margareta. Wulflam beschloß bei sich, auch noch über Margareta etwas zu veranlassen. Die Unionskönigin wußte ja, was er für Kenntnisse immer hatte, und sie konnte dann im richtigen Augenblick dem unangenehmen Brodersson befehlen, mit der dänischen Flotte eigens gegen Stortebeker vorzugehen.

Während Wulflam bei sich zu diesen Entschlüssen kam, erörterte und wog er mit den anderen Hansen weiter Almers Versicherungen. Wie denn wollte jener Keno die Vitalier dazu zwingen – zu Lande und nicht zu Wasser –, daß die ihre Schiffe zurückließen?

Der Pfaffe andererseits war bereit, Stein und Bein zu schwören, *ohne allen Betrug und Arglist*.

Die hinter dem drolligen Türklopferhündchen tagenden Hansen beschlossen, ihre Wehrflotte aufs Wasser zu bringen. Neunhundertfünfzig Mann, und dreißig Schützen noch dazu *mit guten starken Armbrüsten und mit ihrem wollenen Harnisch*, elf Koggen. Königin Margareta, die Dänin, war bereit, sich zu beteiligen. Keno bekräftigte nach drei Wochen noch einmal, reichlich selbstbewußt: *Ik wil und schal alle de vitalienbrodere von mir lassen, olt und junk*.

Alt und jung, einer der wenigen Hinweise für uns, die neugierigen Ahnungslosen, daß bei den Vitalienbrüdern nicht nur lauter junge Leute waren, sondern auch Grauhaarige, nicht nur Junge herumabenteuerten und dann irgendwann doch bald totgeschlagen wurden, sondern auch alte Zausel einen schnellen Gewinst suchten und sich in ihren halbverheilten Wunden juckten und sich lausten.

Tatsächlich sind die Vitalienbrüder aus Kenos vier Schlössern Wittmund, Aurichhaven, zum Broke und Marienhafe abgezogen. Godeke und Stortebeker, falls sie noch auf Kenos Gebiet waren, segelten ebenfalls davon: in die Emdener Gegend. Die Hamburger schickten in den nächsten vier Wochen einen Ratsschreiber zu Keno; der sollte überprüfen, ob der Junge Wort hielt? Das zu erfahren, war den Hansen der Aufwand wert. Der Ratsschreiber stieg eine Menge Treppen herum und sah – auch das ist historisch[76]: Kenos Vitalier waren auf und davon.

… Die Sagenerzähler schließen hier genau an. Der Hamburger Gesandte habe Kenos Halle verlassen. Eine pompöse Halle habe er da verlassen, an deren Mauern innen schaffellbelegte Bänke umliefen, und kaum war er weg, seien Störtebecker und Gödecke aus zwei Truhen, in denen sie sich versteckt gehalten hätten, hervorgestiegen, und Gödecke habe begonnen, sich über den pelzkragengewärmten Hamburger Gesandten lustig zu machen. „… Ließen sie sich wieder von dir anführen und von uns, die Hamburger, ach du heil'ge Marie!"

Keno: „Was?"

„Marie, Keno!"

Störtebecker indes fing dem Keno an vorzuwerfen, er falle ihnen beiden ja in den Rücken, er kungele doch mit den Hamburgern! Das habe er, Störtebecker, heraushören können. „Du wollest uns ‚noch den Hamburgern ausliefern oder wenigstens verraten': Das war ja nicht gelogen jetzt grade."

Keno beschwichtigte Störtebecker. Er wolle doch nicht halten, was er gesagt habe. Störtebecker gab nicht nach, und der Blonde hielt Keno überhaupt manches vor. Wankelmütig sei er und unentschlossen, uneindeutig, nicht durchschaubar. „Geht's dir", Störtebecker wies rund um sich, „nicht einfach nur hier um immer noch mehr Wandteppich?"

Indes kehrte der hamburgische Gesandte ganz unerwartet in die Halle zurück, seine Handschuh' hatte er am Eingang auf der

Fellbank liegenlassen, und der Pelzkragenherr erkannte Kenos Doppelspiel. „… Ihr seid ja richtig. Oh. Oh. So was von link dem hohen hamburgischen Rat gegenüber! Keno, wir werden uns das merken. Der Störtebecker wird doch von Euch immer beschützt werden."

Störtebecker hier!

Und so, sagt die Sage, habe Hamburg den Krieg gegen Keno vom Zaune gebrochen.

Der Hamburger Ratsschreiber war ein skeptischer Mann, er kontrollierte auf seinem Ritt zurück nach Hamburg noch Ede Wummekes Rüstringer Edenburg. Das ist wiederum erwiesen. Und da waren das Burggelände, vor allem der Burghof gerammelt voll mit Likedelern; lauter gutgelaunten Schalmen. Furzten vielfältig durcheinander, benahmen sich schlecht, bohrten sogar in der Nase; ein Haufen barbarisch riechender oder wild-angenehm stinkender Mannsleute. Dennoch hielt sich der Hamburger nicht die Nase zu. Kribblige Minuten mit Likedelern. Ein Seeräuber spuckte dem Hanseaten regelrecht auf den Schuh, nicht einmal bösartig. Der Ratsschreiber mit mehreren Männern nun Auge in Auge. Das hastige, silbenverschluckende Sprechen eines gebildeten Mannes. Und als der hanseatische Herr wieder von hinnen war, schlugen die Likedeler Purzelbäume vor Begeisterung und hüpften manche auf einem Bein. Ede gähnte auch. Gähnte so sehr, daß ihm die Zunge lahm ward.

Die Stille vor dem Sturm. Historisch gewiß ist, daß sich Gödeke zehn Kilometer westlich von Emden auf Schloß Loquard einquartierte. Und sicher ist ebenso, daß Stortebeker sich in der Umgebung Emdens irgendwo einlogierte. Beinahe nur die Landschaft des Krummhörn kommt dafür in Betracht. Zu erwägen wäre, ob beide gar in Loquard wohnten; wahrscheinlicher ist aber, daß Wigbold und nicht Stortebeker in dem Loquarder Schloß mit aß und schlief, denn der Vitalianermagister Wigbold, der gelahrte, der von der Universität einmal abgesprungen war und seine Astronomie und Geometrie doch so schön brauchen konnte, blieb in dieser späten Zeit stets in Sichtweite Godekes.

Um das Dorf Loquard hat sich keinerlei Seeräubersage gerankt.

Natürlich, die Loquarder kennen Störtebecker und Gödecke Michael – aber nur so obenhin, wie man in ganz Norddeutschland Störtebecker und Gödecke kennt. Dabei gehört dieses kleine Loquard zu den ganz wenigen Punkten, von denen wir genau wissen: hier setzte Gödeke Michels einmal seinen Fuß hin.

Loquard war damals längst nicht so weit im Binnenland wie heute. Wer heute von Loquard zum Meer will, läuft zweitausendzweihundert Meter weit. Damals zog sich die Küste regelrecht um Loquard herum. Auf drei Seiten wurde Loquard vom Meer eingefaßt; nordöstlich, nördlich, westlich und südwestlich war die See zweihundertfünfzig bis höchstens vierhundertfünfzig Meter entfernt. Auch sonst hatten sich an der Westküste des Krummhörn tiefste Einbuchtungen ins Land hineingefressen, überall war das Land tief ausgespült.

Schloß Loquard ist ausradiert. Wie das Schloß einst war, können wir uns nur noch, jeder für sich, ausdenken; … das Schloß ist also im nachhinein geheimnisvoll geworden. Hatte Loquard etwa von außen ein Fenster mehr als von innen? „Huch!", wird unsereinem da entgegnet, von nüchternen, heutigen Zeitgenossen. Aber solche Schlösser gibt es.

Keno machte brieflich seinem Kaplan Almer, der zur Zeit in Bremen zu wirken vorgab, noch einmal die Vitalianerproblematik klar. Almer händigte den Brief einfach den beiden Bremer Bürgermeistern aus. Die leiteten ihn den Lübecker Allgewaltigen zu und forderten die Lübecker in einer Mantelnote auf, unverzüglich Kriegsschiffe[77] zu schicken. Daraufhin entschlossen sich die lübischen Geldaristokraten endlich, Geld springen zu lassen. Sie, die Hamburger und die Bremer *rüsteten Schiffsvolk aus, so stark sie nur konnten.* Termin war ihnen der elfte April 1400; nicht mehr als vierzehn Tage gaben sie sich Zeit. Gemeinsam verlangten sie außerdem von den preußischen Hansen, sich sofort mit zu beteiligen.

Sechzehnter April: Die Lübecker segeln von Lübeck ab – doch wieder etwas später als geplant.[78]

Zweiundzwanzigster April: Die Lübecker und Hamburger stechen von Hamburg aus in See. Sie warten nicht länger ab, ob die Preußen mit einem Kontingent Koggen dazustoßen. Da hätten sie auch lange warten können. Die Preußen nämlich wittern Arges, und am siebten Mai beraten die Preußen in Danzig: beschränken sich die hamburgischen Schiffshauptleute darauf, die Vitalienbrüder, Gödecke und seinesgleichen, zu bekämpfen, oder führen die Hamburger mißbräuchlichen Krieg mit Herren und Städten? Und daß die Preußen so viel für möglich hielten, wirft ein bezeichnendes Licht auf die Rechtsgrundlage der Hamburg-Lübecker.

Die Hamburgisch-Lübischen erwarteten, die Bremer Kogge voller Söldner werde, wie verabredet, vor der Wesermündung kreuzen und sich ihnen anschließen. An der Mündung der Weser sahen sie dann aber nur Wasser und sonst nichts. Die hamburglübschen Hansen ärgerten sich und murrten. Wir wissen das; die Kommandeure haben diese Verstimmung in ihren Bericht mit hineingebracht. In Hamburg hatte man, weil die Bremer so darauf drangen, beschlossen, zuerst in die Jade zu segeln, die den Bremern am nächsten war, und man hatte hier erst Ede samt Vitaliern und samt seinen Parteigängern vernichten wollen. Nun segelten die Hamburger und Lübecker beleidigt an der Jade vorbei. *Tausend Jahre und in dem vierhundertsten Jahre, freitags vor Ostern, wurden wir gesandt von Lübeck, aus unserm Rat Henning von Rintelen und Johan Krispin; von Hamburg Alberd Schreye und Johan Nanne.*

Fünfter Mai: Sie erreichen die Wester-Ems, die Meeresströmung westlich der Insel Borkum, östlich der Insel Rottum, des heutigen Rottumeroog. Die Schlösser der Friesenadligen waren zu diesem Zeitpunkt hier alle mit Vitalienbrüdern überfüllt. Als die Hansen in der Wester-Ems ankamen, *vernahmen wir, daß Vitalienbrüder in der Oster-Ems waren*; und zwar waren das die Vitalier, die der friesische Adlige Folkmar Allena aufgenommen hatte. Folkmar Allena war seit einiger Zeit mit Keno[79] verbündet. *Folkmar alle* hatte den Vitalienbrüdern sein Schloß Groothusen zur Verfügung gestellt. Die hamburgsch-lübschen ratsherrlichen Strategen wußten das alles nicht. Ihnen genügte vollkommen, daß sie hier irgendwelche elenden Vitalier vor sich hatten. *Da sandten wir unsere Freunde nach*, die Söldner, *und Gott half uns, daß wir einen Teil der Vitalienbrüder schnell besiegten.* Ein Blitzkampf. Die

Hansen waren also wieder ein Stück zurückgesegelt und überraschten die Vitalienbrüder in der Oster-Ems. Die Vitalier sahen die lübische Flagge und die hamburgische Flagge auftauchen; die lübische *Fett-und-mager*, denn die war rot und weiß wie ein geräucherter Schinken; die hamburgische, rot mit dem weißen Stadttor darin oder den roten Flügerwimpel Hamburgs, und das waren die letzten leuchtenden Farben, die viele Vitalier sahen; dann wurden sie liquidiert.

Gott half uns? Die streitbaren Hanseknechte sangen also vor den ersten Kampfhandlungen das Kyrie eleison, Herr erbarme dich. Und anschließend an die Melodie – die schöne – griffen unsere wohlgerüsteten *Freunde* die Vitalienbrüder an. *Blieben deren tot und wurden über Bord geworfen an die achtzig*. Kurz und bündig ausgedrückt ist das ... und damit verschlüsselt. Über die manifest grausamen Handgriffe sprechen die Menschen nicht; die Malträtierten ebensowenig wie die Sieger. Verdächtig eng stecken beide zusammen, gegenüber den Unbeteiligten.

Der Gefechtsort in der Oster-Ems ist so weit von allem festen Lande entfernt, daß, über Bord gestoßen zu werden, gleichbedeutend mit Tod ist. Im allergünstigsten Fall waren die Kämpfenden in der Mitte der Oster-Ems viereinhalb Kilometer weit von Borkum und von Juist entfernt, wahrscheinlich aber viel weiter, und dazwischen gab es damals nicht die vergänglichen Sandplatteninseln Memmert und Lütjehörn[80] wie heute. Wahrscheinlich auch haben die hansischen Armbrustschützen die über Bord Gestoßenen, die nun im Meer schwammen, erschossen. Und es ist nicht einmal gesagt, daß viele Vitalier schwimmen konnten.

Wovon die im nachhinein verschleierten Kampfhandlungen vor allem bestimmt waren: Die Hansischen bekamen zweihundert Vitalier zu Gesicht, drei Vitalianerschiffe, die Hansischen selbst dagegen waren ein Mehrfaches so zahlreich zur Stelle. Nimmt man an, daß jene Vitalier, die fliehen konnten, gleich von vornherein geflohen sind – und das ist so gut wie sicher –, dann fällt das Mißverhältnis der beiden Parteien noch ärger aus.

Damit unsere *Freunde* richtig ausspielen konnten, daß sie so viel mehr Leute waren, werden sie sofort in ungeheueren Pulks auf die Vitalianerschiffe übergesprungen sein. Bei diesem Schiffskampf war der Raum noch knapper für die Kämpfenden als sonst, und die Kämpfenden verhielten sich deshalb erst recht anders, als wenn sie an Land gekämpft hätten. Nicht so viel mit dem Schwert oder mit der Axt fuchtelten sie herum; kämpften mehr mit dem Messer – beide Parteien; um ein Schwert zu schwingen oder um mit der Bartaxt auszuholen, war zuwenig Platz. Mußten nicht aber die Vitalienbrüder mit ihren Messern angesichts regulärer Söldnertruppen scheitern? Wenn die hansischen *Freunde* womöglich geharnischt waren, was wollten die Vitalier da mit dem Messer ausrichten! Hingegen die Vitalier liefen wieder ungeschützt, mit bloßem Gesicht herum.[81] Jedenfalls trafen die Hansischen mit dem Messer viel leichter ins Fleisch; es kam zu tiefsten Stichwunden. Immer wieder auch wurde einem Gegner die Kehle versehrt, und die Kämpfenden wurden bei solchem unübersichtlichen Getümmel von der panischen Angst beherrscht, daß ihnen der Gegner die Gurgel durchschnitte.

Sich über Bord krempeln zu lassen – von einem einzelnen Söldner hätte sich ein Vitalier nicht so leicht packen lassen; die Hansischen erzwangen das, indem sie einfach so sehr viel mehr waren. Ganz eingekreist wurden die Vitalierschiffe von Hansekoggen.

Gödeke Michels kämpfte bei diesem schreiend ungleichen Kampf nicht mit; die Vitalienbrüder, die hier in der Oster-Ems überrascht wurden, waren in Groothusen *gehuset* worden, und Gödeke hauste auf Loquard. Die Hansekommandanten brachten dann sogar heraus: *Godeke war noch auf dem slote*, Schlosse, *als wir nach Emden kamen*. In Emden trafen die Hansen am Tag nach der Schlacht ein.

Wo blieben Störtebeker und wo Gödeke? Ob Stortebeker mit auf der Oster-Ems herumgesegelt war, ist nicht klar. Theoretisch könnte er ja einer von denen aus Groothusen gewesen sein. In die Schlacht verwickelt war er nicht, denn er blieb heil. Sehr viele Vitalienbrüder hier auf dem Krummhörn, mindestens sieben Dutzend, wahrscheinlich sogar Hunderte, wurden von den Hansen gar nicht gesehen. Wir wissen das heute nach sechshundert Jahren besser als die Hansekommandanten am Tage der Schlacht. Allerdings wenige Tage später wußten es dann auch die Hansen.

Achtzig tot oder lebendig über Bord gedrückt, blieben hundertzwanzig Vitalienbrüder übrig. Und diese andern *flohen zum Lande*. Fragt man sich: Wie flohen die denn weiter? Rannten sie ins Moor?

Ostfriesland war damals noch über viel größere Landstriche hin moorig als heute. Teilweise anmoorige Böden heute verraten einstiges Moorgebiet. Überschlicktes Randmoor war das – mehr in der Nähe des Meeres –, und Niederungsmoor. Immer wieder kamen die Flüchtenden an schilfumstandene, flache Seen und sumpfige Buchten. Die Gesellen bewegten sich in diesen Sumpfzonen oft nur hüpfend fort. Manche aber hatten etwas Glück und trafen auf einen der schlechten Landwege, die an den sumpfigsten Stellen mit Schilfbündeln oder Reisig *gespeckt* waren. ... Denn auch solches Land hier wurde, wo es möglich war, von den Friesen genutzt; *alles ir Vermögen unnd Reichtumb ist an Vihe. Frießland ist ein ebens Land, seeig unnd weidreich. Alda ist Mangel an Holtz, sie enthalten das Feur mit leimigen Waßen unnd dörren Kükot, dabei sie kochen unnd sich in der Kelte auffenthalten*, sie, die ansässigen Friesen, schürten also ihre Feuer mit Grassoden und getrockneter, gedörrter Kuhscheiße. Soundso viele Flüchtende erreichten aber gar nicht derartige Wirtschaftswege, sahen Vieh auch nur ganz in der Ferne stehen und sackten im Moor ein. Flüchtende Vitalienbrüder blieben stecken, sanken ein, rutschten tiefer – unaufhaltsam –, versanken rettungslos in der zähen, gierigen Masse. Und das Gestrampel führte den unschönen Tod nur um so gewisser herbei. Gluckblasen zuletzt. Die flüchtenden Vitalier rasten in Richtung auf verschiedene feste Häuser. Feste Häuser, das hieß soviel wie, ‚kleine Schlösser'. *Da jagten unsere Freunde*, die Hanseknechte, *achtzehn auf ein Schloß zu einem Friesen, der hieß Hare in der Grete. Der fing die achtzehn. Wir nötigten sie ihm ab, er mußte sie uns überantworten*. Begreiflich, daß er's tat. Dieser Hare war Haro Ydzerdissone, der Häuptling von Greetsiel, er wird eine barbarische Angst vor den Hunderten bewaffneten Hansesöldnern gehabt haben.

Wahrscheinlich mochte er schon an und für sich die Vitalienbrüder nicht besonders.[82] Die Oster-Ems erstreckt sich nordwest-südöstlich: dieses Kontingent Vitalienbrüder war südöstlich immer weiter gesegelt und traf, am Südrand der Leybucht, genau auf Hares Greetsiel. Man war hier sechzehn Kilometer von Emden entfernt. *Außerdem überantwortete uns ein anderer Friese vier Vitalienbrüder. Danach kriegten wir noch drei in unsere Hand. Am sechsten Mai kamen wir nach Emden und sprachen mit Hisko, dem Propst zu Emden, und mit seinen Freunden. Da fanden wir alle Dinge in rechter Ordnung. Er sagte uns, er wolle uns Schloß und Stadt übergeben; und er wollte da herausgehen mit seiner ganzen Familie, falls wir ihm nicht glaubten.* Emden war die entscheidende Stadt in der Region; und mit dem unvergleichlichen Bewußtsein, gesiegt zu haben[83], liefen die Hansen hier durch die Sträßchen. Die schmalen Straßen waren überaus schmutzig, aber für die Hansekommandeure waren das die Stunden des größten Siegesüberschwangs und der weitestschweifenden Gedanken.

Ihre Söldner durchquerten in Emden manche zart sich anlassenden Entwicklungen. Wie es nicht anders sein konnte, gerieten die Söldner in alltägliches fremdes Leben hinein. Ein sommersprossiger, sehr junger Mann hatte sich auf den Erdwall neben eine Emderin gesetzt. Hinter dem Erdwall fing der Kirchhof an, und die Umwallung vereinnahmten seit ein paar Wochen allerlei junge Burschen und Jungfrauen für sich. Die Kirchhofeinfassung als Treffpunkt des halbwüchsigen Volkes. Schüchtern war der große Knabe, er sagte kein Wort. Die Jungfrau wollte ihm etwas helfen. Sie sagte: „Ich – heiß' Eveke. Und du?"

„Ich? … ich nicht."

Die linkisch-trübe Antwort und das Emder Mägdlein: die kleine Draufgängerin bewegte ihren einen Mundwinkel. Dennoch war jetzt schon eine vertraulichere Atmosphäre. Die Draufgängerin blieb neben dem schweigsamen Stiesel sitzen. Von weiter weg, von der Schiffsanlegestelle her, näherten sich, lärmig, schreiend, klirrend, trappelnd, Leute. Söldner kamen. Ihr Laufen, ihr Trappeln klang im Straßenmorast aber doch gedämpft. Ein junger Hansesöldner erfaßte die Idylle auf dem Erdwall. In höhnisch-hellem

Tone der Söldner: „Ha ha, die Geliiiebten! *Hadde se en syner lef?* Heidi, heida! Se is nich *an ene vorhylliket*“, hat sie ihn lieb? Heidi, heida, sie ist nicht mit ihm verheiratet! Und der spöttische Söldner schweißte die beiden erst recht zusammen. Gleichzeitig fühlte das Mädchen sich – während der Hanse bereits weitertrabte – noch von einem anderen Fremden angesehen. Der Fremde hauste, mit mehreren Kumpanen, seit ein, zwei Tagen in ihrer Nachbarschaft; einer dieser Vitalienbrüder war das. Der benahm sich nun sehr scheu, nicht mehr großspurig wie gestern und vorgestern, und versuchte sich auch immerzu vor den Söldnertrupps zu verbergen. Der sommersprossige Jüngling an Evekes Seite schwätzte jetzt, fing zu schwätzen an; es mußte ja viel geklärt werden, wenn hier Wäppner mehr als jemals zuvor auftauchten, und Eveke und deren Nebensitzer wollten bald weg aus dem Gewoge. Sie wanderten um die Große Kirche herum, deren Haupttür offenstand. Im Innern der Kirche war es dunkel. „Hier“, sagte Eveke, „ist man wie in einem Bauch.“ Sie lachten ein wenig; es hallte in der Kirche wider, Eveke hielt sich schnell die Hand vor den Mund.

Die Große Kirche war massiv, ein Steinhaus. Sonst bestanden die Emdener Häuser aus Holz. Mit Reet waren sie gedeckt, und niedrig waren sie – so daß Brandstifter mit der Fackel leicht das Dach erreichen konnten. Freilich nicht deshalb wurden die Dächer tief heruntergezogen, sondern aus Windschutzgründen. Die Seitenwände waren meist ebenso aus Schilf; durch Klei- und Lehmbewurf hatte man sie entsprechend dicht und fest gemacht. Schwach fundamentiert waren die Häuschen auch – so daß Diebe sie leicht hätten untergraben können. Bei der Großen Kirche aus Stein ging das schon schlechter.

Nur sah das junge Mädchen in der Kirche, daß sie hier drin gar nicht als einzige standen, und daß sich dieser Vitalier in einer Ecke herumdrückte. Sie hörte ihrem Begleiter noch zu, hörte ihm schon nicht mehr zu; ein zweiter Vitalienbruder schob sich, atemlos, japsend, durch die Kirchentür herein, und einige Augenblicke später drängte ein ganzer Pulk Söldner nach. Die beiden Vitalienbrüder blieben noch unentdeckt, und Eveke erkannte, wie die Vitalier nach einem anderen Ausgang spähten. Sie wußte,

welches Türlein gewöhnlich unabgeschlossen war, und ihr schien es selber sehr geraten, das Türchen zu benutzen; sie zog ihren Begleiter heftig dorthin, öffnete die überschmale Tür rasch einmal, und sie schlängelten sich hinaus. Aber wenig später mogelten sich auch die zwei Vitalier hinaus, und so viel konnte von den Hansen nicht unbeobachtet bleiben, Eveke fing zu rennen an und faßte dazu ihren Begleiter, etwas zaghaft, bei der Hand; schmalhüftiges Pärlein sie beide. Sie hörten dann schnell wieder auf zu rennen, denn das war unauffälliger. In ihrer Gasse und ebenso in den Quersträßchen, die allenthalben schmutzig waren, krakeelten immer wieder Mengen von Söldnern. Eveke wollte zu dem Haus ihrer Familie, überall gab es Lärm, Rufen, Getöse. Die Stadt Emden war klein, zweihundertfünfzig Meter lang, siebzig Meter breit: da veränderten einige hundert neue Leute schon alles. Eveke und ihr Sommersprossiger liefen die heutige Klunderburgstraße, bogen rechts ab in die heutige Schulstraße, deren Schmutz sie nur in ihren hölzernen Klumpenschuhen überwanden, und als sie dabei waren, links abzubiegen in die Emsstraße, sah Evekes Begleiter die beiden Vitalier die Schulstraße entlanggerannt kommen. Neben Eveke stoppten die, der Vitalier aus Evekes Nachbarschaft sagte, „wir müssen von der Straße 'runter!" Eveke sagte nichts. „Wir müssen ins Haus. Die kommen!", und während sie alle vier weiterliefen, wandte sich der Vitalier Eveke noch mehrmals zu und sagte der ihr schmeichlerisch-geschönte Sachen, Seemannszeug, das Eveke und ihrem Begleiter sehr unpassend erschien; Grenzüberschreitungen, doppelt unpassend jetzt. Sie gingen noch die letzten Schritte die Emsstraße und bogen alle zusammen in die Emsmauerstraße ab – freilich war damals hier längst keine Kaimauer, und die Straßen hießen allesamt noch nicht so. Auch gingen die Vitalier und das Pärlein nicht richtig die heutigen Straßen, sondern immerfort zwei Meter tiefer, als man heute geht[84]. Hinter der Stirn des Vitaliernachbarn arbeitete es, und er sagte zu Evekes Begleiter: „Du verdrückst dich jetzt mal zu deiner Familie!"

Der Angesprochene war noch mehr belemmert als schon bisher, an diesem Vormittag war die Verstörung allgemein, auch

Eveke war verwirrt. Evekes Jüngling wurde von Evekes Seite auch schon etwas weggedrängt.

„Geh lieber zu deinen Leuten! Ich wohne hier neben ihr." Zusammengeschobene Augenbrauen bei ihnen allen. Evekes Begleiter sah sich von dem Vitalianergesellen finster angesehen. Söldner tauchten wieder auf, und während Evekes Begleiter von denen gerempelt wurde und sich mit denen auseinanderzusetzen hatte, drückte der Vitalier Eveke in eines der Nebenhäuser hinein, ein Haus näher als das, in dem er die letzten Nächte gewesen war. „Mach mal!", sagte er. „Wie? Was ist jetzt?", sagte sie, und sie brachte allerhand Neins heraus. Der andere Vitalier, der etwas unselbständig wirkte, folgte. „Die Hansen. Los schon!" antwortete der Evekenachbar; und Eveke traute sich denn auch nicht, in der unklaren, von den fremden Söldnern bestimmten Situation das ganz große Aufsehen zu machen. Das Nachbarhaus war leer; der Vitalier drang auf Eveke ein, sie schrie. Sie schrie. „Bau doch keinen Mist! Gib sie doch frei!", rief der andere Vitalier; der Peiniger antwortete ihm, „jetzt laß doch mal. Jetzt bin *ich* dran." Und die Schreiende mochte schreien, ohnehin gab es überall Unruhe, unerwartetes Durcheinander. Die Nebenhäuser waren Flechtwerkhäuser; wer schrie, wurde mühelos gehört, aber – wo hatte es denn geschrien? Das vielfältige, von den Hansen herrührende Gewoge verunklärte alles und entschärfte solch ein Schreien. Evekes Schreie wurden auch schon erstickt, weil der Vitalier seine Hand von unten wegnahm und ihr einfach den Mund zuhielt. Der zweite Vitalier versuchte seinen Kumpan zu beeinflussen, er richtete nichts aus. Aber auf das Schreien hin erschien doch, in der angelehnten Tür, die Greisin, der das Nebenhaus gehörte. Sie zeterte; der Vitalier kam ihr mit Drohgebärden; er trat dann unversehens hinter die Greisin in die Tür, während er das Mädchen, das sich rabiat wehrte, weiterhin gepackt hatte und ihm Mund und Kinn zusammenhielt, und er verstellte der Greisin den Ausgang. Er trat auch nach der Greisin.

„Hopp, weg hier!" Fußtritte; er schob die Tür zu und blieb mit dem Mädchen dicht an der Tür. „Jetzt läßt du mich mal mit der Göre!"

Die Greisin befand sich nun mit an dem Ort der Untat. Des Burschen rechte Hand war bleischwer auf Evekes Mund, dann aber hob der Bursche das gegen die Wand gepreßte Mädchen an. „Ich mach dich kalt, wenn du weiter schreist –“

Der andere Vitalier: „Das machst du auf keinen Fall. Gnade dir Gott! Dann bin ich mit dran.“

„Keine Bange, du nicht, Yesse!“, der Unhold. Ohne daß er seinen Kumpan angeblickt hätte. „Und außerdem, was willst du denn abkratzen? Die meisten sterben, weil ihr Blut schließlich so klebrig ist und nicht mehr richtig fließt. Findst du das gut?“ Und zu dem gegen die Wand gequetschten Mädchen: „– wenn du noch schreist. Ich hab nichts mehr zu verlier'n“, er nahm seine Hand von ihrem Mund. „Sieh dir die Hand mal an.“ Eveke sah, daß sein schauriges Organ bloß war, sie wehrte sich wieder, ganz überraschend; sie fühlte und hörte Stoff zerreißen in einem lang sich hinziehenden Ratsch. Nur richtete Eveke nicht viel aus, der Teufel war so viel schwerer, und der andere Mann half ihr nicht, auch wenn der auf den Teufel einredete. Daß die Greisin weiterklagte, hörte man beinah nicht, aus gedrängt vollen Gassen toste es viel lauter herein zu ihnen. Das Mädchen kämpfte und versuchte sich weinend freizumachen, aber sobald sie rappelte, kam der Vitalier noch besser mit ihr zurecht. Der andere Vitalier blickte beklommen oder verkrampft. Er blickte zu der Greisin hin. Die Greisin rollte in den Augenblicken die Zunge nach unten, rollte die Zunge nach unten zurück.

„Wenn wir hier heil 'rauskommen sollten“, sagte der andere, „das gibt –. Gibt ein Nachspiel bei Störtebecker!“

Das vergewaltigte Mädchen, wild weinend, boxte ihren Schänder von sich ab, als der sich gerade in all seiner Stärke am stärksten dünkte. Der Mädchenschänder, nach etwas mehr als einer Atempause, zog Leine, und sein Kumpan folgte ihm wieder.

Der Molch und der andere, der Yesse hieß, Yesse Dene nämlich, vermochten sich an verschiedenen Söldnern vorbeizuwinden und suchten zusammen das offene Land zu gewinnen. Bei den letzten Häusern begannen sie regelrecht zu rennen. Dadurch fielen sie noch auf, und eine Rotte von Söldnern verfolgte sie.

Nach einer Viertelstunde verfolgte sie aber keiner mehr. Sie rannten unaufhörlich weiter; in diesen Tagen rannte so mancher quer über das Krummhörn. Und mit letzten Kräften erreichten sie auch Störtebecker.

Die Leute um Störtebecker, selber sehr gut versteckt, wußten noch von nichts. Der Saukerl berichtete von den unglaublichen Mengen hansischer Söldner, von den vielen Koggen und war damit der erste, der Störtebecker über den Stand der Dinge aufklärte. Der andere Vitalier trug aus seinem Erfahrungsschatz bei, denn den Akt mit dem Mädchen umging der Schänder; während Störtebecker schon einen Läufer nach Loquard zu Gödecke jagte und in fliegender Hast bereits Vor- und Achterleinen einholen ließ, deutete der Mitgeflohene wieder das eine und andre an. Störtebecker stutzte, wurde bei den halben Reden endlich hellhörig, er furchte die Stirn und gab dabei Kommando. „Klar vorn und achtern!", und, nicht viel leiser zu dem Angeschwärzten, „was ist da also los, Mann?"

Antwort, sehr viel schwächer stimmlich: „Ja nichts, da ist nichts dran."

„Sag schon."

„... weniger als nichts."

„Und daß du's nur weißt: so billig kommst du mir nicht davon; aber wir müssen jetzt erst mal Segel klar machen."

„... das Weite suchen. Sehr wahr."

„Heda!"

„Und nicht vergessen: ich hab hier gemacht, daß du dich retten kannst. Ich hab dir gemeldet, was in Emden ist."

„Ja. Er ist genauso schnell hier angerannt gekommen wie du."

„Der hat ja gar nicht gewußt, wo du dich vor Anker gelegt hätt'st. Der hätt' hier nie im Leben hergefunden. Da mach dir mal nichts vor."

Und Störtebecker behielt die Stirn noch stundenlang gerunzelt. Die Geschichte, zusätzlich zu allem anderen, schmeckte ihm nicht. Zwar begab er sich jetzt gerade auf die Flucht, weg hier aus Ostfriesland, aber er wollte doch wieder zurückkehren. Solche Übergriffe brachten die Friesen nur gegen sie auf. In Friesland sahen die Leute diese Verletzung als doppelt schwer an. Indes, er hatte seinerseits einiges auf dem Kerbholz. Er schob es auf, den Mann zur Rechenschaft zu ziehen. Fast noch mehr fluchte er jetzt, daß er die Sache hatte erfahren müssen. Er war ja selber ... befleckt. Es gab zum Beispiel die Marienhafer Turmkammer. Er war befleckt, es gab die Livländerin am Waschsteinfelsen, auch bei ihr war nicht alles so nach deren Willen gegangen, und er taugte nicht dazu, über etwas zu richten.

Inzwischen befanden sie sich schon querab der ersten westfriesischen Insel, und es war nun klar, der Notzüchtiger hatte sie vor der hansischen Hölle bewahrt und ihm ja doch das Leben gerettet. Konnte er gegen den Mann etwas unternehmen? Störtebekker holte Yesse Dene wieder her, verhandelte – es hörten einige zu –, urteilte mit schlechtestem Gewissen, wobei er die Strafe in Gedanken, sekundenlang, gleich mit an sich vollzog, sie standen selbdritt am Heck der Kogge, und er ließ von dem Mitgeflohenen den Giftspritzer über Bord wuchten.

Es sei eine Strafe. Eine gerechte, fürchterliche, die er habe verhängen müssen, erklärte er; seine Oberlippe biß er sich nach den letzten Worten blutig. Insgeheim dachte er auch, lieber wolle er vom Schwerte gemäht werden als da naß ersaufen.

Gödeke Michels segelte an dem Tag, an dem die Hansen großmächtig in Emden einzogen, am sechsten Mai 1400, fluchtartig von Loquard ab. Ein Vorgang, der geschichtlich gesichert ist. Wigbold, sein Magister, segelte mit ihm. Wenige Stunden später, jedenfalls noch am selben Tag, preßten das schon die Hansekommandanten aus irgendwelchen Eingeweihten heraus ... zu spät; der Besitzer von Loquard hatte Gödeke entscheidende vierundzwanzig Stunden lang den Städtern zu entziehen gewußt.

Die Hansen vermerkten das später ausdrücklich mit in ihrem Bericht. *Godeke noch uppe deme slote was, do wy to Emede kemen, unde den steden dar van entverdyghed ward.* ... entzogen ward. Zur Belohnung sah der Besitzer Loquards am vierzehnten Juni sein geliebtes Schloß in Flammen aufgehen. Die Hansen zündeten es ihm an[85].

Rache muß sein, und deshalb entdeckt man heute nichts mehr

von diesem historischen Schlupfwinkel Gödeke Michels'. Die Person des Besitzers von Schloß Loquard blieb den Lübecker Kommandanten zunächst noch oder gar dauernd unbekannt. Wir kennen den Mann, es ist ein gewisser Sibrand gewesen. Dieser Sibrand muß zu Godeke ein sehr gutes Verhältnis gehabt haben, er hätte sonst Godeke nicht so geholfen; und Godeke wiederum … kann kein unangenehmer, misanthropischer Charakter, kein mißmutiger Typ gewesen sein.

Sämtliche Urkerinnen

Erstaunlicherweise haben Godeke und Wigbold oder wenigstens einer von beiden ihr Fluchtziel, Norwegen, sogar irgendwelchen Friesen ausgeplaudert. Von denen erfuhren es die Hansekommandanten.

Nicht erfahren haben die Hansen, auch später nicht, daß ebenso Stortebeker das Weite suchte.

Daß Gödeke und daß Stortebeker flohen, muß erst einmal verblüffen. Denn alle Welt malt sich Gödecke und Störtebecker immer als bloße Haudegen und Hauruck-Kerle aus. Hier auf dem Krummhörn zeigte sich: sie betrieben durchaus nicht immer eine Vorwärtsstrategie. Mit ihrer Flucht aus dem Emder Raum stellten sich Stortebeker und Godeke ein weiteres Mal als vorsichtig heraus ... und falls Störtebecker oder Gödecke wirklich Reliquien besaßen, durch die sie immun waren, wie die Sage ewig behauptet, so verließen sie sich jetzt doch nicht auf derlei Knöchelchen; nicht angesichts dieser hansischen Übermacht.

Stortebeker kann zum Zeitpunkt der Oster-Ems-Metzelei noch nicht groß bekannt gewesen sein; nicht jedenfalls bei den Hansen. Denn Störtebeker kommt in dem Rechenschaftsbericht der Lübecker Kommandanten nicht ein einziges Mal vor; Gödeke ja, Störtebeker nicht. Er war ihnen kein Begriff. Und das muß heute ebenfalls überraschen.

Was Gödeke anlangt, so schrieben die lübischen Ratsherrn-Kommandanten Krispin und von Rintelen, die persönlich den Bericht abfaßten, übrigens nicht ‚Godeke Michels', sondern ‚Godeke Wessels'. Historiker früherer Generationen, die sich mit den Emdener Ereignissen etwas beschäftigten, erklärten dazu: die Hansekommandanten hätten sich vertan oder verhört. Sie hätten das verwechselt. Aber diese scharfsinnigen Historiker zogen nicht die englischsprachige Dordrechter Klageakte mit heran, und – den Entdeckern wird warm vor der Stirn! – in dieser gänzlich anderen Urkunde ist auch einmal von einem Wisle die Rede. ‚Wessels' und ‚Wisle' ist schlicht dasselbe, die Engländer nennen den Mann einmal ‚Godekin Wisle'. Das heißt natürlich, daß sich hier niemand verhört hat, sondern daß Gödeke manchmal Michels genannt wurde und manchmal Wessels.

Könnte einer noch daherkommen und meinen, das seien eben zwei ganz Verschiedene gewesen. Aber die Hamburger Kommandanten Schreye und Nanne schrieben am Tag, als sie in Emden siegreich einzogen, nach Hause[86], Gödeke Michels sei nach Norwegen gesegelt. Die Hamburger sagen ‚Gödeke Michels', wo die Lübecker ‚Godeke Wessels' sagen. – Und im März nächsten Jahres warnen die Hansen auf einer Frühjahrstagung in Lübeck vor Godeke Wessels, der die See und den Öresund beunruhigen werde. Den Öresund. Das ist also sehr wohl der Norwegen-Flüchtling Gödeke.

War Wessels gar dessen ursprünglicher Name? Beharrlich hat sich außerdem die Sage gehalten, daß Gödekes Geburtsort Dauelsen sei. Nicht Ruschvitz, sondern Dauelsen bei Verden; und das ist um so eigentümlicher, als Verden ja weitab von jeder Küste liegt. Hängt ‚Wessels', ‚Wisle', mit ‚Dauelsen' sprachlich zusammen? Und wäre Godeke auch nach seinem Geburtsort Dauelsen genannt worden? Bis Mitte des neunzehnten Jahrhunderts schrieb man Dauelsen Dawelsen. Im Frühmittelalter hieß der kleine Ort sogar noch Dauuisla. Wessels, Wisle, Dauuisla? Zum Beispiel kann es sein, daß in jener Zeit, in der sich zumal in Norddeutschland die Familiennamen noch nicht sehr verfestigt hatten, Godeke von den einen nach seinem Herkunftsort, von den anderen nach seines Vaters Namen näher charakterisiert wurde.[87] – Und wäre damit das Rätsel um Godekes wahren Geburtsort, seit Jahrhunderten sagenverzerrt, auf einmal gelöst? Wenigstens kann keiner die Gödecke-Sage von Dauelsen und die Sagen von Verden jetzt mehr so leicht abtun.

* * *

‚Gödeke' und ‚Godekin' sind Koseformen. Godeke ist aber nie anders genannt worden, solang er lebte, nie mit dem Namen Gottfried. War Godeke immer sehr kumpelhaft, hatte er guten Kontakt zu seinen Mitgesellen? Das soll man da wohl annehmen. Ist es berechtigt zu schließen, ein finsterer, tyrannischer Zeitgenosse könne er nicht gewesen sein, ein mieser, selbstherrlicher Machtmensch, ein hochfahrender, arroganter Mann nicht gewesen sein? Ganz offenbar.

Bösartig, nein. Denn einen solchen Menschen nennt man nicht mit Kosenamen, schon gleich nicht ständig. Und damit haben wir auf verblüffende Weise wieder ein Stück seines Porträts. Ein zugängliches Wesen müßte Godeke gehabt haben, eine freundliche Art jedenfalls gegenüber seinen Vitalienbrüdern und wohl auch Hegern oder Hehlern gegenüber. Entsprechend spiegelt sich das die Jahrhunderte hindurch. Es kommt an Namen vor: Gödeke, Godeke, Gödecke, Godekinus und die von Engländern verwendeten Formen Godekin, Goddekin, Godekins. Gekoppelt ist das dann mit den Nachnamenvarianten Michels, Mychel, Mycheles, Michael, Micheles, Wessels und bei den Engländern mit den Lautungen Mighel, Michael und Wisle. Nie kommt der Nachname allein vor bezeichnenderweise, er war nur Beiname; wohl aber der Vorname ohne den Nachnamen, besonders bei den Engländern. – Bald nach seinem Tod fühlen sich seine Feinde nicht mehr bemüßigt, die Koseform zu benutzen. Nun ist zu finden: Godfridus, Gotfridus; an Nachnamenformen nun außerdem noch Michahel, Michahelis, Michaelis, Michelis, Michelsson, Michelssone. Alle diese jetzt neu hinzukommenden Namensformen weisen, mit ihrem Wesfall, auf einen Vorfahren Michel hin, und vielleicht war das hier noch Godekes leiblicher Vater. – Hundertvierzig Jahre nach Gödekes Tod ist, daß Godeke so scharf von seinen Feinden abgelehnt wurde, verraucht. Es werden nun in der Folge wieder Koseformen gebraucht, und man verkürzt sie und schleift sie ab: Gotke, Götke, Götcke, Godke, Götte, Göde, Gode, Gede, Godike, Ghodeke, Godecke, Godecken, Gorcke; an Nachnamenversionen tauchen jetzt zusätzlich auf Micheel, Michell, Michelsen, Michelson, Michel, Michaels, Michelken und darüber hinaus an sagenhaften Formen Gädje, Jodge, Gädche, Gottmigeel, Jettmacheels (zwei mecklenburgische Sagennamen für unseren Mann), Görtmicheel (holsteinisch); und schließlich gibt es noch einige witzige Formen, in denen er mit seinem Dauerfreund verschmilzt, Störtmicheel, Stockmicheels, Störtmegaal, Schörtmacheil – alles aus dem Mecklenburgischen. Diese ungeheure Fülle und Vielfalt von Namen, alle für ein und denselben Mann, kann einen Sesselsitzer schon hypnotisieren. Sie sollte aber doch nicht wundernehmen angesichts eines Menschen, der die Küstenbewohner nun bereits über sechshundert Jahre beschäftigt hat.

* * *

Schreye, Nanne und die Lübecker Krispin und von Rintelen stimmten sich ab. Sie besprachen sich im Franziskanerkloster. Das sperrte Hisko ihnen sogar noch lieber auf als sein privates, baulich ja ganz ungeeignetes Anwesen.

Im Herrenrefektorium des Emder Franziskanerklosters saßen sie, bei Wein, auch bei Käse, und der eine der beiden Lübecker Speisenden versuchte zusammenzufassen. „Den Gödecke werden wir noch verfolgen. Das muß dann das nächste sein. Darin sind wir uns doch wieder einig?“

„Gewißlich. Sicher.“

„Es ist also besser, als den Ede sofort zu vernichten. Oder?“

„Richtig.“

„Das nützte sowieso beinah nur den Bremern. Den Bremern, die uns mit ihrem Koggentribut versetzt haben.“

„Schnöde versetzt haben!“

„Und sich damit viel Geld sparen.“

Dieser gefährliche Godeke sollte unter allen Umständen beseitigt werden.

Von Hisko wurden die Kommandanten aufgestört. Hisko näherte sich ihnen mit Bücklingen wie jedesmal und mit dem verschlagenen Blick, den er wohl schon gewohnheitsmäßig hatte und auf den man darum nicht so viel geben mußte. Hisko brachte ihnen eine Greisin und eine junge Person, die den Mut hatten, eine gewisse Untat nicht zu vertuschen. Man könnte sie beide über Verstecke der Vitalienbrüder vernehmen. Sie wechselten, obwohl die zwei Frauen von dem goldgelben, gut durchgezogenen Käse und von der Tafel doch schon etwas erspäht hatten, in das Parlatorium hinüber. Die Alte und die so junge – die auch noch geschockt war – wußten dann aber nur zu sagen, daß die zween Vitalier zu einem großen Anführer hatten durchkommen wollen, und befragt, wo der sich denn aufhalte oder wer das sei, wußten sie nichts.

Wie der große Anführer denn heiße?

„Sturer Bäcker oder so. Vielleicht, daß er Bäcker ist?"

War den hohen Herren nicht bekannt.

Auf dem Krummhörn hatte sich Stortebeker von Godeke getrennt. Es war eins der wenigen Male, daß er sich dazu entschloß, und jedenfalls das letzte Mal. Er segelte nicht nach Norwegen, sondern drehte auf der Westerems westlich ab, ließ hier einen gewissen Vitalier, dem er viel zu verdanken hatte, ins Meer schmeißen, segelte backbords an der Insel Rottum vorbei, Rottumeroog, und er und sein Rudergänger hielten sich hier daran, daß auf Rottum *twe kapen staen*, zwei Kaps, zwei Dünenhügelketten. Die größere, auf dem flachen Oststrand, war ihnen näher, sie bewegte sich also scheinbar schneller an ihnen, den im Schiff Segelnden, vorbei; sie erkannten das bequem vor dem Hintergrund der zweiten Dünenkette, die gleichsam langsamer zurückblieb. Nach solchen anschaulichen Wirkungen richteten sich die Vitalier, die Seefahrer und Stortebeker damals beim Segeln gern, und sie nannten so einen nahen Punkt, der sich schneller vor den entfernteren Punkten vorbeischob, auch ganz unbekümmert den *Läufer*.

Bald hinter Rottum mußte Stortebeker sich vorsehen, daß sie nicht auf den Sanden von Geltsacks Plaat aufliefen. Unangenehme Augenblicke, und Störtebecker war obendrein abgezogen durch das zwiespältig gefällte Urteil und die Emder Schreckenszeitung.

Auch noch andere Likedelergruppen entkamen dem ostfriesischen Hanse-Chaos und hielten westlich. Hier ist der Seefahrer nach einigen Stunden bei den Westfriesen, und hinter der Insel Schiermonnikoog schwenkten Stortebeker und auch noch andere Fliehende hart backbords in die Lauwerssee ein, die damals noch mehr ausgewaschen war und sechsmal größer als heute.[88] Der bizarr unregelmäßige Küstenverlauf der lauwersschen Bucht mit ihren vier weiten, wasserreichen, trompetenartigen Flußmündungsausstülpungen, von denen jede Anno 1400 noch ein Dutzend Kilometer lang war, gefiel den Likedelern und Störtebecker sofort. Die westliche Flußmündung segelte er bis in die Westfriesenstadt Dokkum, die kleine Wallfahrtsstadt Dokkum hinein. Bestimmte er das so, auch weil er ein paar Reliquienknöchelchen bei sich trug?

Viele Likedeler wurden nach der Osteremsniederlage von den Westfriesen dankbar aufgenommen: denn diese Friesen mußten sich immer erneut der Holländer erwehren, die sich rücksichtslos breitmachten.

Noch jahrzehntelang gab es in Dokkum Vitalienbrüder. Die Sage hat sogar das festgehalten, wenn auch in raffiniert verwandelter Form. Störtebecker soff, sagenhafterweise, von nun an gerne aus einem silbernen Stürzebecher, und den bekam Störtebecker höchstpersönlich von einem Groninger geschenkt. Auf dem runden Metall des Pokals hätte Störtebecker, wenn er denn des Lesens kundig gewesen wäre, immer lesen können: *Ick Joncker Sissinga van Groninga / Dronk dees beusa In een Fleusa / Door myn Kraga In myn maga*. Groningen ist das östlich Dokkums sich hinziehende Land. „Ich – Junker Sissinga von Groningen – trank dieses Gehäuse in einem Flusse durch meinen Kragen in meinen Magen." Das Gehäuse war groß, und andere außer dem Junker und eben Klaus Störtebecker vermochten es gar nicht auszutrinken. Dadurch, daß Sissinga das konnte, war der Junker überhaupt am Leben geblieben, erstaunlicherweise; und zwar hatte Störtebecker ihn, schon weiter zurückliegend, auf einer Kogge mit anderen Männern gefangengenommen. Nur diejenigen, die Störtebeckers eigenen Humpen auf einen Zug leeren konnten, wurden Störtebeckers Scharen zugeschlagen. Solch einen guten Zug hatte aber einzig der Sissinga, und die anderen, die nicht so viel trinken wollten, waren – so wird behauptet – kühl über Bord gestürzt worden.

* * *

Eine Anzahl von Likedelern, die dem erbarmungslosen Krummhörn entrannen, entschlossen sich noch hundert Seemeilen mehr zu versegeln, um zu den Feinden der armen Westfriesen zu gelangen. Zum Grafen Aelbrecht von Holland wollten sie. Dem Grafen Aelbrecht gedachten sie ihre Dienste anzutragen. Dafür entschied sich nach kurzem auch Störtebeker, und das ist wiederum geschichtlich und nicht sagenhaft. Stortebeker segelte mit nordwestlichen und westlichen Kursen um Ameland herum, das damals noch schmaler war als heute, und an *Skellinge* vorbei, Terschelling – und war sich unschlüssig darüber, ob ihn der holländische Albrecht wohl aufnehmen würde. Viel lieber hätte Störtebecker ihn einfach dazu gezwungen, aber dem war ja nicht so. Das Gegröle seiner Gesellen verdarb Störtebecker alle Gedanken, es störte ihn diesmal; auch war er ja ohne Gödeke, und er entbehrte dessen ruhiger Sicherheit. Die Gesellen grölten ihm die Ohren voll, denn sie taten sich an einem wacholdergewürzten Schnaps gütlich, mit dem sie sich in Dokkum eingedeckt hatten. Nicht zu verkennen außerdem, die Zucht litt ein wenig. Seit er von Yesse Dene den Notzüchtiger über die Reling hatte drücken lassen; die Schalme wußten, daß ihr Störtebecker da der unpassende Richter gewesen war.

Viele Gesellen spielten ihr geliebtes Spiel; das Spiel, das ihnen noch mehr Spaß machte, als etwa Kinder zu zeugen, sie würfelten[89]; und dabei hielten sie sich nicht lange mit komplizierten Anweisungen auf, sondern sie vertrauten sich dem schlichten Hochniedrigwurf an: sie fanden Kalten Schlag am besten. Die Würfel waren sorgfältig aus Holz geschnitzt. Damit das Glück ihnen günstig wäre, rieben manche immer wieder einmal das sauber geschnitzte Wüfelchen an der Innenseite ihres Oberschenkels oben. Ein anderer beleckte eine Würfelseite. „Gilt nicht!“, schrie der ihm gegenüber Kauernde.

„Aber dich", meinte Störtebecker, „seh ich dauernd den Würfel streicheln!"; und ein Dritter küßte das geheimnisvolle Klötzchen vor jedem Wurf.

Störtebecker würfelte nicht mit schon deshalb nicht, weil er ihnen nichts aus der Tasche ziehen wollte … sonst hätte er ja gerne mitgespielt und nicht gegrübelt.

* * *

Er ließ weiter *buten dunen* gegen den Wind ankreuzen, buten der Inseln, außerhalb der westfriesischen Inselkette, und passierte Vlieland, Eijerland, *Teksele*. Texel war für Störtebeker viel kürzer als für uns heute[90]. Auch auf Texel sah Stortebeker zwei oder gar drei Dünenreihen hintereinanderliegen, so daß er sich nach einem Läufer richten konnte. Wald, Hochwüchsiges machte er auf der Insel nicht aus, Wald wächst auf ihr erst seit den letzten neun Jahrzehnten; damals zu Störtebeckers Zeit war die Insel noch kahler und karger als heute, und kein Mensch bepflanzte die Dünen mit Blumen, die unsere Generation dort immerzu hinpflanzt; die Dünen hatten nur etwas Strandhafer, und Heide gab es da und dort. Viel Vögel flogen auf Texel aber schon damals; und die größten, Rohrweihen, sah Störtebecker von seiner Kogge aus. Geweht und geblasen hat es damals auf den Inseln so heftig wie heute; ihm zerriß es, als sie dwars Texel standen, den blauen Seeräuberwimpel.[91] Er gab Order, das Tüchlein oben und unten zu verstärken; und buten dunen ließ er noch die letzte Insel entlangsegeln … denn der Nordteil der heutigen Halbinsel Nordholland war damals noch Insel und war eigentlich nur ein schmaler Dünenwall.[92]

Dreißig Stunden[93] brauchten sie für den zweiten Teil ihrer Flucht, von Dokkum nach Haarlem, und auf diesem Seetörn überwältigte Störtebecker wiederum ein Schiff, ein Hanseschiff.

Warum das anzunehmen ist? Man kann so etwas, mindestens augenzwinkernd, ausrechnen. Wieviel Schiffe segelten in einem Jahr an den westfriesischen Inseln vorbei? Allerdings zeigt sich da schon, daß man gar nicht das ganze Jahr heranzuziehen braucht. Die hansischen Kapitäne klüsten damals nur zwischen dem zweiundzwanzigsten Februar und dem elften November; also nur an zweihundertdreiundsechzig Tagen im Jahr. Die winterliche Schiffahrt hatten sich die Hansen verboten. Wieviel Hanseschiffe segelten mithin in den zweihundertdreiundsechzig Tagen die westfriesische Inselkette entlang? Nun natürlich das große Rätselraten.

Historiker haben aber inzwischen die Gesamtflotte der Hansestädte für das Ende des fünfzehnten Jahrhunderts zu schätzen gewagt. Man kommt da auf tausend große Hochseeschiffe. Auch hundert Jahre eher kann man getrost von tausend Schiffen ausgehen, denn vom vierzehnten zum fünfzehnten Jahrhundert hat sich außer in den nichthansischen Niederlanden der Seeverkehr im hansischen Raum nicht erhöht. Die Schiffe wurden nur technisch besser.

Außer den großen seegehenden Handelsschiffen befuhren Stortebekers Fluchtroute noch viele Quakelen, Schniggen, kleine Bussen, Barzen, Ewer, Pleyten, Fischerschuten, Hekboote. Sie hat Störtebecker gewöhnlich in Frieden gelassen, und seine Leute grüßten da nur spöttisch hinüber.

Rund ein Drittel von den tausend sind aus der Ostsee um Jütland herum zu den Niederlanden, nach England und Poitou gesegelt. Die meisten Schiffer dieses Drittels hielten sich von Terschelling an wieder in Küstennähe, nachdem sie von Nordjütland aus die Nordsee durchquert hatten, und zwar all jene, die nach Holland wollten, oder die nach Brügge gingen, und jene, die zu den französischen Salzgärten[94] segelten, ja sogar einen Teil der Strecke alle diejenigen, die dann nach Südengland und London wollten. Der Rest der Umlandfahrer – derer, die um Jütland herum strebten – hat die Nordsee straight ahead durchquert, hin zu den mittelenglischen Küstenstädten, oder hat die westfriesische Insel-Route zwischen den Inseln Terschelling und Vlieland nur gekreuzt: alle, die Kurs auf die zuiderseeischen Städte nahmen. Man darf diesen Rest der Umlandfahrer, denen Störtebecker also auf keinen Fall begegnete, auf ein Fünftel aller Umlandfahrer schätzen; auf nicht mehr. Denn das winzige Amsterdam war damals noch kein nennenswerter Umschlagplatz; und auf der englischen Insel steuerten die Hansen vor allem immer ihren eigenen Stalhof an. Der war in London; diese Kauffahrer bewegten sich also sehr wohl auch auf Stortebekers Route. – Etwa zweihundertvierzig Hochseeschiffe waren in den hansischen Nordseehäfen beheimatet und stachen von da aus in See. Wenn man annimmt, daß von diesen Nordseebeheimateten die Hälfte an der westfriesischen Inselkette entlangsegelte – zu den westfriesischen Zielorten, nach Südengland, Holland, Flandern, Brügge, zur französischen Atlantikküste –, so hat man insgesamt in einer Jahressaison dreihundertsiebenundachtzig hansische Schiffe streckenweise auf Stortebekers Fluchtkurs.

Annehmen muß man weiter, ein Hansekapitän segelte seine Route durchschnittlich pro Schiffahrtssaison viermal: zweimal hin, zweimal zurück. Keineswegs dürfen wir die durchschnittliche Frequenz höher ansetzen, denn ein gut Teil der Schiffe – die alle, die den ganzen hansischen Einzugsbereich durchquerten – schafften nur eine einzige Rundreise pro Saison. Die spätmittelalterlichen Schiffer, Kaufleute, Befrachter, Hafenarbeiter ließen sich unglaublich viel Zeit – so, wie das ein Heutiger sofort empfinden würde –, und sie besaßen eine Geduld, die einem Mitteleuropäer heute unbegreiflich erschiene. Die Schiffer zogen es oft vor abzuwarten, bis ein Fahrwind dauerhaft zu sein versprach; tagelang, wochenlang lagen Schiffsmannschaften an irgendeinem Punkte ihrer Reise fest und warteten *up eren wind.*

... Manchmal verhalf auch ein alter Besen zu günstigem Wind. Einer aus der Mannschaft mußte dann den Besenstiel in der gewünschten Windrichtung ins Schiffsfeuer werfen. „Will'n Bessen verbrennen, dat wi Wind kriegen", sollte der Fahrensmann dabei murmeln.

Und hätte der Schiffer gern den guten Wind gehabt, der das Schiff aus der Gegenrichtung vorantrieb, ließ er einen Schiffsjungen einen Besen ohne Stiel über Bord werfen; „Jung, smiet em 'n sturen Bessen vör de Bog, secht de Schipper", schmeiß dem andern einen dicken Besen vor den Bug, sagt der Schiffer.

Die Fahrt eines Kauffahrers verlängerte sich außerdem, weil

Zwischenhäfen angelaufen wurden. Die Liegezeiten in den Häfen waren unfaßbar lang. In Brügge beispielsweise dauerte es, bis ein Schiff gelöscht und befrachtet war, oft zwei bis drei Wochen, und das steinreiche Brügge war technisch noch besonders ausgestattet. Der mittelalterliche Schiffer freute sich schon, wenn in einem Hafen wenigstens ein einziger Kran war[95]

Zu berücksichtigen ist nun aber nur jede zweite Fahrt eines Hanseschiffes. Denn die Hälfte der Schiffe segelten ja in gleicher Richtung wie Stortebeker und blieben für Störtebecker unsichtbar; gleiche Geschwindigkeit einmal vorausgesetzt. Damit ist Störtebeker auf seinem Dreißig-Stunden-Törn von Dokkum nach Haarlem rein rechnerisch-durchschnittlich drei großen Hanseschiffen begegnet; da seine eigene Trade kürzer war als die vieler Gegenkommer, muß ein entsprechender Minusfaktor mit bedacht werden.

So weit, so gut. Und doch müssen wir noch etwas in Rechnung stellen, denn die Hansen hatten gerade damals 1399 und 1400 ihren Leuten dringend empfohlen, in Flottenverbänden zu segeln. Wenigstens durch den Öresund. So sollten sie sich just gegen die Vitalienbrüder sichern. Die Hansepolitiker haben uns damit die Rechnung ganz hübsch verdorben. Eine Flotte – das saugt ja sozusagen Schiffe aus diesen hier dargestellten Wahrscheinlichkeiten ab. Es sind aber dennoch genügend Hansen dabeigeblieben, einzeln zu segeln. Wir wissen das heute. Die Hansen mochten Flottenfahrt nicht. Und so kam dem Störtebecker, auf seiner Flucht ab Dokkum, ein … einzelnes Hanseschiff entgegen. Es war ein neuer Holk, und Störtebecker fing ihn ab. Durch diese Missetat verlängerte sich der Törn rasch auf zwei Tage. Die hansische Crew zu überwältigen fiel dabei nicht schwer: Auf jedes der neunzehn gegnerischen Besatzungsmitglieder kamen sechs Eigene.

Das gekaperte Schiff war besser als Störtebeckers nun schon recht ramponierter und nicht mehr neuer Koggen; Störtebecker stieg gleich auf den gekaperten Holk um. Großartig. Tadellos. Und seine Gesellen hörten, endlich einmal wieder, ihren Anführer scheppernd kehlig lachen.

Sie tauften auch den neuen Holk, der übrigens kleiner als der

Holk war, den Gödeke Michels segelte. Wollen wir wissen, welchen Namen sie dem Holk gaben[96] … so müssen wir uns wiederum der Sage anvertrauen. Vier Namen bietet sie uns an: Tod und Teufel, Brandhexe, Regenmörder, Tollen Hund, und einen Namen davon hat dieses letzte Schiff Störtebeckers gehabt.

Störtebeckers Miene, die während der Flucht so verschlossen gewesen war, so finster, düster, blieb nun erst einmal aufgehellt; vom holländischen Grafen wurden die Likedeler mit offenen Armen empfangen. Streitlustige Burschen konnte der Graf[97] brauchen, er wollte sein Territorium vergrößern. Er sprühte vor Unternehmungslust, obwohl er das Greisenalter schon nahezu erreicht hatte, ihm stand der Sinn nach Eroberungen. Stortebeker und die Gesellen trabten durch die Haarlemer Gassen und am Spaarne entlang. Sie sahen in der Sanktbavokirche[98], an der gebaut wurde, nach oben, mit gemischten Gefühlen. Sie schauten sich in der Stadt um und auf dem Grote Markt, an dem die Residenz Albrechts[99] war. Die Bevölkerung der Residenzstadt überging sie; die Hauptstädter waren wohlhabend, vermöglich. Kaum ins Gespräch kamen sie mit den Einheimischen, und nach einigen Tagen hatten die Likedeler ihre Meinung gefaßt: der Graf war brauchbar, mit seinen Bürgern wurde kein Mensch warm – kein Räuber. Vornehm taten die Haarlemer, daß es schon gräßlich war. Den Haarlemern hier am holländischen Residenzsitz fiel der Regen in die Nasenlöcher, so sehr trugen die ihre Nase nach oben, aus Vornehmheit.

Der Graf aber dieser stolzen Bürger schloß mit Störtebeker und den Likedelern einen regelrechten Beistands- und Freundschaftspakt … für Stortebeker sollte das glatt der Todesvertrag, die Besiegelung des baldigen Endes werden, das Motiv für Unternehmungen, die ihn in gerader Linie dann das Leben kosteten. Er erkannte das so noch nicht. Etwas genauer mochte Albrecht das schon überblicken.

Der Vertrag: das Vertragspapier ist heute noch vorhanden. Als Albrecht und vier seiner Lehnsleute die Urkunde siegelten, saßen da im selben Saal acht auserwählte Vitalier, worunter Störtebeker. Der Graf mit seinen Lehnsmännern – und die Vitalierrabauken. Sie sahen sich in die Augen. Sahen sich richtig an; Störtebecker, die übrigen sieben Vitalier, Albrecht und Albrechts Lehnsmänner. Hoch und gering.

Sie fachsimpelten erst ein wenig, Pourparlers müssen sein. ... Welche Mengen doch die neuesten Schiffe jetzt zu tragen vermöchten. Ein paar der Likedeler stießen sich inzwischen wegen der neumodischen, holzgetäfelten Wände im Saal an. Ein Kirchenmann – als Notar hier tätig und dazugeholt – schrieb schließlich den Vertragstext nieder. Der Graf diktierte die dreihundertneunundachtzig Wörter, und der Notar versuchte schüchtern zwischendurch einige Änderungen anzuregen. Der Gottesmann schrieb mit Gallapfeltinte[100], die Tinte kam braun. Ein Likedeler, Yesse Dene, linste verstohlen auf die Pelzborte des Überwurfs, den der Herzog ablegte. Albrecht war ein erfolgreicher Mann; mehrere Likedeler waren auch überwältigt von dem Schmuck, dem schönen, den er trug; sogar Störtebecker stierte immer wieder auf einen grasgrünen Smaragdstein ... lose Kriställchen, wie die in der Waschsteinhöhle, machten ja längst nicht so viel her wie gefaßte Steine.

Störtebecker überließ sich kurz einmal seinen Gedanken, und er verhehlte sich und später den anderen seine Genugtuung nicht. Hier bot sich ihm eine Ausgangslage. Von hier, Holland, konnte er weit ausgreifen; so würde die Westsee denn doch ihr Revier bleiben. Was konnte jetzt noch schiefgehen!

Bevor der Graf die um ihn herum versammelten Rauhbeine und seine Lehnsmänner bewirtete – „*noch* nicht!“ murmelte Yesse Dene –, wurde das Wachs warmgemacht; das Wachs für die Hauptsache, das Wachs für den Vertrag. Yesse Dene hatte nur für seinen Nebenmann gemurmelt und gejammert, aber Albrecht verzog seinen Mund, sah zu dem Jammerer auch her und lächelte dann, während er sich dem Wachs zuwandte.

Fünf Herren drückten ihr Siegel; Stortebeker schaute zu, und ebenso schauten die anderen Vitalienbrüder zu. Die Vitalier hatten keine Siegel. Die Klunker wurden, an Schnürchen, unten an das sehr feste Papier geknotet, und der Kirchenmann glänzte dabei mit einer komplizierten Schnuraufhängung. Albrecht beschloß das Werk mit seinem Vollziehungsstrich: einfach einem letzten Strich.

Während der Kirchenmann das Tischgebet vorsprach, fing

Yesse Dene, jedesmal ganz kurz die Hände entfaltend, insgesamt zwei Fliegen. *Dank sei Gott ...* Fliege! *Danket Ihm für solcherlei Speise und Trank ...* Fliege. Mit allzu feinen Tischsitten plagten sich die Vitalier und Störtebecker nicht lange ab, und mit den Fingern aß man 1400 bei Hofe genauso wie im Peoplevolk. Messer und Gabel handhabte bei solchen Tafeleien nur der Vorschneider. Hier in Haarlem hatte auch der nur ein großes Zerlegemesser, und er kam ohne Gabel aus.

Mehrere jeweils aßen aus einer und derselben Schüssel. Sie grapschten in die Bratentunke – denn die war gut –, selbst ein Graf tat das und grapschte. Albrecht und die vier holländischen Lehnsleute mantschten mit halbwegs gepflegten Händen. Störtebecker und die anderen Vitalier hatten eingerissene Fingernägel und mantschten. Yesse Dene blieb seiner eingerißnen Fingernägel wegen am herumgereichten Mundtuch hängen und ratschte sich noch weiter. Nach der fettigen Mahlzeit wurde nämlich ein Tuch herumgegeben. Fein! In das konnten sich der Reihe nach die Schmatzenden den Mund abwischen und etwelche triefenden Finger. Aber man war auch da nicht so pingelig, man ekelte sich nicht voreinander, nicht jeder hatte sein eigenes Läppchen[101].

Störtebecker wurde angetupft von dem Vitalier Yesse Dene. „Gibt es noch“, raunte Yesse, „zum Abschluß was? Nachspeise?“; und Störtebecker konnte sogar antworten. Er war da total auf dem laufenden. Das, was er murmelte, wurde dann umgehend gebracht, ... es war wie Befehlserfüllung. Himbeeren wurden gereicht, entsprechend dem Augustdatum. Schorfige Himbeeren hin und wieder, gewiß; aber die Esser freuten sich über jede Beere, die ganz ohne Fehl war. Störtebecker betrachtete essend die markierten Kerzen, die dazu da waren, daß so ein erfolgreicher holländischer Graf die Zeit ablesen konnte.

Nach vielem freundlichen Himbeerenessen ging man auseinander – und Störtebecker segelte nach Urk.

Oft genug segelte er in der Folge nach Urk!

* * *

Die Sage weiß auch, daß Kinder gezeugt wurden. Die Sagenerzähler ließen uns darüber die Jahrhunderte hindurch nicht im Zweifel, und sie machten an Störtebecker und Gödecke fest, was vielleicht allgemein für Vitalienbrüder zutraf. Nach der Sage also sollen die Urker noch von Störtebecker und von Gödecke abstammen.

Allerdings würde ja da die Sage geradezu behaupten, daß es auf Urk nur Frauen gegeben habe, keinerlei Männer, und das stimmt nicht.

Die Urker? Wer sind die nun wieder? Siebenhundert Jahre lang war Urk eine Insel, und Störtebecker hielt sich die nächsten Wochen statt bei den Haarlemern lieber bei den Urkern auf. 1941 ist die Insel dem Festland zugeschlagen worden. Sie ging in dem Noordoostpolder auf. In Urk sollen Störtebecker und gleichermaßen Gödecke Zuflucht gesucht haben. Noch heute ist der Ort Urk nicht ohne weiteres passierbar. Nicht am Montag, denn montags spannen die Urkerinnen ihre Wäscheleinen über die Straßen. Die dünnen Wäschestangen stehen mitten auf der Straße, jede Stange anders schief. ... Zuflucht suchte Störtebecker hier gar nicht vor den Hansen, sondern den ungemütlichen Haarlemer Wohlstandsstädtern.

An manchen Fenstern der Urker Häuser weht und pfeift es unablässig. Der Wind pfeift in irgendwelchen Fensterlädenwinkeln, in Fensterladenritzen. Auf dem Schiff hatte Stortebeker das ja genauso, und Stortebeker war das vertraut.

Eigensinnig tragen viele Urker auch heute noch ihre Tracht; die Männer kurze, schwarze Jacke mit dickem Silberknopf und kreuzstichverziertem Kragen, dazu Hochwasserhosen, so daß man nur ja die kunstvoll gestrickten Strümpfe sieht; bei Frauen fällt unsereinem der Schnürleib auf. Aus hellblauem Stoff ist der und verstärkt mit Sämischlederstückchen. Überm Mieder tragen die Urkerinnen ein *kraplap*, geblümte Seide, und unterm Mieder wühlte einstens die Hand manches Likedelers und Gleichteilers. Von den Ohr-Eisen der Urkerinnen sieht einer meistens nur die Knöpfe, und von ihren Mützennadeln werden ihnen ständig Grübchen in die Wange gedrückt: so, das soll nicht vergessen werden, laufen Störtebeckers muntere Nachfahren herum. Sie sind unwahrscheinlich trotzig, heiligen den Sonntag[102], den Tag des Herrn, und gehen in die Urker Kirche.

Zu Stavoren, der westfriesischen Stadt dreißig Kilometer nordwestlich von Urk, soll Störtebecker außerdem eine Stiftung errichtet haben. Jetzt, da sicher ist, daß Störtebeker tatsächlich einmal nach Haarlem floh, müssen uns Nachgeborenen diese Sagen um so geheimnisvoller und wichtiger vorkommen.

Das Vertragspapier von Albrecht und den Vitalienbrüdern liegt heute im Staatsarchiv zu Haag. Die Unterzeichner hatten es *up onser vruwen dach assumpcio anno 1400* datiert, und das ist der fünfzehnte August 1400. Die Vertragspartner führt der Graf alle einzeln auf: die *vitaelgebroedere Herman Haweupe, Johan Stortebeker, Hinrich Corte, Jan Velhove, Otte Rover, Tiderich Hogezee, Yesse Dene und Gudemont Janneszon.* Für hundertvierzehn Mann sprachen diese acht Vitalienbrüder. Graf *Aelbrecht* wurde durchaus deutlich: *Was sie fangen, Schiffe und Gut, das sollen sie frei gebrauchen*, ganz wie *sie wollen*. Die Vitalier *sollen künftig allen denen feind sein, die unsere Feinde sind – den Ostfriesen*, den Westfriesen an der *Lauwerssee*, *denen von Groningen, denen von Hamburg*.

Damit aber würden, wenn es sein mußte, Stortebeker und die Vitalienbrüder hier wieder gegen ihresgleichen kämpfen. Etwa gegen ihre Genossen bei den Dokkumer Westfriesen. Auch dies ist bisher noch nicht richtig gesehen worden.

Bei den Vitalienbrüdern, die Albrecht *zu seiner Freundschaft nahm*, treffen wir auf den *Johan Stortebeker* – hanseatische Leser haben immer gedacht, das sei gar nicht der Klaus Störtebeker, sei ein Verwandter von ihm, ein Bruder von ihm, sei nur ein Namensvetter. Inzwischen steht fest: Johan war der originale Störtebeker.

Verhedderte sich denn Albrecht bei seinen Freunden einst mit den Vornamen? Nein, er vertat sich nicht. Sondern wir, die gesamte übrige Menschheit, haben uns getäuscht und haben uns mehr als ein halb Jahrtausend lang mit dem *Klaus* geirrt, Johan hieß der Mann und nicht Klaus. All die Sagenerzähler haben das verbockt. Und der falsche *Klaus* wird natürlich weiter herumspuken, denn ein Irrtum, der sich so lange gehalten hat, ist praktisch schon untilgbar.

Wie aber kamen die Leute auf den falschen *Klaus*? Mit dem Vornamen Nicolaus ist Störtebeker eine Generation nach seinem Tod, im Jahr 1430, ausgestattet worden. Das leistete sich der lübische Chronist Hermann Korner. In unseren Zeiten jetzt förderte man zutage, wie sorglos dieser Dominikanermönch Korner vorgegangen ist. Großzügig hat er Namen und dergleichen ergänzt. Der Mönch Korner hat den Vornamen des Vitalienbruders Störtebeker erfunden; nicht nur den, sondern auch andere Vornamen für andere Leute; Korner hat viele nachweislich falsche Personennamen in seiner Chronik. In einer früheren Fassung der Chronik, die er noch in Lateinisch abfaßte, schrieb er sogar selber bloß *Stortebeker*, ohne Vornamen – er kannte den Vornamen nicht.[103] Später hat dann ein anderer Mann, der angebliche Franziskanermönch Rufus, die Kornersche Chronik überarbeitet, sie abgeschrieben, sie neu herausgegeben, und Rufus trug sehr dazu bei, daß der falsche Vorname Klaus sich so verbreitete. Beide, sowohl Korner wie Rufus, haben unglaublich viel gemodelt und geändert.

Bemerkenswert ist auch: die Engländer haben in ihrer unschätzbaren Dordrechter Klageakte nie, kein einziges Mal, den Stertebeker mit einem Vornamen versehen. Sämtliche vierzehn Mal erscheint Stertebeker bei ihnen ohne Vornamen; und dies, obwohl fast ausnahmslos alle Vitalieranführer und ohne Ausnahme alle Geschädigten mit Vor- und Nachnamen genannt werden – sofern die Engländer Seeräuber überhaupt namhaft machen –. Stortebeker hat sich offensichtlich immer nur „Stortebeker“ und ohne irgendwelchen weiteren Namen rufen lassen.

Der Geleitbrief, den der holländische Graf Albrecht den acht Vitaliern am fünfzehnten August 1400 ausstellte, ist der entscheidende Beleg für die Identität Störtebekers. Dieses Vertragspapier ist tatsächlich die einzige Urkunde, die den vollen Namen Störtebekers festhält. Daß Johan eben der nachmals so berühmte Störtebeker ist, hätten Historiker auch schon eher erkannt, aber der Chronist Korner blockierte diese Erkenntnis mit seiner Fälschung.

Korner verkörperte, weil er so nahe an die Lebzeit Störtebekers herankam, für die Nachgeborenen eine gehörige Autorität.

Was an dem Vertrag überrascht, den Albrecht den acht Vitaliern ausstellte: Störtebeker wird auch hier nicht an erster Stelle genannt. Sondern an zweiter. Der erste in der Reihenfolge ist ein Herman Haweupe. Selbst wenn das Zufall sein sollte: besonders herausgeragt kann Stortebeker da nicht haben. Sonst wäre das dem Schreiber oder dem diktierenden Grafen nicht unterlaufen. Eine dominierende Persönlichkeit brachte man damals nicht an zweiter Stelle ... wenn es sich um acht Leute handelte. Aber Stortebeker rangierte eben nur unter anderen.[104] Er war gar nicht so berühmt, mindestens nicht bis zu diesem Zeitpunkt; neben anderen Mitanführern fiel er nicht weiter auf. Daß er nicht an erster Stelle stand, zeigt ja auch die Dordrechter englische Klageakte, in der er immer nach Gödeke genannt wird. Und indirekt wird seine geringere Bedeutung noch aus den Hamburger Kämmereirechnungen hervorgehen; in ihnen taucht er keinmal auf, Gödeke dagegen mehrmals.

In der Dordrechter Akte gibt es eine englische Schadensmeldung, in der Störtebeker zum allerersten Mal überhaupt mit Namen genannt wird; sie ist für das Jahr 1394 festgehalten. Störtebeker wird in ihr an dritter Stelle aufgezählt, und die Engländer schreiben hier noch „Storbiker“ und nicht wie in den folgenden Jahren „Stertebeker“. Es ist die Kaperei, bei der die Beteiligten – Gödeke, Claus Scheld, Storbiker – Pelzwerk, Wachs, hochwertige Eisenbarren und Bogenstäbe rauben; sie kapern ein Schiff aus der Stadt Elbing, in dem drei Yorker Kaufleute diese Waren mit befördern ließen. Nirgendwo sonst gibt es noch eine Urkunde, die den Störtebeker früher nennen würde. Gödeke ist zum allererstenmal schon ein paar Monate eher beurkundet; wir haben es dabei ebenfalls mit der Dordrechter Note zu tun. Hier handelt es sich um die Kaperunternehmung, bei der die Akteure an Rotwein, Gold und Geld, an Wolltuche, Schiffsausrüstungen und zwei Geiseln gelangen und wiederum an das Schiff selbst. Das Schiff stammt aus Newcastle upon Tine; die Engländer kennen die Namen von sieben Hauptverantwortlichen, und Gödeke wird nach einem hochadligen Pommern gleich an zweiter Stelle genannt.

Wo aber kommt Störtebeker ursprünglich einmal her? Darauf muß geantwortet werden: Wir wissen noch nicht einmal, wie alt er war. Wann er geboren ist; wann Gödeke geboren ist. Nur ihr Sterbedatum kennen wir gut. Störtebekers Kindheit und Jugend, Gödekes Kindheit und Jugend – alles im Dunkel. Nur die Sage weiß ein wenig Bescheid. Von Störtebeckers Anfängen kennt die Krügerfrau im rügenschen Seedorf etwas. Störtebecker habe von seiner Mutter einen Kranz gekriegt, Gödecke Michael von seiner Mutter ein Tuch, und sie hätten räubern sollen, bis der Kranz anfange zu welken und das Tuch anfange zu flecken. Sie hätten aber darauf nicht geachtet und hätten geraubt, bis der Kranz schon verwelkte und das Tuch fleckig wurde, und so mußten sie untergehen. Der alte Kuhhirt Schröder in Quoltitz, Rügen, sagt es noch anders. Der Jüngere bekam eine Rute und der Ältere ein Hemde, und sie sollten *räubern, bit de Rod anfing zu rotten und dat Hemd zu stocken*. Das war nun freilich bald soweit.

Oder, umgekehrt, Störtebeckers Mutter steckte dem Klaus einen trockenen *Riesbessen*, Reisigbesen, unter den Koffer; wenn der Besen ausgrünte, sollte er sich in acht nehmen.

Dahin kam's jetzt bald.

Gödeke floh aus Loquard, das hinter ihm gewissermaßen schon zusammensank; er wich mit zweihundert[105] Anhängern nach Norwegen aus. Mit ihm floh der Magister Wigbold; und vermutlich hat jeder der beiden ein Schiff befehligt. Zweihundert Mann, das waren mindestens zwei Schiffe … und wie die Männer die Osterems durchsegelten, sahen sie eine Anzahl bläulichweißer Wasserleichen treiben. Ihre Mitgesellen; eine Leiche wurde von Wigbold, der an der Reling stand, erkannt. Scheußlich, gequollen, menschenunähnlich war, was da schwamm; mit furchtbaren Glotzaugen. … Aber wenn schon nicht den Vitalienbrüdern auf Wigbolds Schiff, so wenigstens den Gesellen, die dichtgedrängt auf Gödecke Michaels Kogge standen, war das einerlei; fuhren sie doch auf einem Schiffe, das *verwünscht und verböst war und das niemand einholen konnte.*

In der Dordrechter Note verweisen die Engländer oft genug auf Norwegen: bei zwölf Überfällen der Vitalienbrüder; wahrscheinlich wurden noch drei weitere Kapereien in der Nähe von Norwegen unternommen, und das ist dann bereits die Hälfte aller von den Engländern verzeichneten Räubereien. Von den zwölf sicheren Norwegen-Fällen hat Gödeke sechs zu verantworten, er immer zusammen mit dem unvermeidlichen Störtebeker; und auch die drei Angriffe, die sich wahrscheinlich vor der norwegischen Küste abspielten, haben Gödeke und Störtebeker unternommen. Viermal geben die geschädigten Engländer genau an, wohin Gödeke und Störtebeker dann das gekaperte Schiff gebracht haben. Nach Mawstrond. Diese vier Kapereien leistete sich das Räuber-Duo alle Anno 1395. Bei wieder einem weiteren Mal notieren die Engländer, *wo* Gödeke und Störtebeker das Schiff, einen englischen Krayer, aufgebracht haben: bei *Langsound*, Langesund, in Norwegen.[106] Das war am neunundzwanzigsten September 1398 gewesen.

Von den sechzehn Mal, die unsere peniblen Engländer den Gödeke insgesamt erwähnen – und den vierzehn Mal, die sie Störtebeker erwähnen –, bringen die Englishmen also sechsmal den Missetäter Gödeke eindeutig mit Norwegen zusammen. Einmal sodann kaperte Gödeke mit Störtebeker erfolgreich vor der dänischen Küste und zweimal entweder vor dieser dänischen oder vis-à-vis vor der norwegisch-schwedischen. Gödeke war folglich schon oft in Norwegen gewesen – mit Störtebeker meist. Es ist historisch sicher: Gödeke und auch Störtebeker fühlten sich in den südnorwegischen Gewässern zu Hause. Die Verhältnisse waren ihnen hier vertraut. Nicht so sehr die Nordsee insgesamt, wie das immer weiter behauptet wird, sondern speziell das Skagerrak haben Godeke Michel und Stortebeker zu ihrem bevorzugten Revier gemacht. Das war ja auch taktisch sinnvoll, denn hier zogen sich die Schiffahrtslinien der Kauffahrer nicht so weit auseinander.

Mawstrond, das erste Mal schreiben die Engländer Maustrond, ist die kleine Kusteninsel Marstrand, gegenüber von Skagen und einen Kanonenschuß weit von der schwedischen Westküste weg;

eine von den Hunderten Inseln an dieser Küste. Was heute in deutschen Landen nämlich kaum ein Mensch bedenkt: die ganze Landschaft Bohuslän, zu der Marstrand gehört, war bis 1658 norwegisch; Norwegen zog sich noch hundertachtzig Kilometer weiter nach Süden herunter, und es lag damit nicht ab von den großen Schiffahrtsrouten; jeder Lübecker, der nach Hamburg wollte, segelte in Höhe Skagen eine Weile an Norwegen vorbei.

Etwa einen Quadratkilometer groß ist dieses Marstrand. Zum Festland hin hat die Insel einen unvergleichlichen Naturhafen ... mit zwei Klippen. Im Hafen kann ohne weiteres eine Flotte liegen, und es lag auch, 1397, eine Flotte hier. In den neunziger Jahren des vierzehnten Jahrhunderts florierte der Hafen, und die Norweger waren seit 1397 erbittert, weil *die Friesen*, im Klartext also Vitalienbrüder, Marstrand angegriffen hatten und sich vierzehn vollbeladene Deutschordensschiffe angeeignet hatten. Just Godeke und Stortebeker könnten diese Horror-Unternehmung auf dem Gewissen haben; gut möglich angesichts dessen, daß Gödeke und Störtebeker so oft Schiffe nach Marstrand schleppten.

Höchstwahrscheinlich mit dem konkreten Ziel Langesund oder Marstrand ist Godeke am sechsten Mai 1400 aus dem Krummhörn geflüchtet. Er wollte da hin, wo er sich schon in den vergangenen Jahren viel aufgehalten hatte.

Daß auf der Insel Marstrand Gödeke und Störtebeker einmal schalteten und walteten, ist bisher total unbekannt geblieben. Dabei ist das nicht etwa windig spekuliert, sondern gesichertes Wissen.

Mehr noch: kein geographischer Punkt sonst wird für Störtebeker und Gödeke häufiger als Aufenthaltsort ausgewiesen. Viermal ist Marstrand für sie aktenkundig.

Godeke hatte, wieder einmal, richtig vermutet. Die hamburgischen und lübischen Oster-Ems-Sieger verfolgten ihn nun doch nicht hier herauf nach Norwegen. Die verzichteten vor allem deshalb darauf, weil sie den Hunger scheuten. Versorgungsprobleme hatten sie schon in Emden. Zum Beispiel waren sie mit der Butter knapp. Und Godeke, der sich Hals über Kopf, ganz unvorbereitet, auf diese weite Strecke von dreihundertachtzig Seemeilen[107] einlassen mußte, wo hatte der in der Eile so viel Lebensmittel aufgetrieben? Proviant für zweihundert Esser?

Die Lübecker und Hamburger Kommandanten segelten nicht nach Norwegen, sondern sie begaben sich Ende Juni lediglich nach Hamburg zurück, und die Hamburger Consuln sannen dann nur darauf, wie sie Gödeke in Norwegen kostengünstiger beikommen könnten. Wenige Tage später glaubten sie es herausgefunden zu haben, dank einer Nachricht des Stralsunder Kollegen. Die Consuln fertigten, bereits Anfang Juli, Boten nach dem dänischen Roskilde ab: Margareta möge den Abram Brodersson davon unterrichten, sie, die Hamburger, würden jetzt nicht mehr nach Norwegen segeln.

Denn dem Brodersson hatte die Unionskönigin vor kurzem einen Auftrag erteilt: Brodersson war in diesen Wochen damit befaßt, gegnerische Vitalienbrüder aufzuspüren und auszurotten. Das hatten die Hamburger Stadtväter über Wulflam soeben erfahren, – Wulflam mußte selber irgendwie damit, in undurchsichtiger Weise, zu tun haben.

Durch die Reiche der schwarzen Margret

Wigbold zu Gödecke: „Was sollen wir mit dieser Nachricht wieder? Für die Dänen sind wir hier mittlerweile schon sehr bekannt. Zu bekannt. Abram soll mit einem Haufen dänischen Schiffen Vitalier ausspähen?"

Gödecke ... schwieg. Der konnte schweigen und schwieg.

Wigbold: „Maustrond hier wird er nicht auslassen. Wenn er nur ein bißchen Grütze im Hirn hat – und das hat er –, wird er besonders hier nach dem Rechten sehen. Und die hiesigen Norweger: weißt ja. Die meisten mögen uns nicht. Die meisten Männer, nein."

Gödecke: „Wir hauen hier ab. Hast recht."

„Erklär dich doch mal. Soll'n wir Segel setzen?"

Gödecke: „So schön der Hafen ist, aber das scheint mir doch langsam zu unsicher, Maustrond."

„... Echte Scheiße, kalte Schifferscheiße. Wohin soll'n wir denn gehen?"

„Es ist Scheiße", sagte Gödecke, „weil wir jetzt mitten im schönsten Fang-Sommer sind und in der Schiffahrtszeit und uns da vor diesem Abram in acht nehmen sollen. Nur weil der zur Zeit doppelt oder dreimal so viele Leute hat, wie wir selber sind."

„Zur Zeit! Lange kann er denen den Sold nicht zahlen, seinen schlappen Söldnern; da bin ich sicher."

Gödecke schwieg, und Wigbold nahm seine Kappe ab. Setzte die aber dann genauso wieder auf; strich noch einmal über sie hin und streichelte damit über sich hin; Gödecke lächelte kurz, als er das sah. Nach wie vor trug Wigbold die Kappe der Gelehrten, die mittelalterliche flach aufliegende Kappe der Universitätsleute, auch wenn er der Universität schon lange Valet gesagt hatte[108]. Und Gödecke hatte seine Vorderglatze. Gödecke war barhaupt.

Sie stapften an der ersten Häuserzeile vor dem Marstrander Hafenbecken auf und ab. Überall waren Vitalienbrüder. Gödecke rief mit unglaublicher Stimme und mühelos zugleich über den Hafenplatz hin. „Macht die beiden Decks klar. Holt die Jungs zusammen. Raus aus den Hütten und raus aus dem Laub! Genug gepimpert erst mal", und er lachte, „alle Mann an Bord wieder. Klar Schiff, noch bevor die Sonne untergeht! Wir legen vor Sonnenuntergang ab." Er stapfte zusammen mit Wigbold weiter über grobes Strandgeröll. „Er soll ja jetzt sogar diese Artillerie an Bord haben, Kanonen, der Abram. Wir, viel weniger Leute? Und wir mit unsern paar Armbrüsten?"

Wigbold: „Wenn nur nicht unsre Kogge mit der Artillerie gleich Schlagseite gekriegt hätte! Vor fünf Jahren hier hinter Maustrond, im ersten Sturm, als wir die Artillerie grade erst erbeutet hatten. Aber warum soll's ihm nicht auch so gehen, dem Abram!"

Gödecke lächelte für einen Augenblick. Er blieb stehen. „Der kennt ja inzwischen das Gewicht der Kanonen. ... Ich würd' auch, Muttergottes!, verflucht gern hierbleiben, denn hier sind Käufer auf Maustrond und auf dem Festland, hier kriegen wir die Ware los. Wieso sich der Abram Brodersson-Tjurhuvud bloß damit abgibt, uns zu hetzen!"

„Wie meinst du?"

„Ja, das meine ich. Sein eigner, leiblicher Bruder Arvid Stensson-Tjurhuvud war ein Vitalienbruder ... und ist vielleicht noch immer einer. Das weiß man ja nie."

„Ach! Ach. Der Schwede Arvid?"

„Und Abrams Stiefsohn. Der ist auch Vitalienbruder. Der heißt Bengt Pik. Beide sind sie immer in der Nähe von dem unermüdlichen Sven Sture, von dem uns ja der Störtebecker viel berichtet hat. Also, wieso verfolgt uns dieser Abram? Hol's doch die herbe Muttergottes! Kannst du schlauer Sterngucker mir da was sagen?"

Wigbold sagte nichts, er hörte nur zu. Er war baß erstaunt, was Gödecke alles wußte, und war auch ein wenig verstimmt. Denn so viel Neuigkeiten? Da mußte Gödecke doch bereits manches länger wissen. Und warum hatte Gödecke ihm nicht schon länger etwas gesagt? Wigbold äußerte das.

Gödecke: „Ich seh's ein. Hätt' ich dir schon sagen können. – Ich kann dir noch mehr sagen: sogar der Abram hat Freibeuterjahre hinter sich. Als er noch ganz jung war; da. Deshalb ist er mir auch gefährlich. Gefährlicher als viele andre. Der kennt sich doch aus."

Wigbold jetzt: „Vielleicht hetzt der Abram uns, weil er nur einen Haß auf seinen Bruder hat. Soll'n wir ihm seinen Bruder zuspielen? Ihn ihm ausliefern? Vielleicht, wenn er seinen Bruder hat, legt sich sein Haß gegen uns?"

„Mir zu link! Dem den zuspielen? ... Bin doch kein Mönchlein."

„Geiseln hast du auch ab und zu schon genommen!"

Gödecke blies die Backen kurz auf. Aber dann wandte sich Gödecke noch einmal Wigbold zu; sie waren dabei, sich auf die zwei Koggen zu verfügen. „Weißt du was, Wigbold, es ist doch traurig. Über diesen quaden, miesen Abram kriegen wir heraus – alles. Was der will, und wie es um den steht, und daß er Artillerie dabeihat. Wo ist denn unser Störtebecker? Übrigens, Arvid und Bengt Pik sind ja unsre Eignen! Das – von wegen deinen Geiseln. Die Geiseln sind Fremde und sind Kaufsäcke. Aber, Störtebecker: von ihm hör'n wir nichts. Ist er noch am Leben? Wo steckt er?"

„Wir kriegen es heraus. Der Störtebecker? Der hat sich nicht greifen lassen. ... Meinst du nicht, wir sollten hier noch ein, zwei Tage bleiben, auf Maustrond? Und weiter verkaufen."

„Hoioioj! Wigbold. Höre einer nur! Manchmal sind doch die Magister munterer als die Macher. Und auch blinder und blöder. Spüren nicht, ab wann es übergefährlich und sinnlos wird. Wir segeln ab. Jetzt und sofort. Damit wir danach um so mehr kapern können."

Bei Sonnenuntergang begannen die Männer an den Winschen die Ankertaue aufzuwickeln. Die Winschen quietschten, daß sich zwei Norwegerinnen am Ufer die Ohren zuhielten. ... Das veranlaßte mehrere Vitalier wieder, auszusteigen. Die wateten zurück.

Auf Wigbolds Kogge hatten sie zuerst den Anker eingeholt, und dieses Mal sagten sie keiner Menschenseele, wohin die Reise wirklich ging, Wigbold log den Marstrandern etwas vor. Er genoß das. In drei Tagen seien sie wieder da! Und zu den Einheimischen noch am Ufer: Nach Skagen segelten sie hinüber, ins Dänische. Verschiedene Vitalienbrüder, die ihn hier an Bord umstanden und die schon lange wußten, wie gern der Magister schwindelte, grinsten.

Gödecke und Wigbold hielten dann bald nordwestlichen Kurs und hatten mächtig viel zu kreuzen. Auf diesem Törn richteten sie sich nicht nach Landmarken, ganz und gar nicht. Vierzig Seemeilen später sagte Gödecke leicht spöttisch zu dem Kerl am Steuer: „Jetzt hat sich das demnächst mit dem Loten. Wir fahren – du fährst uns nun baldigst über alle Seeungeheuer der Welt …"

Der Kräftige am Steuer: „Wird es … so tief?"

„Es wird tief, ganz tief. Hast Angst vor den Seespinnen? Aber dafür hast du keine Angst vor englischen Söldnern, ich weiß. Also halt du gut Kurs!"

„Und wenn ihm doch noch angst wird?", sagte einer spöttelnd.

„Dann rufst du *Gödecke.*"

„Oder *Muttergottes*", sagte ein gewitzter Dritter, und der blickte Gödecke halb an, spöttisch an.

Sie befanden sich nun über der Norwegischen Rinne, und Hunderte Meter unter ihnen hätte immer noch kein Lot Meeresboden an die Lotspeise bekommen; so viel Faden hatten sie auch gar nicht. Der Himmel bezog sich mit Wolken. Gödecke sah, daß der Mann am Steuer unsicherer wurde, und trat wieder zu ihm. „Du verläßt dich jetzt doch ein bißchen zu sehr aufs Gissen."

„Nein, nein!"

„Da haben wir doch außerdem ein paar, die hieben schon bei Bergen mit. Als sie die Stadt erobert haben, vor sieben Jahren. Wer ist denn das gleich? Die hole ich dir mit hierher ans Steuer."

„Sollen die mir was sagen?"

„Die können dir noch manchen Fingerzeig geben. Die sollen uns was sagen bei diesen Tiefen hier."

„Ach, die geben mir ja nur an, mit ihrer siegreichen Reise da."

Die beiden Mannschaften der Koggen kamen tapfer über die grundlose Norwegische Rinne; und schließlich, die letzten zwei Seemeilen, bevor sie in Langesund anlegten und während sie an den Ufern des Langesundsfjords hinsegelten, sahen sie auch Kinder. Winken taten die kleinen Kinder. Taten die kleinen Kinder sehr gern. Die Kinder hatten Blaubeeren gesammelt; die in den Schiffen nahe an ihnen Vorbeigleitenden sahen es ihnen an. Die Blaubeeren wurden jetzt allenthalben reif; Blaubeeren – den Menschen, groß und klein, schmeckten damals Blaubeeren noch besser, denn die Leute hier waren noch nicht viel Zucker gewöhnt.

In Langesund blieben Gödecke, Wigbold und ihre Zweihundert trotz der blaubeerenessenden Kinder und ebensolcher blaubeerverschmierten, süßen Mütter auch nur kurze Zeit, und die meisten segelten mit Godeke nach Tønsberg; ein wenig weiter nördlich noch. Sie tauchten unter. Hier überall und erst recht in Tønsberg saßen *die Rostocker.* Das waren Deutsche, *die Rostokker*; bei den Norwegern hießen so die Kaufleute aus Rostock – und außerdem gleich noch die Kaufleute aus Wismar, Greifswald, Stralsund. Diesen Kaufleuten waren, in den vergangenen Jahrzehnten, noch ganz andere Deutsche gefolgt, pfiffige Gesellen – *es ist bald kurz, bald lang / und doch immer einen Fuß lang?* –, deutsche Schuhmacher. Genaugenommen waren es wiederum nicht allein Schuster, die aus diesen vier Ostseestädten den Kaufleuten nachgefolgt waren, sondern verschiedene Handwerker; sie wurden nur von den Tønsberger Einheimischen als *die Schuster* zusammengefaßt. Die deutschen Handwerker wohnten in der Halbinselstadt Tønsberg in einer Kolonie zusammen, in *Schuhmachergarden*, und nicht zuletzt hier kamen Godekes und Wigbolds Vitalier unter.[109]

Den deutschen Kaufleuten war es in Tønsberg nur erlaubt, als Logiergäste in den Wohnungen norwegischer Hausbesitzer mit zu wohnen; im Winter sogar höchstens sechs Wochen lang, nicht den ganzen Winter. Godeke aber war 1400 auf 1401 den gesamten Winter hier, und seine Männer teilten sich den Winter über auf die Küste hier auf. Der Küstenabschnitt, mit seinen Fischerdörfern, kleinen Städten, kleinen Handelsplätzen, hieß die Wiek, das Viken, die „Rostocker" waren die Wiekfahrer – Lübecker hatten hier nichts zu suchen –, und Gödecke machte seine Truppe im Viken für jeden Abram Brodersson unsichtbar.

In Norwegen den Gödeke Michels aufzuspüren, war den Hamburg-Lübischen zu aufwendig. Abgesehen davon aber konnten die Hansen das Jahr 1400 als erfolgreich für sich verbuchen. Denn in dem Jahr führten sie noch einen zweiten Schlag gegen ihre Profitminderer, die ihnen unerträglich schienen. Sie besiegten bei Helgoland eine Vielzahl von Seeräubern, und das waren wiederum alles Vitalienbrüder.

Die Hamburger *Engelandesvarer* stellten fest, daß sie in der Nähe von Helgoland immer wieder Schiffe und allerwertvollste Ladung einbüßten. Das war freilich auch schon fast alles, was sie angeben konnten. Die steinreichen Hamburger Reeder hatten nämlich nicht groß Kenntnis von der Felseninsel Helgoland. Sie ließen ihre Kapitäne der vielen Untiefen und Klippenfelder wegen nicht allzu nah an das Eiland heran. Die Steuermänner ihrer Schiffe wollten aber auch nicht weit an dem *hillighe*, heiligen, *Land* vorbeisteuern. Die Steuerleute suchten geradezu die hochragenden roten, rotleuchtenden Felsen und das weiße Kliff der *Witteklyppe*; wenn sie das an der Kimm ausmachten, konnten sie damit ihren eigenen Schiffsstandort bestimmen; sie segelten „Helgoland in Sicht“. Auf die Weise vermochte hier eine dritte Sorte von Zeitgenossen – Seeräuber – ihre Opfer günstig zu fassen, und gleichzeitig durften sich die Schurken auf Helgoland ziemlich sicher fühlen.

* * *

Der Graf von Holland war nicht weltfremd. Albrecht ließ seinem neuen Freund Stortebeker Leine. Stortebeker umgekehrt liebte einen großen Aktionsradius, und so empfand er es auch nicht als Schmälerung, als er sich im Auftrag des Grafen auf Helgoland einnisten sollte. Stortebeker hatte geradezu Weisung, von dort aus die Englandlinie der Hamburger zu stören. Dem Grafen Albrecht half das ungemein in seiner Auseinandersetzung mit Hamburg; so drückte Albrecht das allerdings vor Stortebeker nicht aus, da sprach Albrecht nur davon, wie leicht die Likedeler von Helgoland aus Beute machen würden. Im übrigen war Störtebecker von seinem ständigen Zusammensein mit Gödecke her gewöhnt, einen Auftrag zu erledigen, und er vermißte Gödecke. Er handelte gern im Auftrag jemandes, auf den er sich verlassen konnte, und schenkte es sich jetzt auch, jedes einzelne Mal pingelig die Risiken abzuschätzen. Albrecht hatte mit einem solchen Mann das große Los gezogen, einem Mann, der dynamisch und ehrgeizig also war und der sich dabei aber doch auf eine Weisung einließ – und jedenfalls hat Stortebekers Ende viel mit der holländischen Order zu tun.

Ja, Stortebekers Vitalier waren es, die sich auf Helgoland festsetzten, und im damaligen Helgoländer Süderhafen fühlte sich Störtebecker besonders sicher. Oberland und Witteklyppe waren damals noch miteinander verbunden, die Bucht dazwischen war der Süderhafen. Wer im Süderhafen ankern wollte, mußte zuerst einmal die sehr schmale Naturhafeneinfahrt kennen. Störtebeckers *landschädliche Leute* kannten die. ... Gerade jetzt aber fing der Reisigbesen bedenklich auszugrünen an. Der Blonde gab nichts darum, er war ja nur darauf bedacht, seinen Auftrag zu erfüllen.

Von den roten Klippen bis zur Düne, einen Kilometer weit, zog sich damals noch ein niedriger Wall aus Feuersteingeröll, *de Woal*, hin, in dessen Schutz sich viel Schwemmsand angelagert hatte.[110] Nördlich dieser Landzunge hatte Störtebecker als zweiten Ankerplatz den Nordthafen. Auch der Nordthafen war von langgestreckten Riffs, gefährlichen Klippenfeldern, eingeschlossen.

„Wir", sagte er, „ankern aber jetzt doch hier im Nordthafen!"

„Warum?", fragte Wichmann, der immer dicker werdende Wichmann; „weil wir im Süderhafen jetzt bei Südwest den Holk aus der Ankerung gerissen kriegen?"

„Wichmann, oh. Du hast's erfaßt."

„Was machen wir mit dem neuen Beutegut", fragte Wichmann, „dem Gold diesmal? Das bekommen wir doch nie und nimmer von den paar Helgoländern eingetauscht. Da werden wir uns wohl wieder gedulden müssen, bis wir zu den Haarlemern zurückkommen?"

„Vielleicht nicht ganz so lange ..."

„Denen möchte ich's eigentlich gar nicht gönnen. Das schöne rote Gold!"

„Wichmann, wir versuchen's schon zuvor einmal bei Ede Wummeke. Bei seinen Leutchen. Aber bis dahin müssen wir das wieder verstecken“, und leiser, aber jetzt erst leiser: „Du übernimmst das. Und ich will selber auf keinen Fall wissen, wo's liegt. Mach das schnell.“

„Warum willst du's nicht wissen –?“

„... Ach.“ Er sah, was für Kulleraugen Wichmann hatte. „Was fragst du. Ich bin dann freier hier unseren Gesellen gegenüber. Ich kann dann ganz ehrlich sein. Wichi, du bringst das unter Dach und Fach. Gibt ja zum Glück hier diese Felshöhlen.“

„Und was mit dem Rotwein?“

Störtebecker und Wichmann standen oder lehnten oder lümmelten in Lee an der Reling; Wichmann üppig dimensioniert und zugeschnitten, Störtebecker dünner und schlanker. Der Südwest blies steif.

„Von dem Kölner Wein diesmal sogar die Hälfte gegen Trinkwasser eintauschen!“

„Wein gegen Wasser“, sagte, jammrig, klagend, Wichmann. „Dann aber bloß aus den allerbesten Zisternen hier!“

„Die sind alle gleich gut. Und das Hamburger Bier teilen wir einfach mit den Helgoländern. Schön teilen! Und wir kaufen denen wieder Dorsch, Schellfisch und Hummer ab.“ Von Hummern wimmelte es damals auf den Felsbändern und in den Rinnen des unterseeischen Felssockels des hillighen Lands. Und oberirdisch hatten die Helgoländer Schafe, weiße, auf dem Plateau der Witteklyppe weiden.

Tatsächlich vermied es Störtebecker jedesmal, Kapergefechte in Sichtweite des Höhenwegs an der südlichen Klippenkante zu führen, des Falms; auf Helgoland wollten die Vitalienbrüder ungestört bleiben. Hier sortierten sie Beute, stapelten sie die sperrige Kaufmannsware und versteckten sie lustvolle Kleinigkeiten. Auch die alten Sagenerzähler lassen eine Grotte im Helgolandfelsen als Schatzhöhle Störtebeckers erstehen. In der Nähe der Düne habe er außerdem eine Burg gehabt. Eine imaginäre Burg war das wiederum.

Dem armen Störtebecker, dessen *Riesbessen* nun grünte, nützten die unzähligen Vorteile der Insel, die todsicheren zwei Naturhafenbecken und die eindrucksvolle imaginäre Burg dennoch nichts. Zu wütend waren die Hamburger. *Der macht uns das Geschäft kaputt.* Zu sehr pfuschte er den im Englandgeschäft Tätigen in ihre Rendite. Ein höchst persönliches Rachebedürfnis spielte bei den Hamburger Betroffenen mit. Der Ossenkopp, Ochsenkopf, der oll Hunkholt, dieser Jan Tautrecker – Seilzerrer!

Der Geschmähte kaperte im November noch ein kleines langsames Ewer-Schiff, von dem er vor allem einen Kaufmann herunterholte. Der Kaufmann hatte seine Ware nach Bremen begleiten wollen. Er war ein hochmögender Mann. Aus diesem Menschen preßte Störtebecker heraus, daß der hamburgische Rat in drei Tagen sie hier mit Söldnertruppen aufscheuchen werde; zwei Koggen würden auslaufen. Störtebecker ließ den eingebildeten Pinsel in einer Helgoländer Fischerkate festsetzen und beratschlagte sich mit Wichmann und seinen anderen Freibeutern. Er lachte wild auf. Das war etwas nach seinem Geschmack. Richtiggehend eine List anwenden wollte er diesmal.

„Wir veranlassen, daß sie ihre beiden Koggen weit, weit auseinander ziehen. Und auf die schnellere halten wir dann zu."

„Wie wollen wir", sagte Wichmann, „sie denn dazu bringen, daß sie so ausscheren?", und Wichmann roch, daß Gödeke fehlte.

„Nein … gar kein Problem. Wir segeln da einen Zickzackkurs."

„Also vor ihnen her einen Zickzackkurs?"

„Ja. Da werden sie schon darauf kommen, daß sie uns durch Ausscheren am besten kriegen. Wir stellen uns aber noch lange nicht; und sowieso sind wir wesentlich schneller, erstens weil wir unseren sehr schnellen neumodischen Holk haben, der sich jetzt einmal richtig bewähren wird, und zweitens, weil wir völlig ohne Fracht segeln."

„Also nur mit dem allernötigsten Ballast."

„Und", sagte ein weiterer, „weil wir einfach besser segeln können."

„Und deshalb eben! Sind sie weit genug auseinander, wenden wir uns selber dem Schnelleren zu und zwar von Luv. Wir arbeiten vor allem auf dreierlei Weise. Unsere Bogenschützen schießen sofort ihre Segel in Brand. Sofort! Wir pfeifen diesmal auf das Schiff. Brauchen wir nicht! Das vereinfacht die Geschichte. Und, Leute, wir nehmen jetzt einmal den ungelöschten Kalk."

Heftiges Reden, Lachen, vielfaches Gelächter. Fortgesetztes Reden hielt den Störtebecker auf.

„Ungelöschter Kalk in die Augen, das wirkt auf sie verheerend. Die rechnen ja nicht damit. Und wenn wir von Luv kommen, bläst es nur ihnen das Zeug in die Gucksen! – Ja, wir versuchen wieder unter allen Umständen zu verhindern, daß die auf unsern eigenen Holk springen, und drittens, wir schmeißen Schmierseife auf ihr Deck ..."

„Da rutscht einer aus!", brüllendes Gelächter.

„... wir haben den Holk, also das höhere Vorderkastell, da geht das doppelt gut."

„Der Holk ist hier eben schon wieder besser als die Kogge!"

„Wenn die wacklig auf den Beinen sind und ausrutschen, haben wir's noch um so leichter. Und dann wenden wir uns der zweiten Kogge zu."

„Denn die ist auch noch da", sagte Wichmann.

„Ja. Wenn wir uns die beiden Schiffe einzeln vornehmen, bleiben wir auch in jedem Fall in herrlicher Überzahl!"

Störtebecker segelte am Vorabend der zu erwartenden Schlacht den Hansen schon weit entgegen. Er wollte während des Treffens schließlich, wenn es sich machen ließ, in der Nähe der Insel Neuwerk kreuzen. Neuwerk liegt vor der Elbmündung.[111] So würden sich Vitalier, sollten sie über Bord gestoßen werden, schwimmend zu der Insel retten.

Der Vorabend der Schlacht war stürmisch. Regenschauer gingen immer wieder über Deck. Störtebecker ankerte ganz knapp vor Neuwerk. Das stürmische Wetter ließ dann nach, und ein unglaublicher Nebel breitete sich aus. Als zum zweitenmal geglast wurde, kam kurz darauf ein Bötchen angepullt. Es hielt genau auf sie zu. Man rief zu dem Manne hinunter und leuchtete ihn mit einer Funzel an, er antwortete: „Ich bin von diesem Sturm überrascht worden. Ich bin der Fischer Peter Krützfeld. Aus Blankenese."

„Ja und?“

„Ich war zum Fang ausgelaufen. Erlaubt ihr mir, ich würd’ gern in euerm Windschatten den frühen Morgen abwarten.“

Man holte Störtebecker; der sah sich den Fischer ganz kurz an und sagte: „Schießt ihm einen Bolzen durch den Hals.“ Aber noch während einer der Armbrustschützen zu seiner Waffe ging, wischte sich Störtebecker über die Augen und sagte er nunmehr: „Nee. Ist ihm erlaubt. Hol’s doch der Deibel.“

Ein paar Vitalier zogen das Bötchen mit einer Hakenstange nun noch mehr ans Heck, neben das hohe Ruder; dahin, wo der geschützteste Platz war, und der Blankeneser hatte hier in Lee ziemlich ruhiges Wasser; er konnte sich freuen. Nach nochmals einem Glas sah die Wache, daß der Mann unten in seinem Boot ein Feuerchen anfachte. „He, und was jetzt?“

„Ich wärm mir nur meine Suppe.“

Man benachrichtigte wieder Störtebecker, der schon schnachte, und der ließ das ebenfalls noch zu. Der Wachgänger ging noch ein paarmal hinten an die Reling und schaute hinunter, sah die Suppe wallen, sah jedesmal den Fischer irgendwann kurz heraufblicken, einen nervösen Fischer, und dann gab der Wachhabende auf den Fischer nicht mehr acht. Der holte aber endlich noch anderes hervor und tat jetzt in den Topf Platten hinein, Bleibruchstücke. Er schmolz interessanterweise Blei. Niemand sagte mehr, *he, was treibst du da?* Und als er das sündhafte Zeug flüssig hatte, goß der Wahnsinnsmann dieses Metall da hin, wo es gewiß nicht hingehörte: in die eiserne Ruderöse des Stevenruders oberhalb der Wasserlinie und auch in die Fuge zwischen dem Ruder und dem Schiffsleib. Das alles sah der Wachhabende nicht. Das Blei erkaltete sofort und erstarrte sofort und hing da nun ungut, wo soeben noch Luft und Spielraum gewesen waren. Unmittelbar darauf hielt es der Peter Krützfeld für angebracht, mit Flut und Strömung wieder davonzudümpeln, jetzt schon und nicht erst am Morgen. Der Wachgänger erblickte ihn noch. Sollte der Fischerskauz doch selber zusehen, wie er mit Nebel und Wetter zu Rande kam.

Der dümpelte – und pullte dann eifrig der Elbmündung entgegen.

Anderntags segelten die beiden Hamburger Koggen aus der Elbe heraus. Euch haben wir bald – wußte der junge Vitalier, der oben im Ausguck stand, und laut rief er: „Hamburger ahoi!" Er rief es viel früher als erwartet. Störtebecker wollte sich selber überzeugen, befahl zwar schon: „Alles an die Waffen! Und die Männer mit dem Kalk! Die Seife!", aber er enterte dann, jungenhaft sicher, mittschiffs steuerbords die Strickleiter hoch, er selber, es ließ ihm keine Ruhe. Der Schalm oben im Mastkorb hatte richtig gesehen. Und nach längerer Zeit konnten manche auch eindeutig die Hamburger Wimpel ausmachen. Man sah, daß es keine Kauffahrer waren, denn die beiden Schiffe waren randvoll mit Menschen. Mit Söldnern. Störtebecker befahl: „Den Anker *lihten*!", lichten, zwei Gesellen waren am Spill, die beiden Poller des Betingsbalkens wurden rasch mit dem Ankertau belegt, und Störtebecker ließ den Steuermann dabei schon die besprochenen Segelmanöver einleiten. Aber dieser Kerl tat ja gar nichts. Ihr Schiff trieb und trudelte, seit der Anker halbwegs eingeholt worden war. „Hart backbord!", brüllte Störtebecker zum dritten und wievielten Male, er brüllte sich bereits heiser; und die ihn hörten, spürten da auch einen hilflosen Ton mit, der ihnen nicht behagte. Ihr Holk trieb dwars, die Hamburger näherten sich. Unter Flüchen, die so manchen hartgesottenen Vitalier den Kopf schütteln ließen, stürzte Störtebecker durch seine viel zu dicht stehenden Mannschaften zum Ruderstand. „Was ist los? Bist du auf einmal mall geworden, warum machst du nichts? Ist Befehlsverweigerung!", und – als er den sich abquälenden Steuermann richtig wahrnahm – schon nicht mehr so schrill: „Bist du unter die Schälke[112] gegangen?" Die Heftigkeit der Flüche und dieser Sprint verstörten allerdings seine Leute. Die meisten hatten das gehört, die meisten ihn gesehen. Störtebecker griff, sobald er nur an der Steuerhaspel war, selber in zwei der vier Speichen. Und bewegte sie keinen Zoll. Die Steuerhaspel bewegte sich überhaupt nicht.

„Los, angepackt", schrie er, ein wenig wieder heiser, und vielleicht vier Leute hängten sich mit in die Speichen; sie bewegten nichts. Die Haspel blieb starr, und das Ruder unten stak fest. Die erste der beiden Koggen war nun schon nahebei. Störtebecker mußte umplanen und umdenken; er sah während dieser Augenblicke regungslos auf die nähergleitende kleinere Kogge – und die Umstehenden begannen ihn entgeistert anzublicken. Die Schalme, waren sie auch freiheitsgewohnt, erwarteten denn doch Anweisungen.

Er befahl aber im nächsten Moment wie gewohnt souverän. „Keine Brandpfeile. Keine! Keinerlei Seife. Wir brauchen das Hamburger Schiff! Nur die Leute mit dem Kalk vor! Der Wind ist uns günstig.“ Er spürte freilich schnell, daß er, in den empfindlichen letzten Minuten vor solch einem Schlagabtausch, die Leute ungut beeinflußt hatte. Er hatte da mit seinem unbeherrschten Gebrülle und Gerenne schon einen erbarmungslosen Fehler gemacht. Die Schalme waren alles andere als draufgängerisch gestimmt. Zwar nicht mutlos, aber verunsichert viele. Störtebecker wollte das wieder ausgleichen. Er stimmte ihren vertrauten Schlachtgesang an, ein paar winzige Sekunden eher glücklicherweise, bevor sie von den anderen Schiffen Rufen und Getöse vernehmen konnten. Störtebecker sang; obwohl er heiser war, klang es gut und melodisch. Seine Leute fielen mit ein. „Gottes Freund und aller Welt Feind“. Hinter dem eigenen Singen vernahm der Mann im Mastkorb, der oben etwas weiter ab war von den Eigenen, fein die Stimmen der Feinde. Der Mann spürte ein Ziehen im Bauch; seine Bauchmuskulatur krampfte sich ein wenig zusammen. Auch Störtebeker und die anderen auf der den Feinden zugewandten Seite des Decks hörten nun die Hamburger. Störtebecker sang lauter, *… unde aller Werlt Viant*, auch er verspürte ein Gefühl im Magen, und das war wegen des Kriegsgeschreis der Hansen. Die Feinde hörte man jetzt sehr; denn sie waren nah. Es schmeckte ihm nicht, daß er diesmal nicht bestimmen sollte, wann der Kampf begänne. Manövrierunfähig mußte er einfach abwarten. Heiser und melodiös sang er. *Godes Frund unde aller Werlt Viant.* Die beiden Hamburger Koggen nahmen, während sie aufkamen, den Vitalierholk selbstverständlch in die Zange. Sie würden sich sowohl backbord wie steuerbord längsseit legen; er mußte noch einmal umplanen und befahl in den letzten Sekunden die Hälfte seiner Mannschaft auf die gegenüberliegende

Seite. Wichmann grunzte: „O Gott, das geht nicht gut!“, die Gesellen vor Wichmann hörten das. Wichmann erlebte das Andocken der ersten Feindkogge, obwohl das auch nicht lauter war als bei früheren Malen, als ein grausiges Krachen und Splittern. Das steuerlose Rollen ihres Holks hörte jäh auf, und während viele Hansen noch mit Enterdraggenwerfen Zeit vergeudeten, strömte das Kontingent der Eigenen schon, nicht ungeschickt, auf das gegnerische Deck hinüber, die Kalk-Leute streuten ihren Kalk, Hamburgische schrien und griffen sich in die Augen, fuchtelten mit den Armen, ließen sogar ihre Griffwaffe fallen, und es klirrte daher vielfach.

„Drauf! Schipkinderen, Freunde“, rief Störtebecker. Er blieb selber aber auf dem Holk und mähte nur, finster und unglaublich schnell; er nahm sich die Söldner vor, die auf seinen Holk herübersprangen, und mußte auf dem Holk bleiben, denn die zweite Kogge kam auf und krachte gegen ihr Schiff, und die Vitalier hatten es mit einem Zweifrontenkampf zu tun. „Frisch, zu! Freunde!“, rief Störtebecker. Mit dem Schwert, blank gezogen, stürmte er jetzt vor. Sein Haar flatterte, das Haar war blond, das Schwert blitzte, das Blitzen war von den sehr schnellen Bewegungen, mit denen er den Stahl führte. Einen gegnerischen, überaus scharfen Angriffsstoß konnte er mit einem Aufhaltstoß vereiteln. Aber er würde noch hundertmal solche Stöße, ebenso geschickte Stöße zu führen haben. In der Luft war ständig das sehr helle Klingen, wenn Schwerter gegeneinander schlagen. Oder Schwerter und Bartäxte. Störtebecker vermochte einen wilden Hieb eines gegnerischen Hünen, keines Anführers offenbar, abzufahren, der Hieb rutschte nur noch gegen sein Panzerhemd ab, und er empfand eine Sekunde das geradezu wollüstige Gefühl, daß dieses Hemd ihm den Tod abgehalten hatte; er stieß, während der andere seine Klinge noch verquer hatte, unerhört schnell nach und traf den fremden Hünen ins Herz: augenblicklich sackte der Lange zusammen. Oder war es Störtebeckers Vincenzreliquie, die den feindlichen Hieb zuvor wirkungslos gemacht hatte? Auch nicht schlecht.

Um ihn war und um jeden war der vielfältige, sehr hohe Metallklang der Blankwaffen. Und es wurde häufiger und nahm zu das Brüllen von Getroffenen. Die Hamburger, Mannschaften zweier Schiffe, waren in der Überzahl, und die Vitalier hatten auf den zwei Seiten zu kämpfen, immer neue Geharnischte kamen nun von den Heckkastellen beider Koggen auf den Vitalianerholk heruntergejumpt; das Kampfgetümmel wurde drangvoller und gedrängter. Überall rückten zwei, drei Hamburger einzeln stehenden Vitaliern auf den Leib, immer mehr Gewappnete sprangen auf den Holk über; und dadurch, daß sich einzeln kämpfende Vitalier von mehreren gleichzeitig angegriffen sahen, wurde immer öfter Gegenwehr hinfällig.

Immer wieder wurde einem Eingeengten, der keine Bewegungsfreiheit hatte, die Kehle durchgetrennt, Messer wurden mehr und mehr benützt, und Störtebecker erkannte bei verschiedenen Eigenen jene hemmungslose Angst, die Gurgel durchgeschnitten zu kriegen. Er rief schmetternd und zornig: *Godes Frund unde aller ...*, den Ruf griff man auf: *Godes Frund unde ...* Immer noch verstanden es Vitalier, sich die Enge auch zunutze zu machen, aber da griff dem Yesse Dene ein Hamburger von hinten in die Augen. Zeige- und Mittelfinger in die Augen, von oben über den Kopf herum und mit diesem Transportgriff wurde Yesse vorwärts gedrückt Sein irrsinniger, grauenhafter Schrei, das hämische Gelächter, dies beides ließ den Störtebecker zu ihm hinsehen. Rot und blutig gab es ein baumelndes Auge; nur noch rot, total wund. Und einem anderen zogen sie den Arm unter dem Schritt hindurch. Ein schamlos infamer Griff, der so Gepackte wand sich und stolperte unter Schreien nun nur noch, wohin man ihn zog, und benützte gar nicht den freien Arm mit der Axt, und während Störtebecker sich von diesen nicht gekannten Kampfarten kurz ablenken ließ, warf man Stortebeker selbst ein Netz über. Von der Seite her kam das Netz auf ihn herunter – wie leicht! wie sanft! –, schon stak sein Kopf darin, sein Schwertarm verfing sich. Damit war der Tag herum. Mit einem Netz erledigten ihn die Hansen. Er wurde nicht verwundet, mit der blanken Waffe hatte ihn keiner bezwungen; aber was hieß das. Es bedeutete nichts. Er tobte und röhrte in seinem Netz, das ihm die Bewegungen nahm, er schrie wie ein kleiner Junge und überschlug sich mit der Stimme. Und er sah, wie jetzt vielfach mit Netzen gearbeitet wurde. Gegen ein Netz, dachte er unklar, haben mich die Gebeine des Vincenz doch nicht beschützt. Er trug die Knöchelchen – so weiß es die Sage – auf der bloßen Brust; wie Gödecke Michael.

Auch Wichmann bekam endlich ein Netz übergestülpt; erheblich später erst, bei ihm waren die ersten drei Netze unbrauchbar. Zu eng. Die Hamburger Kommandanten wollten ihn aber unbedingt lebend.

Siebzig Gefangene machten die Hamburger mit ihren Netzen – die historisch zuverlässigen, gleichzeitigen Quellen lauten dahin –, und etwa vierzig Vitalienbrüder büßten ihr Leben ein.[113] Mit vierzig plus siebzig Männern war Störtebeker in die Schlacht gegangen: Wieder taucht hier eine Zahl von hundertzehn Vitaliern auf, sie wird nun durch gänzlich andere Quellen übermittelt. Zuvor waren es, bei Graf Albrechts Freundschaftsurkunde, hundertvierzehn Vitalier, jetzt im Hamburger Zusammenhang sind's hundertzehn. Diese Zahlen stützen sich also gegenseitig.

Wieviele Abgänge die Hamburger hatten, ist nicht überliefert. Nur von den Feinden haben die Hansen der Nachwelt die Kopfzahlen freudig mitgeteilt. Sehr gut möglich außerdem, daß den Hamburgern sogar noch bis Schlachtende die konkrete Person Stortebekers unbekannt gewesen ist, und daß die hamburgischen Ratskreise nur ganz generell eine Aktion gegen das Vitalianerrudel, das sich bei Helgoland aufhielt, abgesprochen hatten.

Stortebekers erfolgreiche Gegner waren ein Hermann Langhe und ein Nikolaus Schoke. Beide verdienten als Fernkaufleute Geld, beide waren Englandfahrer, beide Hamburger Ratsherren. Auch ein halbes Jahr später hatte Gödeke es dann mit dem einen von ihnen, mit Schoke, als führendem Mann zu tun.

Langhe und Schoke brachten alle siebzig Gefangenen nach Hamburg ... und als Störtebecker gefesselt über die Teufelsbrücke bei Blankenese-Nienstedten geführt wurde, habe der Teufel, er höchstselbst, da gestanden und gekräht: *„Störtebecker, ik gröt di“*, grüß dich. Die übrige Hamburger Bevölkerung indes: wie sie es aufnahm, daß all die Vitalierburschen eintrafen? *Als*

Kunde davon kam in Hamburg ein / da erbleichte manch rotrosig Wängelein. Sechshundert Jahre hernach möge sich einer den Zug dennoch nicht zu sehr geschönt vorstellen. ... Ein Vitalier, der sich mit den Fingern Ungeziefer auskämmt. Einer, der sich im Ohre polkte; ein anderer, der sich in die Fut kniff. Und, wie dieser oder jener Vitalier lief: krummbeinig, rachitisch. Noch jemand anderes stand an der Blankeneser Brücke mit herum und schielte höhnisch her, dicht neben dem Teufel – die beiden konnten sich nicht sehen, sie blendeten sich nachgerade aus –, das war Peter Krützfeld. Störtebecker, wenn er auch gefesselt war, musterte ihn verächtlich, länger als vom Schiff aus gestern, und spuckte ihm im Vorbeiziehen ins Gesicht.

„Verräternatter. Du hast die Schiffsschlacht gewonnen! Sonst keiner. Wieviel kriegst du überhaupt vom Rat?“

Zuviel Bier in der Kogge

Schoke und Langhe ließen auch Stortebekers Holk nach Hamburg schleppen. Beute hat Stortebeker den beiden Siegern kein Gramm hinterlassen; das geht aus den Eintragungen der Hamburger Kämmereibeamten einwandfrei hervor. Stortebeker hatte nur etwas Ballast und segelte ein leeres Schiff durch die Meere. Dieser Fakt widerspricht kraß der gesamten Sagenmentalität; so etwas konnte sich das Volk später überhaupt nicht vorstellen. Mindestens behaupten die Erzähler: nachdem man Störtebeckers Schiff genommen habe, hätten die Sieger vergeblich nach Störtebeckers Schätzen gesucht. Endlich habe ein Zimmermann mit einer Axt an einen Mast geklopft, rein zufällig nur, und er habe entdeckt, daß dieses Mastholz mit geschmolzenem Gold ausgefüllt war. Daß ein goldgefüllter Mast das Schiff topplastig machen würde, bedachten die Erzähler nicht. Abscheulich schlingern und krängen würde das Schiff, es wäre gar nicht mehr seetüchtig.

Stortebeker und die anderen Vitalier wurden im Keller des Hamburger Rathauses aufbewahrt. Zusammen mit Friesen und Holländern. Stortebeker saß unter der Registratur, und das ist wohl nicht sagenhaft, sondern tatsächlich so gewesen. Das dunkle Kellergewölbe des Rathauses nannten die Hamburger, später, *Störtebeckers Loch*. Er schmachtete darin lange; beinah ein Jahr. Von den siebzig starben in dem Jahr achtundfünfzig. An den Wunden starben sie, ohne die es in der Schlacht für sie nicht abgegangen war, oder an Mißhandlungen, die sie nun im Hamburger Rathauskeller auszuhalten hatten.[114] Stortebeker war ein so strammer Kerl und so gesund, daß er bei den zwölf Überlebenden war.

In dem Jahr, das er einsaß, verwerteten die Hamburger die beiden Masten des störtebekerschen Holks. Vermutlich Reeder oder

Hamburger Schiffbauer benutzten sie, um andere Schiffe segelfertig zu machen. Auch das alles ist historisch und fernab von der Sage. Der Hamburger Stadtkämmerer zahlte[115] den Ratsherren Langhe und Schoke im Folgejahr *sechzehn Pfund für Masten und anderes Holzwerk*, das *aus* Störtebekers *Holk genommen worden war*. Nicht unwahrscheinlich, daß magisches Denken mitgespielt hat, selbst bei so nüchternen Hamburger Reedern, als man die Teile von Störtebekers Schiff wiederverwendete. *Wir fahren mit Stortebekers Mast!* Immerhin ging das bei ihnen Hand in Hand mit käufmännischen Erwägungen. Kerzengrade gewachsene Bäume, die allein für Masten in Frage kamen, waren rar; von einem Wrack den Mast umzusetzen, war damals allgemein üblich.

Langhe und Schoke ließen sich zusammen dann noch vom Stadtkämmerer siebenundfünfzig Pfund ausbezahlen[116]: für ihre *Reise gegen die Vitalienbrüder*.

Störtebeker war gefangengenommen worden. Aber die hansischen Englandsfahrer hatten nicht viel davon; noch genügend andere Likedeler verpatzten ihnen die Geschäfte. Und im nächsten Frühjahr, zu Beginn der Schiffahrtsperiode 1401, entschloß sich Godeke Michel, von Norwegen wieder abzuziehen. Er sammelte seine Leute ein.

... Warteten Gödecke und seine Leute, bis ihnen ein schöner, frischer Wind in die Segel fuhr? Die Vitalienbrüder beschworen den Wind auch selber herbei. Unter Gödeckes und Wigbolds Gesellen waren ein paar querköpfige Pommern; hingen die Segel flau herab, dann latschte so ein Bursche zu dem Bratspill und redete der dem nicht vorhandenen Wind halblaut zu: *Kuhl up, kuhl up, oll Vader!*, frisch auf, alter Vater. Half das nicht, hämmerte der Bursche wütend gegen den Hauptmast: *Bries up, du Himmelhund, dat alle Taljen ziddern!*

Ihren Wind bekamen sie. Aber Gödekes Schalmen erging es in den folgenden Monaten nicht nennenswert besser als Störtebeker.

Die Auseinandersetzung mit Gödeke fand spätestens ein Dreivierteljahr, nachdem Störtebeker überwältigt worden war, statt. Die Hamburger und Gödeke trafen in der Weser aufeinander.[117]

Wiederum ist gar nicht sicher, ob die Hamburger Hansen von vornherein den Godeke erledigen wollten, oder ob sie einfach gegen Vitalier in der Nordsee angehen wollten.

Die hamburgische Seite kommandierten Nikolaus Schoke und Hinrich Jenevelt. Der Ratsherr Schoke hatte ganz augenscheinlich Blut geleckt und meinte jetzt die Methode zu kennen, wie solchen Vitalienbrüdern beizukommen war.

Die Schiffe, von denen aus die beiden Kommandanten die Vitalienbrüder anzugreifen gedachten, stellten andere Herren zur Verfügung; das waren die drei in Hamburg wohnenden Reeder Hermann Nyenkerken, Werner von Uelzen und Simon van Utrecht. Jedem gehörte ein Schiff. Nyenkerkens Schiff war eine vollkommene Neukonstruktion; er taufte es *Bunte ko*. Jeder der drei Reeder beteiligte sich auch persönlich an den Kampfhandlungen gegen Gödeke, unter dem Kommando von Schoke und Jenefelt. Die drei Reeder waren klug, gerissen und reich. Zwei von ihnen stammten allerdings gar nicht aus Hamburg und waren erst zugezogen: von Uelzen und van Utrecht. Von Uelzen wurde 1402, also im folgenden Jahr, Hamburger Bürger. Er war noch ein junger Mann. Van Utrecht hatte gerade im Vorjahr das Hamburger Bürgerrecht erworben. In Hamburg wurde van Utrecht in kürzester Zeit schwerreich. Nach einem Vierteljahrhundert wählten ihn die Patrizier schließlich in den Hamburger Rat. Auch van Utrecht war noch jung; er starb erst sechsunddreißig Jahre später. Möglicherweise stammte er aus Holland, eine Schwester von ihm lebte verheiratet in Haarlem.

Gödeke hatte also mindestens ein nagelneues Schiff[118], wahrscheinlich lauter neue Schiffe gegen sich, und seine Lage war da von vornherein noch ungünstiger. Denn gerade damals entwikkelte sich der Schiffbau stürmisch. Die Schiffbauer ließen sich ständig technische Neuerungen einfallen. Die neusten Schiffe waren meistens auch die schnellsten, und oft waren die neusten gleichzeitig die größeren Schiffe.

Alle diese Hamburger oder Neuhamburger haben aber nur, weil sie von zusätzlichen, fremden Personen unterstützt wurden, Gödeke und Wigbold niedergerungen. Noch bevor auf der Weser die Hamburger und die Vitalier mörderisch aufeinander einhackten, bekam es Gödeke mit Holländern zu tun. Die waren von der Westküste der Zuidersee, aus der nordholländischen grachtenreichen Stadt Enkhuizen.[119] Die Holländer hatten Koggen bewaffnet, waren überhaupt recht pfiffig und ließen ein paar unbewaffnete Frachtschiffe mitlaufen, um ihre Flotte noch größer und eindrucksvoller zu machen; und diese Enkhuizener arbeiteten den Hamburgern schon vor. Die Hamburger waren damit faktisch um die Enkhuizener verstärkt. Gödeke dagegen hatte kurz vor Feindberührung seine Mannschaften gesplittet. Was er damit bezweckte, ist heute, sechshundert Jahre später, nicht restlos klar; wahrscheinlich teilte er seine Mannschaften, als er noch gar nichts von der Gefahr wußte, in der er schwebte. Die Leute, denen er gestattete oder befahl, sich zu entfernen, bekamen von ihm einen Koggen, den er erst kurz zuvor einem Herrn Overdik abgenommen hatte. Der Overdikkoggen war kleiner als Gödekes Holk, kleiner übrigens auch als Störtebekers Holk. In dem Overdikkoggen ließ Gödeke gleich mit die Waren beiseite bringen, die er sich von Overdik angeeignet hatte: die Beute blieb einfach weiter in dem Koggen; sehr viel Bier – mehr als zweiunddreißig Fässer –, Felle, Talg, Heringe in Fischtunke. Wahrscheinlich vertraute er den Koggen dem Magister Wigbold an. Der Magister unter seiner Kappe war ja nach Gödeke der wichtigste Schalm in der Truppe.

Die ersten Gegner, auf die Gödeke und seine halbe Truppe trafen, waren die Enkhuizener. *Auf der See*, so taten die Hamburger dann schriftlich dar, ist das gewesen. Demnach hat sich der Kampf im Mündungsgebiet der Weser entwickelt. Daß Godeke die Hamburger zu dem Zeitpunkt schon gesichtet hatte und die Hamburger seinen Holk schon ausgemacht hatten, ist wahrscheinlich. Die Enkhuizener hielten Gödeke mit ihren besten Segelschiffen so lange auf[120], bis die Hamburger heran waren. Unverblümt erklärten denn auch die Enkhuizener hinterher: „Wir sind es gewesen, die Gödeke Michels überwunden haben!“, und sie verlangten ein Drittel der Beute. Die cleveren Hamburger Ratsmitglieder ersuchten daraufhin ihre eigenen Kollegen um eine

Stellungnahme, und die Beteiligten sagten aus, nur vierzig Enkhuizener seien überhaupt mit in den Kampf verwickelt gewesen; die Beute gehöre deshalb ihnen selbst, den Hamburgern.

Wegen dieses nachträglichen Gezänks um die Beute sind heute noch einige Einzelheiten des Kampfes bekannt. Wir erfahren beispielsweise, daß immerhin nicht weniger als vierzig Enkhuizener den Gödekeschen Vitaliern das Leben schwer machten. Im übrigen nahm der Enkhuizener Boß, ein gewisser Gerrit Jakobsson, dann auch zehn Hamburger mit zu sich an Bord, und Jakobsson verköstigte sie. Ein Akt, der verblüffen muß. Denn dieser Jakobsson, *Porter und Bürger* zu Enkhuizen, hatte sich im Vorjahr vom Grafen Albrecht zu Holland einen Kaperbrief gegen die Hamburger – und gegen die Ostfriesen – ausstellen lassen. Jetzt speiste er Hamburger! Jetzt ließ er sich für Hamburg auf lebensgefährliche Kämpfe ein. Nicht ausgeschlossen, daß er überhaupt blitzschnell umdisponiert hatte. Und daß er nicht selber ins Visier der ihm hier überlegenen Hamburger geraten wollte.

Jedenfalls hat Gödeke gleich eine ganze Flotte von Schiffen gegen sich gehabt, und daran läßt sich ermessen, wie übermächtig seine Gegner waren. Gödeke verfügte nur über ein einziges Schiff. Er hat sich kräftig gegen die Enkhuizener[121] und Hamburger gewehrt. Godeke verstand es noch, den Kampf teilweise auf die gegnerischen Schiffe zu tragen, und das heißt viel, sehr viel, wenn man sich das Kräfteverhältnis überlegt. In diesem Kampf verursachten Gödeke und seine Waffengefährten erhebliche Schäden an Nyenkerkens „Bunter Kuh" und an van Utrechts Schiff.

Außer der erfreulichen Beute fanden die schokesch-jeneveltschen Söldner in Gödekes Holk noch etwas ganz anderes: einen Mann. Gefesselt lag der da. Es handelte sich dabei um Herrn Lubbert Overdik, den Gödeke geschnappt hatte. Gödeke führte ihn als Geisel seitdem mit sich. Nur Overdiks Koggen war verschwunden. Daran stellten die Hamburger zugleich fest: so und so viele Gödekeräuber befanden sich noch weiter in Freiheit.

Immerhin hatte der ehemalige Koggeneigentümer Overdik zuvor die Ohren gespitzt, auch schon vor der ganzen Schlacht, während er da, mit Gott hadernd und deprimiert, in Gödekes Holk zusammengeschnürt herumlag, und Overdik konnte den enkhuizenschen und hamburgischen Siegern nun sagen, wo sein Koggen schwamm. In der Jade. Godeke sagte nichts und war nicht zu erweichen. Die Hamburgisch-Enkhuizenschen segelten daraufhin den Vitalienbrüdern, dem Magister Wigbold wahrscheinlich, in die Jade nach. Eine köstliche Koalition, die Hamburger mit den sich geistesgegenwärtig offenbar umbesinnenden Enkhuizener Kaperern; ein Abbild der verqueren Verhältnisse damals[122]. Sie *fuhren ihnen nach unter großer Arbeit, großen Kosten und großer Gefahr*, und in der Jade stöberten sie sie auch auf.

Wigbolds Ausguck sichtete die sich nähernde große Flotte. Das fiel in Augenblicke hinein, in denen Wigbold unten am Mastfuß von seinen Leuten wieder einmal ermahnt wurde. Er ward ermahnt, nicht so viele lateinische Brocken in seine Rede unterzumengen und sich das bitte schön abzugewöhnen, und da meldete der Ausguck oben vom Mastkorb herunter, daß viele Hochseeschiffe die Jade herankämen.

„*Heu me miserum!*", weh mir Armem. Wigbolds Vitalier runzelten die Brauen. Wigbolds Vitalianer lächelten, spöttisch.

Wigbold und sie schätzten sofort richtig ein, wie gefährlich ihnen die Flotte war, und flohen. Immer weiter die Jade flußaufwärts. Schließlich wuchteten sie noch einen Teil der schönen Beute über Bord, nicht zwar die Heringe, aber doch Bier. Mengen von Bier kippten sie in die Jade, damit sie ihre Kogge noch immer weiter in das Marschenland hineinsegeln konnten, immer weiter die seichter werdende Jade flußauf. Sie taten das hektisch schnell und angestrengt. Und war ihr Koggen leichter, war er auch schneller. Wigbold beriet sich weiter mit seinen Leuten, während sie schon leichterten[123]. Gereizte, kratzige, rauhe Szenen ergaben sich da noch. Den verfolgenden Hansen traten die Augen aus dem Kopf, als die Hansen die ersten Fässer und dann Faß um Faß ins Wasser kollern sahen. Die Hansen konnten sogar etwas von den Szenen erkennen, die sich da auf dem Koggen abspielten. … *Bier aus dem Koggen geworfen, während unsere Ratskumpane, der schon genannte Lubbert und viele andre fromme Leute zugegen waren*. Herr Lubbert Overdik rang die Hände und schluckte.

Die Hansen trauten das den Vitalienbrüdern nicht zu. Aber Wigbold wollte den Tiefgang des Koggens verringern, er erhoffte sich davon doch allerhand. Allein schon, daß er damit etwas schneller wurde! Die Schiffe der Verfolgenden waren außergewöhnlich groß und hatten viel mehr Tiefgang. Vielleicht kam endlich der Augenblick, wo diese schweren Hansen auf Grund liefen und sie sich von ihnen verabschiedeten!

Seeschiffe, mitten in den Marschen segelnd, auf einem hier schon winzigen Flüßchen – ein nie gehabter Anblick. Den genossen nun manche Unbeteiligte von den Ufern aus. Von den Unbeteiligten berichteten das auch einige dem Ede Wummeke.

Wigbolds Vitalianer haben dennoch mit dem Seewurf nichts mehr abgewendet; angegriffen wurden sie. Anscheinend kamen ihnen die Hansen einfach zuvor, während sie sich noch damit herumquälten, Fässer über Bord zu hieven. Warum sonst haben sie nicht sämtliche Fässer ins Wasser geworfen? Sie wollten so die nackte Haut retten. Als sie niedergekämpft wurden, führten sie noch die gesamten Heringe in Tonnen mit sich. Die vermochte die Hamburger Stadtkämmerei dann für nicht weniger als fünfundsiebzig Pfund zu verkaufen. Seeräuberheringe fanden doppelt schnell ihre Käufer.

Im großen Holk hatte Gödeke erbeutete Waren, für die der Hamburger Stadtkämmerer noch einhundertachtundvierzig Pfund fünfzehnundeinhalb Schilling vier Pfennig erlösen konnte: Tuche, Baumwolle, Bier[124] und zum Beispiel fünfhunderteinundsiebzig Kilogramm Wachs.

Gefangen nahmen die Hamburger insgesamt rund achtzig von Gödekes Leuten, und *getötet haben sie* bei den Kämpfen in der Wesermündung und in der Jade *viele*. Schoke und Jenefelt verbrachten den gefesselten Vitalierboß Gödeke Michels und dessen achtzig nach Hamburg – und umgehend, eilig, versuchte Ede diplomatisch noch etwas zu retten. Ede verwendete sich bei den Hamburger Consuln für einen Teil der Likedeler.

„Die auf der Jade gefangenen sind keine Seeräuber gewesen!" Ede nannte alle ihre Namen und verlangte die Genannten zurück[125]. Historiker finden es sehr bezeichnend, daß Ede sie aufzählen konnte. Die Likedeler waren zweifellos mit Ede wunderbar bekannt. Vielleicht hatte Godeke Michel sie den Koggen zu Ede hin überführen lassen wollen.

Der Reeder *Nyenkerken* erhielt im Folgejahr *für seine Arbeit und für vernichtetes Schiffsgerät des Schiffes Bunte ko zweiunddreißig Pfund*[126]. *Werner von Uelzen* bekam im nächsten Jahr *vierundzwanzig Pfund dafür, daß er mit seinen Genossen den Godeke Michahel und dessen Complicen gefangennahm.* Man darf aus dieser Stelle der Kämmereirechnungen herauslesen, daß gerade von Uelzen den Kampf gegen Gödeke maßgeblich beeinflußte. Er war es, der es schaffte, dem Godeke ein Netz über den Oberkörper zu stülpen.

Dem van Utrecht wurde bei den Kämpfen von Gödeke und dessen Komplizen gleichfalls viel an seinem Schiff zertrümmert, er büßte auch Anker ein, und Lanzen haben Gödekes Leute ihm zerbrochen. Unerwartet genug: hier war unter anderem mit Lanzen gekämpft worden! Van Utrecht erhielt von der Stadtkasse *für all das Vernichtete, für die Ausbesserung der Schäden, die sein Schiff auf der Fahrt gegen die Vitalienbrüder nahm*, und *für seine Arbeit*[127] schließlich eine Summe von insgesamt neunundsechzigundeinhalb Pfund sechs Schilling ausbezahlt. Als Anhaltspunkt kann uns dienen: ein neues Schiff hat damals dreihundert bis vierhundert Pfund gekostet. Dem van Utrecht haben Godeke und seine Leute mithin heftig zugesetzt, oder van Utrecht hat die Stadt Hamburg besonders zu melken gewußt.

Den beiden Kommandanten Schoke und Jenevelt wurde ihre Befehlshaberfunktion zusammen mit zweihundertdreißig Pfund vierzehn Schilling, *für ihre Fahrt gegen die Vitalienbrüder in die Weser*, entgolten.[128] Im Jahr darauf bekam Jenevelt zusammen mit einem anderen, einem Adligen, noch einmal eine Nachzahlung von *sechs Schilling für das, was sie mit den Bogenschützen verzehrten*, und wahrscheinlich bezieht sich das wiederum auf das Gödeke-Treffen; Godeke und seine Leute hatten sich damit zusätzlich noch hamburgischer Bogenschützen zu erwehren gehabt und auf deren verfluchte Pfeile achtgeben müssen.

Erstaunlicherweise sind alle fünf uns namentlich bekannten

Hamburger Respektspersonen ohne jede Blessur, ohne einen Schmiß aus den Gödeke-Treffen hervorgegangen. Haben sie ebenso fürchterlich gefochten wie Godeke? Oder hielten die sich mehr im zweiten Glied bei den Gefechten? Von vorn wird ja der von Uelzen das Netz über Godeke auch nicht geworfen haben. Während er die Arme mit dem Netz zum Wurf hob, hätte er da von Gödecke einen Streich bekommen.

Gödeke wird von dem Hamburger Stadtkämmerer ausdrücklich erwähnt. Er ist der einzige Vitalier, der jemals mit Namen in den Hamburger Kämmereirechnungen auftaucht. Viel Ehre! Sogar gleich viermal wird er genannt. Auch aus all dem ist zu Recht abgeleitet worden, daß Gödeke Michels ernster zu nehmen war als etwa Störtebeker.

Gödeke blieb, anders als Störtebeker, nicht lange im Gefängnis. Immerhin wurde Störtebeker doch noch eher als er vom Leben zum Tode befördert. Wann das bei Störtebeker der Fall war, darüber ist schon viel Falsches in Umlauf gebracht worden. Sicher ist immer sein Hinrichtungs*tag:* Feliciani. Man hat diese Datumsangabe als den zehnten oder neunten Juni verstanden. Aber das Necrologium cap. Hamb. feiert den Tag des heiligen Feliciani ep et mart. am zwanzigsten Oktober, und dieser Tag mußte den Hamburgern schon deshalb als Felicianustag geläufig sein, weil einer der beiden Jahrmärkte Hamburgs am zwanzigsten Oktober, „am Felicianustag“, abgehalten wurde; wenigstens so bis zum Ausgang des neunzehnten Jahrhunderts.

Viel Zeit also, von Störtebekers Niederlage im Herbst 1400 bis zur Hinrichtung am zwanzigsten Oktober 1401. Störtebeker ist in der Tat derartig lange eingekerkert gewesen, vom Stadtkämmerer ist zum Jahr 1401 vermerkt worden: *Für die im Keller des Rathauses gefangen gehaltenen Holländer, Friesen und Vitalienbrüder* hat die Stadt Hamburg *hundertdreiundneunzig Pfund sieben Schilling* an Essen *ausgegeben.* Das kann nicht in wenigen Tagen verspeist worden sein, und Stortebekers Todesjahr ist also[129] nicht bereits 1400.

Ein Jahr lang eingekerkert – in dieser Zeit starben die meisten Vitalier um Störtebeker. Und die noch am Leben blieben, wurden oft entmutigt. … Wichmann zu einem Mitgefangenen: „Ich hab lausig Angst auf einmal. Vor dem ganzen, was noch kommen wird."

Störtebecker zu Wichmann: „Na, ruhig, Bruderherz. Nur ruhig."

Wichmann: „Früher auf dem Kahn, da hatte ich vor Tod und Teufel keine Angst. Vor allem nicht vorm Tod. Und jetzt hier in dem Rathausloch, nee. Man wird ganz anders."

Störtebecker: „Bruderherz. Hast ja mich."

„Und …, auch keine Weiber. Nie mehr."

„Denk doch dran, wie du vorher da welche gehabt hast."

„Kann ich gar nicht dran denken. Die Angst vorm Tod wischt das weg. – Da wird hinterher alles schwarz sein."

Störtebecker: „Dann laß es doch schwarz sein –"

„Aber, rabenschwarz!"

„Na und? Schwarz. Bist doch immer noch 'n starker Kerl. Fünfzig sind hier von uns schon verreckt, du nicht. Du hast durchgehalten."

Ein Pedell erschien. Und Störtebecker zu dem Pedell: „Ich will mit deinem Baas reden."

Der Wärter: „Da kann ja jeder kommen."

Störtebecker: „Was! Ich will sogar einen von den Ratsherren!"

„Du kannst so viel wollen, wie du lustig bist."

Störtebecker: „Quatsch nicht, du Geck. Du bist still, ganz still."

Der Pedell: „Ich werd dir was husten. Du hast mir nichts zu befehl'n."

„Ich habe den Ratsherrn was Wichtiges mitzuteilen. Die werden dich belangen, wenn du das hintertreibst. Also führst du mich jetzt jemandem vor!" Und dergestalt munterte Störtebecker zugleich seine Leute wieder etwas auf.

Der lange Freiheitsentzug und die Wartezeit haben auch Störtebecker nicht gepaßt, und die Sagenerzähler ließen sich das sehr durch den Kopf gehen. Unerhörte Schätze, die er besessen habe einerseits, und Störtebecker andererseits als Todeskandidat? Reichtum, und verwirktes Leben? Störtebecker habe sich bei den hamburgischen Ratsherren freikaufen wollen.

„Schenkt ihr mir das Leben, so schenk' ich euch eine richtig goldne Kette. Die … soll so lang sein, daß sie um euern Dom herumreicht."

Die Hamburger Patrizier lächelten müde. Die hamburgischen Patrizier zogen nicht.

„Dann eben eine Goldkette, die ihr um eure ganze Stadt legen könnt! Aus meinen vergrabenen Schätzen."

Ohne greifbares Ergebnis. Schweigen auf der Ratsherrnseite.

„Eine Kette, die dreimal um Hamburg herumreicht! Lass' ich euch in echt anfertigen."

Die mittlere Kette habe er auch schon vorrätig gehabt. Im großen Triensee bei Barth liege sie oder nah beim Trienseeufer an dem großen Baum – und daß sie, sagen die pommerschen Sagenerzähler, nie aufgefunden werde, sei klar: bei der Drehung der Erde ist sie weitergerutscht.

Und zuletzt noch: „Ich will euch den Turm von Sankt Petri mit Goldplatten decken lassen?"

Er drängte also schon sehr. Aber Simon van Utrecht, so behauptet die Sage, drückte durch, daß an Störtebecker und Genossen Rache geübt würde. Die Frauen und, seltsamerweise, auch die Jungfrauen in Hamburg hingegen hätten schamlos geklagt, als Störtebecker und die anderen Räuber sterben sollten. Sie dachten sich etwas. Es ist nicht viel aktenkundig über die Hamburgerinnen jener Zeit.

* * *

Die Hamburger Hanseaten werden vielleicht noch einen Prozeß[130] zwischengeschaltet haben. Ein Verfahren stand eigentlich auch den *landschädlichen Leuten* zu. Allerdings, den schlechten Leumund eines Inhaftierten zu beeiden, reichte bereits aus – der Betreffende konnte dann ohne weiteres verurteilt werden. Wenn es galt, landschädliche Personen zu bekämpfen, nahm man es in diesen Zeiten mit dem Gerichtsverfahren nicht so genau. Niemand in einer spätmittelalterlichen Stadt gab sich für solche Leute als Rechtsbeistand her, niemand prangerte Verfahrensfehler an. In der Praxis, so auch bei Stortebeker und dann bei Godeke, mochte das Urteil von vornherein festgestanden haben; Hauptsache war, öffentlich hinzurichten. Den Seeraub unnachsichtig zu verfolgen, hatte die Stadt Hamburg als ein Privileg von dem römisch-deutschen Kaiser Karl IV. vor sechsundvierzig Jahren erwirkt.[131] Daß Störtebecker in einem solchen Prozeß als Anwalt der Armen aufgetreten sei, ist freilich wieder nahe bei der Sage angesiedelt.

Der Grasbrook, am Wasser, war Hamburgs Hinrichtungsstätte. Man befindet sich hier nördlich des Haupthafenwassers, und auf diesem Großen Grasbrook an der Stelle, an der Stortebeker getötet wurde, steht heute noch der Störtebeckerstein. Das ist ein Gedenkstein, ein lütter, unscheinbarer Brocken, der kreuztonnenartig zugehauen ist und nach oben zu in zwei sich kreuzende, stumpfbucklige Tonnengewölbe ausläuft.[132] Dennoch: wirklich genau ist der Fleck, auf dem Störtebeker und etwas später Gödeke hingerichtet wurden, nicht mehr zu ermitteln. Vielleicht geht jetzt sogar die Elbe darüber. Der Elbarm, der hier fließt, hat in den letzten Jahrhunderten seinen Lauf etwas verändert. Die mündlichen Überbleibsel, die Sagen erweisen sich als dauerhafter.

Die Störtebeckersagen sind haltbarer ... und sie wirken sich sogar unmittelbar ins Alltägliche hinein aus. Auf Rügen werden die kleinen Kinder, wenn sie brüllen und durchdrehen, zur Vernunft gebracht – man muß nur behaupten: „Störtebecker kommt."[133]

„Störtebecker! Siehst ja aus wie Störtebecker", sagten sie mir im Rostockischen, als ich naß und eingeregnet war und mich mit angeklatschten Haaren in eine Haustür rettete.

In Wismar heißt es, wenn ein Junge stolpert: „Störtenbak!" Dann paßt der Dummlak nächstens besser auf.

„Störtenbak!" bekommt einer auch zugerufen, wenn er ein gar zu ungeschickter Tänzer ist.

Die Sage soll außerdem ... als ein Schlaflied ihre Wirkung tun und im Alltag nützlich sein. Das geht dann so: *Schlap, mien Kind, / schlaf, mein Kind, / Gödke Michel, de sägelt geschwind, / dei Dänen ehr Verheerer, / den Bremern ihr Verteerer.* Segelt geschwind. *Dei Hollänner ehr Krüz un Stecken, / den Hamborger ihr Schrekken.* Segelt geschwind. *Sien blaue Flagg, dei weigt in'n Wind. /*

Un wenn nich schlapen will mien Kind, / denn kümmt er över dei Dünen.

Viele von den zehntausend Menschen, die in Hamburg Anno 1401 wohnten, schlenderten am zwanzigsten Oktober zum Grasbrook. Jüngere Frauen ihren Säugling dabei stillend. Die Hamburger Schaulustigen standen auch schon vorher am Zugweg. Glücklich schätzte sich, wer an einer der Straßen, die der Zug nehmen würde, in einem Haus wohnte und auf die Straße hinaus ein Fenster hatte: Genug Leute gab es, die solch ein Fenster mieteten. Und sobald der Zug durch war, rannten die Fenstersteher der Menschenschlange hinterher, zum Grasbrook. Die Vitalier auf den Karren schrien den Städtern Schlimmes zu. Frauen hatten zur Feier des Tages ihre Locken vorne unanständig gebunden. Ein Likedeler, nicht Störtebecker, soll der Sage nach auf dem Weg zum Grasbrook einer kurvenreichen Halbwüchsigen seinen Pantoffelschlappen hingeschleudert haben. Wie die Halbwüchsige sich den aufhob, sei der total mit Gold ausgegossen gewesen. Ein flotter Hafenstädter neben der Gutentwickelten sagte, noch bevor der Schlappen geflogen kam: „Äy, ich möchte eigentlich gern geköpft werden. Damit ich sehe, ob mein Kopf auch ohne meinen Rumpf noch schnell ein Wort reden kann?“

„‚Autsch‘?“

Störtebecker, so behauptet die Sage, habe sich außerdem von den Hamburger Ratsleuten ausbitten können: all die Komplizen, an denen er geköpft, ohne Kopf, vorbeilaufen würde, sollten begnadigt werden. „Wahnsinn! Ha“, wurde verschiedentlich gerufen, als das der Menge mitgeteilt wurde.

„Wahnsinn!“; die Hamburger waren bis zum alleräußersten gespannt.

Die in der Gefangenschaft noch am Leben Gebliebenen standen in einer Reihe. Störtebecker war für den Scharfrichter der erste, und die Ratsangehörigen verrechneten sich. Der Seeräuber Störtebecker, weiß die Sage, habe eine so unbändige Kraft gehabt, sei von einer solchen Vitalität gewesen – geköpft sei er bis zu seinem fünften Mann durchgelaufen. Da habe der Henker dem Störtebecker ein Bein gestellt; nach anderer Überlieferung hat der

Nachrichter ihm einen Klotz zwischen die Füße geschleudert, nach wieder anderer, rügenscher Meinung hat der Freiknecht dem Störtebecker einen Richtblock vor die Füße geworfen; Störtebecker sei gestolpert – hatte er doch keine Augen mehr und Ohren mehr –, sei gestürzt und nicht mehr hochgekommen.

Aber vielleicht war es doch nicht ganz so. Auf dem Grasbrook, an dem Elbarm, im Angesicht Tausender und bei erbarmungslosester Aufmerksamkeit dieser Tausende, schälte der Freiknecht ihm die Kleidung oben etwas herunter, machte der ihm den Hals bloß, damit das Schwert nicht gebremst werde und der Kopf nicht etwa doch noch halbwegs haften bliebe. „Ich habe Hunger", sagte, leicht lächelnd, Störtebecker. „Und Durst; auch. Wo ist wohl Gödecke? Seit einem Jahr nichts mehr zu trinken gekriegt!", er sagte das alles zu seinen ihm nächststehenden Likedelern und munterte sie auf, denn er merkte: da war manchen angst. Der Scharfrichter tat einen letzten Schritt herzu, holte mit dem Richtschwert aus, ließ das Schwert waagrecht sausen, der Kopf sprang weg.

Wahrscheinlich arbeitete der Scharfrichter ganz ohne Richtblock[134]. Eine Pause, einige Sekunden, und der nächste Likedeler wurde herangeführt. Die verpönte kreisende Bewegung des Scharfrichters. Der Gehilfe hielt den Kopf des Vitalienbruders jedesmal am Scheitel fest, hielt den Kopf gerade und senkrecht. Seinen eigenen Arm mußte der Gehilfe weit von sich strecken, damit er nicht selber etwas von seinem Scharfrichter gewischt bekam. Mehrere Vitalier hatten eine hündische Furcht und zuckten häßlich, krampfhaft, unter der Hand des Gehilfen. Die Köpfe wurden hernach zu einem Haufen zusammengekehrt oder zusammensortiert, die begliederten Rümpfe wurden an anderer Stelle parallel nebeneinandergelegt; die Herren der Szene liebten vor allem eines, Ordnung. Auch die Sage übermittelt uns, einer der Ratsherren habe sich zuletzt beim Scharfrichter Rosenveld erkundigt: „Ist er nicht müd?"

„Überhaup' nich'." Und, wiehernd, der Scharfrichter weiter: „… Kann wohl noch den ganzen Rat enthaupt'n."

Die Erzähler belegen den Rosenveld draufhin prompt mit den richtigen Bezeichnungen, der *freche*, *frech genug*, der *übermü-*

tige. Empört seien die Hamburger Ratsmitglieder gewesen, sie hätten dem jüngsten Ratsherrn alsobald befohlen, diesem Rosenveld seinerseits den Kopf vor die Füße zu legen.

Das ist Sage. Der Stadtkämmerer hat uns auch hier genaue Angaben hinterlassen. Der Scharfrichter empfing für seine blutige Arbeit etwas über sechs Mark. Dementsprechend sind zwölf Vitalienbrüder enthauptet worden; er erhielt immer acht Schilling für einen Kopf[135].

Im selben Jahr 1401 wurden dann noch Gödeke Michels und die bei Gödeke gebliebenen Vitalienbrüder geköpft[136]. Wir besitzen ein Testament des Störtebekerbezwingers Schoke. Das Testament machte Schoke am vierundzwanzigsten März 1402, *nachdem Störtebeker und Gödeke schon hingerichtet waren*. Damit ist auch erhärtet, daß Störtebeker und Gödeke nicht erst 1402 liquidiert wurden, wie ebenfalls lange behauptet worden ist. 1401 bekam außerdem der Schinder, der Knoker hieß, von der Hamburger Stadtkämmerei drei Pfund Pfennige dafür[137], daß er insgesamt dreiundsiebzig Vitalienbrüder eingescharrt hatte. Der Schinder gab sich gewerbsmäßig damit ab, Tierkadaver zu beseitigen. 1401 kamen noch die Vitalierkadaver mit dazu.

Das extreme Blutbad, das die Sage für Störtebeckers Todestag meldet, ist jedenfalls eher bei Godeke realistisch. Der Meister Rosenveld soll zuletzt bis an die Enkel, die Knöchel, im Blut herumgewatet sein. Niemals in der Tat haben die Hamburger, die damals lebten und zuschauten, mehr Blut auf einmal fließen sehen, niemals überhaupt haben, während der gesamten Hamburger Geschichte, Hamburger Frauen mehr Blut auf einem Fleck verströmen sehen, nie eine größere Blutpanscherei, nie so viel Menschenblut; ein Bänkelsänger behauptete hernach sogar, das auf der Richtstätte zum Fließen gebrachte Blut habe die gefährlichsten Sandbänke in der Elbe weggeschwemmt.

Die Sage hat freilich auch Abweichungen parat. Störtebecker[138] sei im Carower See ertrunken. Das wäre auf Rügen gewesen. Eine Jungfrau, die er einmal wieder geschwächt habe, schnitt ihm die Kehle durch: Ende. Oder Gödecke soll in England hingerichtet worden sein.

Und im gleichen Augenblick, als Störtebecker geköpft wurde, durfte sich seine sagenhafte Gemahlin, die geborene tom Broke, im ostfriesischen Aurich als unermeßlich reiche Frau fühlen. Märchenhafte Schätze zu ihrer freien Verfügung jetzt. Nicht jedes Versteck war ihr ja unbekannt; das eine und andere Vorratslager, mochte es noch so schwierig getarnt sein, wie auf Helgoland, durchkämmte und räumte die Witwe nun doch. Allerdings haben die Hamburger, mit ihr konkurrierend, ebenfalls ein wenig von Störtebeckers Gold gefunden. Aus seinen Goldklumpen fertigten sie, der Sage nach, eine Krone an, und die Krone kam auf ihren Hamburger Sanktcatrinenturm; oder, die Krone sei für den Turm von Sankt Nikolai gegossen worden und später nach Sankt Katharinen versetzt worden, oder, sei vom Nikolaiturm wieder heruntergenommen worden, und kein Mensch wisse, wo sie hingekommen sei.

Nach seinem Tod begann er umzugehen. Die Leute, die das dann leid waren, begruben ihn in einem goldenen Sarg südlich vom Kirchhof Zudar auf Südrügen und befestigten den Sarg extra noch an einer Kette, die unweigerlich aus Gold war und die bis an die Erdoberfläche reichte. Aber nichts da! Es half nichts, er geht weiter um. Daß Störtebecker als Wiedergänger umgeht, ist einfach die Strafe für eine Freveltat. In Ostfriesland wird auch genauer mitgeteilt, er muß für die Vergewaltigung einer sehr jungen Frau büßen und umgehen. War das die Turmspringerin? Das erinnert diese Sage nicht. Er trägt dann seinen Kopf unter dem Arm. „Gottverdanzig! Das fetzt." Anders kann sich das Volk den Geist des geköpften Seeräubers kaum vorstellen. Und die goldne Kette ist am Sarg angebracht, damit man die Grabstätte leichter wiederfindet. Immer ein einziger Fischer aus den benachbarten Küstendörfern weiß um das Geheimnis, er darf es aber nur kurz vor seinem Tod einem anderen Fischer verraten.

Störtebecker drang bei dem Umgehen auch bis an die Himmelstür vor und bat darum, eingelassen zu werden; für die Armen habe er ja doch viel gekämpft. Sankt Petrus wies ihn ab, „weil dor keen Platz mehr is".

„Wer is denn dor drin?"

„Je", sagte Petrus, „dat sind lauter Friesen, mit den'n is dat allweil gor zu doll; ik weiß nich, wie dat noch werden soll!"

Sagte Störtebecker: „Wenn dat weiter nicks is, mit den'n weiß ik noch Bescheid; mach man deine Tür 'n bißchen up!"

Der heilige Petrus ahnte nicht, was vor sich gehen sollte; Störte war immer noch der Kerl, der Schwächere in seinen Bann schlug, und Petrus tat wie geheißen. Störtebecker brüllte aus voller Lunge in den Himmel hinein, „Schipp auf dem Strand! Schiff up'n Strand!" Und das war gerade so, wie wenn einer mit einem Reisigbesen auskehren würde: da blieb auch nicht ein Friese im Himmel, sie wollten alle helfen. Störtebecker hatte sofort Platz genug.

* * *

Die Vitalierhäupter wurden von den Hamburgern längs des Stroms auf Pfähle gesteckt, *um zu zeigen, daß sie auf See geräubert hatten.* Noch Jahre später spießte der Störtebekerschädel so. Abschreckend sollte das wirken – die hansischen Ratsherren erreichten damit anderes, als sie eigentlich wollten: Sie sorgten eher für einigen[139] Nachruhm Störtebekers, wohingegen sie selber, nicht aufgespießt, vergessen und verwechselt[140] wurden.

Nikolaus Schoke wallfahrte im Frühjahr 1402, also nachdem er Störtebeker und auch Gödeke erledigt hatte, zu einer der berühmten Wallfahrtsstätten des Mittelalters, nach Sankt Jakob von Compostella. Das war damals die Hauptstadt des Königreichs Galizien im Nordwesten der iberischen Halbinsel. Soweit so gut; sonderbar ist an seiner Pilgerreise nur: er pilgerte auf Kosten der Stadt Hamburg. Zwar schrieb er unmittelbar vorher am vierundzwanzigsten März noch in sein Testament hinein: *Ich, Nikolaus Schoke, Ratmann zu Hamburg, von Gottes Gnaden gesund an meinem Leib und redlich bei meinen Sinnen, habe den Willen, peregrimatze zu wandern zu Trost und zu Seligkeit meiner Seele,* aber er erhielt nicht weniger als vierundsechzig Pfund[141] für die Wallfahrt aus Hamburger Steuermitteln, und daß er sich ein privates Gelübde erfüllte, scheidet damit in Wahrheit trotz seiner schönen Worte aus. Hat er ein öffentliches Gelübde erfüllt? Etwa den

Dank der Hamburger Einwohnerschaft in Santiago de Compostela abstatten sollen?[142] Oder waren die Hamburger Ratskreise peinlich berührt gewesen von der Größenordnung des Blutbades zumal bei der Hinrichtung Gödekes? Oder ist wirklich eine Reliquie, vom heiligen Christoph, bei Godeke gefunden worden, und sollte Schoke sie nach Santiago bringen? Daß das geizige Hamburg Schoke die Mittel gab, bleibt überaus seltsam.

Albrecht, der „König von Schweden", vernahm davon, daß Störtebeker hingerichtet worden war, und lebte samt seinem von der Geschichte seit 1389 überholten Königstitel noch zehn Jahre trotzig weiter. Bis 1412 lebte er; ungeachtet der Entbehrungen in Margaretas Kerker wurde er für damalige Begriffe alt; zweiundsiebzig Jahre. Sein trotziger Ehrgeiz hielt ihn am Leben. Margareta, die Hypererfolgreiche, lebte just ebenfalls bis 1412. Der Königin, seiner Gegenspielerin, konnte noch mitgeteilt werden, daß dieser Mecklenburger Anfang April in der Klosterkirche von Doberan zu Grabe getragen worden war.

„Nå ja!" sagte Margareta, „endelig."[143]

Anmerkungen

[1] Die schwarze Farbe und etwa den Totenkopf hatten erst die Seeräuber späterer Zeiten.

[2] Bei *Störtebeker* und *Gödeke Michels* schwankt die Schreibweise erheblich. Im Jahr 1400 gab es selbstverständlich noch keinerlei verbindliche Rechtschreibung.

[3] Diese Rückblende soll den Leser nicht verdrießen. Zu weit liegt Störtebekers Zeit vor der uns heute vertrauten Zeit zurück.

[4] So wenigstens hat die hansische Gegenseite das später beschrieben – missgünstig und keineswegs ganz objektiv.

[5] In Urkunden des Jahres 1391 hören wir noch wenig von den Aktivitäten der Gesellen, die später dann Vitalienbrüder genannt wurden. 1392 ist die Ostsee aber schon von diesen Piraten angefüllt

[6] Von diesen Kaperbriefen ist heute kein Exemplar mehr aufzufinden. Jeder Vitalianerkapitän hat damals einen solchen Kaperbrief bei sich an Bord mitgeführt.

[7] Das sind 700 Kilometer.

[8] Die Schalme: verwandt mit *Schelm* im Sinne von *Bösewicht*. Die Vitalier wurden von ihren Feinden zuweilen auch so genannt.

[9] Die Gugel war das Hauptkleidungsstück damals, vor allem auf Reisen und auf See, eine Art Kapuzenmantel. In ihm sahen Stortebeker und Godeke also schon ein gut Stück anders aus als die filmbekannten Korsaren, die uns gerne bei „Piraten" einfallen. – Historisch noch Genaueres zu dem Vorgehen der Stralsunder: vgl. Kock bei Detmar, 1829, S. 494 f; J. Voigt, 1841, S. 23 f; Hanserecesse I, 4, S. X und Nr. 217 § 28; M. Puhle, 1992, S. 180 Anm. 50.

[10] Das sind 60 Kilometer. – Historisch noch Genaueres zu den Dalarö-Vorgängen: vgl. Kock bei Detmar, 1829, S. 495 ff; Meklenb. Jahrbuch 15, S. 56 ff; Hanserecesse I, 4, S. XV; H. Korner, 1895, S. 90 Nr. 341; F. Teichmann, 1931, S. 29 Anm. und S. 58.

[11] Der Betrag könnte etwa 700 000 Euro entsprechen. Vgl. zu dem Vorgang Svenska Riksarkivets pergamentsbref, Wadstena, den 16.8.1399 (ungedruckt, im Stockholmer Reichsarchiv), Regest bei N. A. Kullberg II 3002.

[12] Erst nach fünf Jahren wurde der Bannfluch dann wieder von den Thord-Entführern genommen.

[13] Die Nikolaikirche ist die heutige Storkyrka.

[14] A. Blasel, 1933, S. 8. Vgl. auch Schwarz' „Geographie des Nordens Deutsch-

lands Slavischer Nation, insonderheit Pommerns und Rügens", Greifswald 1745, zitiert bei J. C. M. Laurent, 1847, S. 60.

[15] Utligger: „Auslieger", Seeräuber.

[16] Es sind wahrscheinlich nur zwei Abbildungen der Königin, die zu ihren Lebzeiten angefertigt wurden und deshalb wenigstens prinzipiell Ähnlichkeit zeigen können, auf uns gekommen: auf Margaretas kleinem Sekretsiegel ihr Kopf; und auf dem Hochaltar der Elbinger Marienkirche – im linken aufklappbaren Flügel der Schreinmadonna von 1400 – ihr Porträt: in der zweiten Reihe von unten die mittlere Dame. Dieses Bildnis zeigt Ausdruck und Haltung, so wie beschrieben. Seit dem Jahr 1945 ist die Schreinmadonna nicht mehr vorhanden.

[17] Diese Gassen können wir heute gar nicht mehr sehen. Das Stadtbild bestand so, wie Störtebecker es erlebte, noch bis 1641; also noch ein Vierteljahrtausend. Zu Störtebekers Zeit wohnten in Stockholm um die fünftausend Menschen. Ein Viertel von ihnen waren Deutsche.

[18] Aber etwas später wurde dieser Otto Peccatel dann selber Vitalianeranführer.

[19] Die Ringmauer von Wisby hatte eine Länge von über drei Kilometern und mehr als dreißig Türme. Sie ist noch heute fast vollständig erhalten.

[20] Halland – an der heute schwedischen Westküste – gehörte bis 1658 noch nicht zu Schweden, sondern war Teil Dänemarks. Margaretas Söldnerführer Sven Sture kam hier aus dem niederen halländischen Grenzadel.

[21] Sie dürfte heute ungefähr 70 Millionen Euro entsprechen.

[22] Solche Gerüchte liefen damals tatsächlich um. Die deutschsprachigen Konversationslexika des 19. Jahrhunderts geben in ihrer kaschierenden Ausdrucksweise recht beredt Kunde: „Im Ganzen gebührt ihr mehr der Ruhm einer großen als einer tugendhaften Königin". „... hatte sie sich den Beinamen einer nordischen Semiramis erworben". „Ihre Sitten waren nicht eben streng". Mindestens in Dänemark selbst war sie aber beim Volk durchaus beliebt, und „sie suchte das Volk durch reiche Geschenke, die sie der Kirche machte, zu gewinnen".

[23] Vgl. Martin Wehrmann, Die Genealogie des pommerschen Herzogshauses, Stettin 1937, Nr. 58, S. 87. – Sophia brachte eine Mitgift von viertausend Mark mit in die Ehe (nach Heutigem wohl etwa 4,6 Millionen Euro), Mecklenburgisches Urkundenbuch, Bd. 23, 1913, Nr. 12916.

[24] Chronik des ... Detmar, 1. Teil, 1829, S. 373, 379. Vgl. auch V.A. Nordman, 1938, S. 257.

[25] Wir finden König Erich, Albrechts II. Sohn, einmal abgebildet – ein enormer Glücksfall angesichts der so weit zurückliegenden Zeit: auf einem Flügel der Schreinmadonna in der Pfarrkirche von Misterhult, Schweden. Das Holzbild stammt aus der Zeit um 1408; zuzugeben ist freilich, daß Erich da schon elf Jahre unter der Erde war.

[26] Es gibt ein höchst individuelles Bild von Sophia, Herzogin von Pommern-Barth: in der Pfarrkirche zu Misterhult, Schweden. Holzbild, um 1408.

[27] Die Folkunger waren das in Schweden angestammte Königsgeschlecht gewesen (seit 1250).

[28] Vgl. B. Eimer, 1966, S. 124.

[29] Vgl. B. Eimer, 1966, S. 37.

[30] Unterstellt man, daß zu einem Vitalierschiff im Durchschnitt etwa siebzig Vitalier gehörten, so kommt man zu einer Gesamtzahl von ungefähr sechzig Schiffen und damit zu etwa sechzig Leitpersonen. Diese Zahl korrespondiert denn auch erstaunlich gut mit der Menge von Vitalieranführer-Namen, die, freilich weit verstreut, in verschiedenartigsten Urkunden – deutschen, schwedischen, dänischen, englischen, holländischen – zeitgleich damals auftauchen.

[31] Um die Größenordnung der Vitalianerbewegung recht zu beurteilen, kann man sich ihr zahlenmäßiges Verhältnis zur damaligen Gesamtbevölkerung vor Augen führen. Im Jahr 1400 haben rund 12 Millionen Deutsch sprechende Menschen gelebt – nicht 92 Millionen wie heute. Beschränken wir uns jeweils auf die etwas mehr in Küstennähe sitzende, vor allem niederdeutsche Bevölkerung und nehmen wir also jeweils (heute wie einst) ein Achtel dieser Gesamtbevölkerung, so haben wir den Unterschied von 1,4 Millionen einst gegenüber 10,7 Millionen (Mecklenburg-Vorpommern, Schleswig-Holstein, Hamburg, Bremen, den zwei nördlicheren Regierungsbezirken von Niedersachsen) heute. Dies ist die Bezugsbasis. Das Verhältnis von Deutsch sprechender, einigermaßen küstennah wohnender Bevölkerung zu Vitalienbrüder-Gesamtzahl war etwa 280 zu 1 (dies v. a. aufgrund von Erwägungen, die von der Zahl der uns bekannten Vitalier-Anführernamen ausgehen); auf 280 Brave kam ein Vitalier. Übertrüge man dies auf heute, so müßte die „Vitalierbewegung" – je nach Geschmack eine „instrumentarisierte Gangsterbande" oder eine „eigenständige, neuartige gesellschaftliche Kraft" – 38 000 „Vitalier" umfassen. In einer derartigen Größenordnung müßten wir uns heute diese Bewegung vorstellen.

[32] Vgl. Hans Nielssön Strelow, Cronica Guthilandorum, Kopenhagen 1633, S. 193; vgl. auch Mecklenburgisches Urkundenbuch, Bd. 23, 1913, Nr. 13158; vgl. B. Eimer, 1966, S. 137.

[33] Vor allem auch – und das ist historisch – mit Sven Sture (vgl. Hanserecesse I, 4, Nr. 438, § 5, S. 416; B. Eimer, 1966, S. 141; M. Puhle, 1992, S. 94 f.).

[34] Vgl. hier zum historischen Kontext auch B. Eimer, 1966, S. 141 und S. 155.

[35] Vgl. B. Eimer, 1966, S. 141.

[36] Wenige Monate vorher, am 13. Juli 1397, hatte Margareta die Kalmarer Union vollzogen.

[37] Svenskt biografiskt lexikon, 14, Stockholm 1918 ff., S. 267–282 (Gottfrid Carlsson); B. Eimer, 1966, S. 122. Margareta pokerte hier ziemlich, als sie mit dem Hinweis Sophia einschüchtern wollte. Denn umgetauft auf Erik hatte Margareta den Bogislaw von Stolp zwar wirklich, um dem verhaßten Sohne Albrechts, Erich, Ansprüche streitig zu machen, aber das doch bereits im Jahr 1388. Die Unterredung Margaretas mit Sophia müssen wir uns als im Herbst des Jahres 1397 stattgehabt denken …

[38] Vgl. auch J. O. Arhnung, Roskilde Domkapitels Historie I, Roskilde 1937, S. 351, und B. Eimer, 1966, S. 142. Das Vermittlungshonorar war horrend hoch: dem Barnim und dem Wartislaw wurden mehrere Jahre 500 Mark sundisch

vom Roskilder Domkapitel gezahlt; eine Summe, mit der dann allerdings auch noch weitere Vermittlungsdienste vergütet wurden.

[39] Die Landung der Deutschordensherren erfolgte am 21. März 1398. Mecklenburgisches Urkundenbuch, Bd. 23, 1913, Nr. 13282; Annales Fratrum Minorum in Wisby, Scriptores rerum Svecicarum medii aevi, Hrsg. E. M. Fant, Bd. I, 1, Uppsala 1818, S. 46; Scriptores rerum Prussicarum, Hrsg. Th. Hirsch u. a., III, 1863 ff., unveränderter Nachdruck, Frankf./M 1965, S. 216 f.

[40] Werner Lahn ist der Rekonstrukteur der Bremer Kogge von 1380.

[41] K.-P. Kiedel, 1989, S. 78.

[42] Wegen der strategisch günstigen Lage Nordrügens lagen eben dort – und besonders bei Arkona – Vitalienbrüder gern auf der Lauer. Es ist kein Zufall, daß sich gerade auf Rügen so viele Störtebecker-Sagen entwickelt haben.

[43] Es ist urkundlich belegt, daß Luder Rantzau oder Ransouwe Vitalienbruder gewesen ist. Schon Eler Rantzau, eine halbe Generation zuvor, war als Seeräuber für die Mecklenburger tätig. Vater und Sohn? Sie sind aus dem berühmten holsteinischen Uradelsgeschlecht. Ihr Stammhaus liegt bei Plön; vom Wasser und von der See sind die Rantzau nie weit weg gewesen. Die Rantzau blühen noch heute. Derzeit spalten sie sich in vier Linien, Großgrundbesitzer sämtlich.

[44] Vgl. R. Hakluyt, 1907, S. 152 f.

[45] Und noch Jahrhunderte später, z. B. Anno 1789, äußerten kirchliche Würdenträger in Ostfriesland, Piraterie sei in ihrem Lande in gehobenen Kreisen die rühmlichste Beschäftigung!

[46] Der Park ist an der Edenburgstraße und der Edo-Wiemken-Straße, in der heute schöne Jugendstilhäuser stehen.

[47] In den zwanziger Jahren des 20. Jahrhunderts waren noch die beiden anderen Gräben als schmale Wasserrinnen vorhanden.

[48] Bei Ausgrabungen 1962 bis 1964 legte man hier auf dem Hügel die Fundamente des Wehrturms frei; roten und grauen Granit.

[49] 1435 schleiften die Hamburger Hansen die Burg, und nicht weniger als zweitausend Mann benötigten die Hamburger, um 1433 die Burg zu erobern und den Burgherrn Sibet Lubbenson, den Enkel Edes, zu bezwingen. Nur 52 Jahre stand die Burg – nicht gerade lange. Aber hier gab es in jenen 52 Jahren ein wirkliches Machtzentrum.

[50] Den Grundherrn von Esenshamm, Husseke Hayen. Der war mit Jarste, Edes Schwester, verehelicht. – Zu der Folterung, die freilich zugleich machtpolitisch motiviert gewesen ist, vgl. J. Wanke, 1910, S. 16.

[51] Bis heute ist die Landschaftsbezeichnung Brookmerland geblieben.

[52] Hanserecesse I, 4, Nr. 591.

[53] Sah Störtebecker dann das Dach beim Einsegeln überhaupt nicht, war alles gut. Schimmerte das Kupfer, mußte er aufpassen, daß er nicht auf den Kopersand auflief. Sah er den Schiefer, war er dem Leysand böse nah. Die beiden Sandbänke im Wattenmeer sollen damals ihren Namen bekommen haben, von dem Marienhafer Kirchturmdach. – Dennoch dürfte es mit dieser Ablei-

tung nicht viel auf sich haben. Ley ist an der Nordseeküste dasselbe wie ein Priel, eine Wattenmeerrinne.

[54] Leider ist das sagenhaft, und außer in der Leybucht hat damals um 1400 in West-, Mittel- und Nordeuropa kein Mensch im Meer gebadet.

[55] 72 Meter war die Marienhafer Kirche lang. Das Gewölbe ihres Langhauses war mit 21 Meter genauso hoch wie das des Osnabrücker Doms. 1829 war die gewaltige Kirche in ihrem Dach durchsichtig – so viele Löcher gab es da; der Dachstuhl war allenthalben zu sehen. Und heute ist diese Sandsteinkirche, nachdem inzwischen Chor, Querhaus und zwei Seitenschiffe abgebrochen worden und die Gewölbezone des Mittelschiffs abgetragen, die seitlichen Treppentürmchen am Turm wegrasiert sind und der Turm um beinah die Hälfte verkürzt worden ist, bis zur Unkenntlichkeit verstümmelt.

[56] Und jedenfalls führen sie bis heute im Marienhafer Wappen zwei umgestülpte Blumentöpfe oder vielmehr Zinnbecher, Störtebeckers Zeichen.

[57] Daß Seemannsfrauen ihre Männer begleiteten, war zum Beispiel im 19. Jahrhundert nicht völlig undenkbar; so mancher Geschichtsinteressierte täuscht sich da heute. Etwa die Darßer Seemannsfrauen waren oft seebefahren.

[58] Dordrecht war um 1400 die größte Stadt Hollands, und sie ist die älteste Stadt der Grafschaft Holland; noch heute eine altertümlich wirkende, von vielen Kanälen durchzogene Stadt. Durch Handel war sie damals groß geworden.

[59] Eine Frau, Annelise Blasel, hat sich der Auflistung dieser größten um eine Einzelfigur kreisenden deutschsprachigen Sagengruppe angenommen (vgl. Literaturverzeichnis).

[60] Osmund: Eisenerz, hochwertige Eisenbarren.

[61] Über Störtebeckers „Güte" wußten die Sagenerzähler besonders in Pommern, Mecklenburg und Schleswig-Holstein zu berichten.

[62] Und so falsch die Sageninhalte im einzelnen sein mögen, das Klima, die psychischen Selbstverständlichkeiten, die Rahmenbedingungen kann man an den Sagen sehr gut ablesen.

[63] Zu berücksichtigen ist ja dabei: die ostfriesisch-oldenburgischen Landstriche waren in der Zeit zwischen der Marcellusflut und der Antoniflut – 1219 bis 1511 – viel unübersichtlicher als in unserem 21. Jahrhundert. Heute ist das Land weithin arrondiert. Und der Jadebusen war damals noch nicht vom Meer ausgespült. Durch dieses Gebiet – heute untergegangen, damals 160 Quadratkilometer Land – flossen lauter Flüsse, unter anderem die Jade, Westahne, Ostahne, dat Brack, die Atenser Heete. Bei der heutigen Stadt Nordenham war die Heete beispielsweise zweihundert Meter breit.

[64] An den adligen Anführern, die nicht in den vergangenen paar Jahren in Skandinavien Landbesitz erworben hatten – und das waren natürlich die meisten Adligen –, und die jetzt, nachdem Albrecht entlassen worden war, zu ihren Herkunftsorten in Mecklenburg zurückkehrten, ist zu sehen: sie hatten sehr wohl die übergeordneten politisch-mecklenburgischen Belange beachtet, ihnen war keineswegs das Bewußtsein abhanden gekommen, der meck-

lenburgischen Sache zu dienen. Von diversen Autoren unserer Zeit ist eben das bestritten worden – zu Unrecht.

[65] Solche neuen Leitpersonen waren jetzt zum Beispiel: Otte Rover, Herman Haweupe, Hinrich Corte, Tiderich Hogezee, Nicholas Femeer, Everade Pilgrimson, Wilmer, Gerard Sleyre, Jan Velhove, Yesse Dene, Gudemont Janneszon. Alle die wurden vor 1398 in Briefen oder Urkunden überhaupt nicht erwähnt. Anführer zuvor, Anführer, die nur während der Albrechtschen Ostseezeit als Vitalier auftauchten, hernach nicht mehr, und die sämtlich adlig sind: Enis, Maekingborg, Hinrich von Pommern, Barnim VI. von Pommern-Barth, Sophia von Pommern-(Wolgast-)Barth, Bogislaw VI. von Pommern-Barth – alle sechs aus dem Hochadel –, Albrecht Peccatel, Luder Rantzau, Henning Mandüvel, Bosse van deme Kalende, Hinrik von der Lü, Bermevur, Beydenstorp, Crekauwe, Ketelhoid. Außerdem gibt es noch Vitalienbrüder, die vorher und nachher in vitalianerrelevanten Urkunden erscheinen: zum Beispiel Gödeke Michels, Störtebeker, Klaus Scheld, Arnd Stycke, der halländische Adlige Sven Sture, Peter Sommer, der Ritter Rampold Sanewitze, Klaus Mylges (oder Mylies), Marquard Preen, Hennynk Krabbe (aus einer dänischen Reichsratsfamilie), die Brüder Sven und Esbjörn Bååt von den Orkneyinseln, Kort Görtze (ein schwedischer Ritter niederdeutscher Abstammung), Bengt Pik (der Stiefsohn Abraham Broderssons), Arvid Stensson (Bruder Abraham Broderssons), Eggert Kavle.

[66] Aus den zeitgleichen dokumentierenden Akten geht einwandfrei hervor: Keno hatte zu diesem Zeitpunkt, infolge seiner Jugend, im Hause tom Broke noch nicht das Sagen.

[67] In damaliger Zeit und noch Jahrhunderte länger sagte man im ganzen deutschen Sprachraum „Westsee". Das Wort „Nordsee" wurde dann vom Holländischen ins Deutsche übernommen. Die Holländer sahen dieses Meer in Gegensatz zu ihrer Zuiderzee, ihrer „Südsee".

[68] Hanserecesse I, 4, Nr. 502 und S. XXI.

[69] Vgl. auch: eine durchschnittliche Kogge hatte zweihundert Tonnen Tragfähigkeit, ein Holk noch mehr.

[70] Vgl. M. Puhle, 1992, S. 156.

[71] Sie hatten dem Mann, der Egghert Schoeff hieß, dessen Schiff weggenommen, und er mußte oder konnte es von ihnen dann wieder für teuer Geld zurückkaufen. Vitalienbrüder bei Witzel, war es gar Stortebeker? – Historisch exakte Quelle für den Fall Schoeff: Hanserecesse I, 4, Seite 431 f. und S. XXI; vgl. auch Wilfried Ehbrecht, Niederlande und Nordwestdeutschland, Festschrift für Franz Petri, Köln – Wien 1983, S. 79, und vgl. M. Puhle, 1992, S. 107 f., S. 117 und dessen Anm. 174. – Zur Drukkebuk-Affäre vgl. Bremisches Urkundenbuch 4, No. 212.

[72] Hanserecesse I, 4, Nr. 457, S. 434 f.

[73] Die Hanse versammelte bei Bedarf ihre Mitglieder auf „Hansetagen" in unregelmäßigen Abständen an wechselndem Platz. – Zu diesem Lübecker Hansetag vgl. Hanserecesse I, 4, S. 521 ff.

[74] So hat erst jetzt, vor drei Jahrzehnten, ein straßentrassierender Ingenieur –

ein beratender Ingenieur für Straßen- und Autobahnplanung – den diesbezüglich nichts ahnenden Historikern klipp und klar sagen können. Die mittelalterlichen, frühneuzeitlichen Kutscher benützten als Furt auch keine Flußpassage, bei der sie tiefer als 75 Zentimeter ins Wasser mußten. Denn der Boden des Planwagens und die heikle Handelsware sollten trocken bleiben.

75 Kein Vitalianer-Chronist der folgenden Jahrhunderte hat denn auch diese Rede unterschlagen. Sie ist hier weitgehend wörtlich (gekürzt) aus dem Mittelniederdeutschen wiedergegeben. Vgl. Hanserecesse I, 4, Nr. 570 § 1, Nr. 576, Nr. 577.

76 Vgl. Hanserecesse I, 4, S. 535.

77 Solche Kriegsschiffe – oder „Fredekoggen" – waren genaugenommen nur zu Kampfzwecken umgewidmete Handelsschiffe. Die Hansen hatten gar keine regelrechten Kriegsschiffe.

78 Quelle für diesen Feldzug der Lübecker und der Hamburger: Hanserecesse I, 4, Nr. 591.

79 Wir haben, weitab von aller Sage, auch eine historisch ernst zu nehmende Charakterschilderung Kenos, sie stammt von dem Gründungsrektor der Universität Groningen (Ubbo Emmius, der 1547 starb): „Keno war ein Mann von hohem, stolzem, unbeugsamem Mut, der es trotzdem verstand, die Gunst der Menge zu erwerben. Schlagfertig in Rat und Tat, würde er, hätte er länger gelebt, zur Alleinherrschaft in Ostfriesland gelangt sein und diese Stellung behauptet haben." Keno starb 1417.

80 Zumindest gelten meine Angaben für das Jahr 1642. Aus diesem Jahr gibt es eine herrliche und genaue Karte des Emsmündungsgebietes: die Martin-Fabersche Hydrographica. 1400 haben die Zeitgenossen leider noch nicht solch eine genaue Karte von Friesland gezeichnet. Ich hoffe natürlich, die Faber-Karte trifft auch einigermaßen für 1400 zu; und näher als unsere heutige Geographie kommt sie den alten Ems-Verhältnissen allemal. Aber ein Vierteljahrtausend – 1400, 1642 – ist keine Kleinigkeit.

81 Auf einer einigermaßen zeitgenössischen, in das beginnende vierzehnte Jahrhundert zu datierenden Darstellung eines Schiffskampfs im Englischen Kanal (englische Handschrift im British Library, London) ist die eine Partei auch als gerüstet und behelmt zu erkennen, die andere als barhaupt.

82 Denn eine knappe Generation später verhielt sich ein Angehöriger der Greetsieler Sippe wieder atypisch. Der baute regelrecht eine friesische Volksfront gegen seine eigenen friesisch-adligen Standesgenossen auf. Die Greetsieler Familie brachte es dann bis zum Fürstenrang. Hernach erlosch sie.

83 Vgl. auch Ostfriesisches Urkundenbuch, 1. Bd., S. 145 f.

84 Damals war der Siedlungshorizont bei 3,90 Meter über Normalnull, heute ist er bei sechs Meter.

85 Vgl. Hanserecesse I, 4, Nr. 591.

86 Brief vom 6. Mai 1400. Hanserecesse I, 4, Nr. 658.

87 Wie wenig fest Godekes Nachname möglicherweise war, mag auch hieraus erhellen: die Engländer bringen Godekin acht- von den insgesamt sechzehnmal

in der Dordrechter Akte überhaupt ohne Nachnamen. – Daß Godeke aus *Daulsen* und ein Adliger gewesen sei, referiert z. B. J. C. M. Laurent, 1847, S. 55.

[88] Wie weit die von Störtebecker sehr geschätzte lauwerssche Meeresbucht reichte, lassen uns die Ortsnamen Munnekezijl, Kommerzijl oder Pieterzijl erkennen: hier waren in den Flußmündungen einmal Fluttore angelegt; hier mündeten die Flüsse in die Meeresbucht..

[89] Ein Autor unserer Tage meint zwar behaupten zu müssen, Glücksspiele hätten die Likedeler an Bord nicht gespielt, aber seine Ansicht ist durch nichts gestützt. Er hat für sie keine Belege.

[90] Er sah Texel wesentlich kleiner, denn mit der ehemaligen Insel Eijerland hängt Texel erst seit 1630 zusammen.

[91] Hier ist es an der Zeit, das schöne nonkonformistische Vitalienbrüder-Lied mit einzubringen, das Karl Koppmann 1884 niederschrieb. Dr. Karl Koppmann, der erstklassige Hamburger Vitalienbrüder-Forscher, kam sich, im geliebten Hamburg beruflich übergangen, als Archivar in Rostock – wo er seit 1884 lebte – wie im Exil vor. Vor allem die zweite Zeile des Liedes spricht Bände. Er starb sechsundsechzigjährig 1905. *De blawe Flagge weiht! / Wy ernen, wor de Kopman seit. / Mord unde Brand! / Den leven Got to Frunde und aller Werlt Viant! // Und komt en Kopmansvaar, / Van Oost und West bringt he uns War. / Mord unde Brand! / Den leven Got to Frunde und aller Werlt Viant! // Wy drinken synen Win, / Syn Want und Werk mot unse syn. / Mord unde Brand! / Den leven Got to Frunde und aller Werlt Viant! // Lecht Vredeschepe uut! / Ju batet wedder Lot noch Kruut. / Mord unde Brand! / Den leven Got to Frunde und aller Werlt Viant! // Gift uns en Schot guut Nacht: / Int lest ghelacht, is best ghelacht. / Mord unde Brand! / Den leven Got to Frunde und aller Werlt Viant!*

[92] Diese Düneninsel erstreckte sich damals nordsüdlich 24 Kilometer lang. Sie zog sich vom Marsdiep bis zum heutigen Hondsbosse-Seedeich hin. Das ganze Land östlich davon bis hin zur Zuidersee haben die Holländer erst im 16. sowie im 19. und 20. Jahrhundert dem Wattenmeer abgewonnen.

[93] Als Anhaltspunkt und indirekter Beleg kann zum Beispiel die im Lübecker Kommandanten-Tagebuch dokumentierte Segeldauer der Lübecker Flotte von Lübeck nach Hamburg dienen: vom 16. bis wahrscheinlich zum 21. April 1400.

[94] Die Meersalzgewinnungs-Gärten befanden sich südlich der Loire bei Bourgneuf.

[95] Ein Wippkran war das meist.

[96] Seit dem 13. Jahrhundert hatten die Schiffe Namen.

[97] Zuweilen wird Albrecht auch Herzog genannt. Er war in Personalunion Herzog von Bayern.

[98] An der St. Bavo-Kirche (Großen Kirche) wurde seit 1370 gebaut. Fertiggestellt wurde der Bau schließlich 1520.

[99] Das heutige Rathaus steht auf dem Fundament dieser Residenz.

[100] Einer Tinte aus Eisengallus; gemischt aus Eisenvitriol und dem Saft von Galläpfeln. – Quelle zu diesem Vertrag: Hanserecesse I, 4, Nr. 605.

[101] Die Serviette gibt es erst seit dem 16. und nicht schon seit dem 14. Jahrhundert.

[102] Weil die Gemeinde Urk eisern am Sonntag festhält, sind sonntags auch nur wenige Lokale, am Hafen, geöffnet. Es gibt dann außer Orgel und Harmonium keine Musik.

[103] Es könnte auch sein, daß Korner sich locker von einer Eintragung im Wismarer Verfestungsbuch hat inspirieren lassen. Die Eintragung, die im Jahr 1380 erfolgte, können wir heute noch im Stadtarchiv Wismar einsehen. Ins Verfestungsbuch, ins Liber proscriptorum trugen die städtischen Weddemeister gerichtlich relevante Vorgänge ein, Strafen zum Beispiel, Beschwerden, Begnadigungen oder die Namen von Personen, die für friedlos erklärt und aus der Stadt ausgewiesen, verfestet wurden und deren Vermögen die Stadt einzog. Die Eintragung von 1380 lautet (S. 18): *Item. balhorst, boldelaghe et craan eo, quod gherardo servo poppen et nicolao stortebeker cuilibet ossis fracturam cum 5 blaviis intu-[l]erunt tempore nocturno.* Auf deutsch: Ebenso [schwuren] Balhorst, Boldelaghe und Craan, [die Stadt Wismar nicht mehr zu betreten,] deswegen weil sie dem Knecht Gherard Poppen und dem Nicolaus Stortebeker zur Nachtzeit einen Bruch eines Knochens mit 5 Beulen zufügten. Die lateinische Textstelle ist übrigens vor kurzer Zeit wieder – sozusagen erneut – ziemlich falsch gelesen worden; man hat behauptet, zwei Wismarer seien aus der Stadt gewiesen worden – es sind aber drei –, man hat behauptet, einem seien Beulen zugefügt worden – es waren das aber zwei Männer –, man gibt den Vornamen als *nicolao* an – dies ist aber doch nur die Dativform von nicolaus. Und bei dem am 28.11.2004 um 23:30 Uhr ausgestrahlten RTL-Fernsehstreifen („Der Kopf des Freibeuters") wird die fragliche Stelle als Beleg dafür herangezogen, der Nicolao Stortebeker habe einen Zahn aus dem Mund ausgebrochen bekommen. Lateinisch *ossis* heißt aber nicht „des Mundes", sondern „des Knochens". Entsprechende weiterreichende Kombinationen in der Fernsehsendung – hin zu einer Zahnlücke des am Grasbrook 1878 gefundenen Schädels – fallen da wieder wie ein Kartenhaus in sich zusammen. – Auch ich hätte ja erst liebend gern geglaubt, jener Nicolaus Stortebeker des Wismarischen Verfestungsbuchs sei mit dem nachmaligen Freibeuteranführer identisch, aber die Identität des Johan Stortebeker (aus dem Albrechtschen Vertrag vom 15.8.1400) mit dem in Hamburg hingerichteten Piratenhauptmann wiegt schwerer. Sie wiegt schwerer, weil der Johan Stortebeker sich einerseits so genau in den historischen Gesamtzusammenhang einpaßt – Krummhörn-Gemetzel unmittelbar vor der Albrechtschen Beurkundung, Störung der hamburgischen Englandfahrer bald hernach, erneute Aktion der Hamburger. Andererseits steht der Verfestungsbucheintrag ganz isoliert da, er ist mit nichts verbunden. Daß die Verwicklung eines Wismarer Bürgers in eine Schlägerei gut zum Charakter eines nachmaligen Seeräuberanführers paßt, ist weniger belangvoll als der historische Kontext des Johan Stortebeker. – Korner hat die Namensvervollständigung in seiner Chronik außerdem erst ein halbes Jahr-

hundert nach dem Wismarer Verfestungsbucheintrag vorgenommen; das Argument der „Zeitgenossenschaft“ wird da auch brüchig. – Vgl. im übrigen M. Puhle, 1992, S. 123, Zeile 33 f.

[104] Heutige Historiker gehen teilweise sogar so weit, Stortebeker für einen bloßen Unteranführer, der Godeke gegenüber weisungsgebunden war, zu halten.

[105] Überhaupt werden die Vitalierzahlen, die in Zusammenhang mit dem Emdener Kriegszug aktenkundig sind, immer interessanter (die Hansen haben niemals Angaben über die Gesamtzahl der Vitalienbrüder machen können): 80 Vitalienbrüder auf der Osterems von den Hansen liquidiert, 25 in Emden von den Hansen hingerichtet, 25 friesische Vitalienbrüder in Emden zuletzt von den Hansen begnadigt, 114 zusammen mit Störtebeker und 7 anderen Anführern nach Holland geflohen, 200 mit Gödeke nach Norwegen geflohen, 150 im Sommer des Jahres 1400 von Oldenburg aus ebenfalls zu Albrecht nach Holland übergewechselt: zusammen 602 Vitalienbrüder, die sich, historisch unbezweifelbar, in Ostfriesland aufgehalten hatten. Manche Autoren vermuten für das Jahr 1400 etwa 1500 Vitalienbrüder in Ostfriesland.

[106] Zur geographischen Lage: die Stadt Langesund liegt an der Südostküste Norwegens, am Eingang des Langesundsfjords, die Landschaft Telemark schließ sich rückwärtig an.

[107] Das sind 700 Kilometer; bis Marstrand. – Auch daß die Butter hier den hansischen Siegern knapp wurde, ist authentisch, vgl. Hanserecesse I, 4, S. 544. – Gödekes Fluchtziel Norwegen: Hanserecesse I, V, Nr. 658.

[108] J. C. M. Laurent, 1847, S. 56, referiert: „Wigbald, ein Magister der Weltweisheit, zu Rostock promovirt, der seinen Stand auf dem Katheder mit dem auf dem Schiffskastell vertauscht hatte.“

[109] Das präzise und wissenschaftlich haltbar herauszufinden, war für den Autor, er gibt es zu, ein hartes Stück Arbeit; auch wenn das nun vorn so locker dasteht. Man findet diese Angaben aber auch noch in keinem der Dutzende im Lauf der Zeit erschienenen Störtebecker-Bücher. Bestenfalls wird da der Leser nur mit dem Stichwort Norwegen abgespeist.

[110] Diesen Feuersteingeröllwall gab es noch bis zur Silvesterflut 1720.

[111] Neuwerk, doppelt so groß wie Helgoland heute, ist eine Insel vor der Elbmündung und dem heutigen Cuxhaven, sieben Kilometer vom Festland entfernt; heute mit einem großen Leuchtturm, damals mit einem dicken Wachtturm, der Anno 1400 wohl noch nicht befeuert wurde. – Der geneigte Leser ist hier im Begriff, sich auf die Sagenversion einzulassen. Historisch ist so gut wie sicher, daß Stortebeker vor Helgoland seine Freiheit eingebüßt hat. Vgl. Hamburger Kämmereirechnungen, 1873, Bd. 2, S. 2; vgl. Rufus-Chronik, 1902, S. 25.

[112] Schalk war ein ganz arger Begriff. Sinnverwandt etwa „Hundsfott“ oder „Satan“.

[113] Den Schlachtverlauf im einzelnen und das Ereignis am Vorabend des Kampfes übermitteln uns diese zeitgleichen historischen Quellen nicht.

[114] Störtebeckers Loch ist heute nicht mehr da. Es hat sich leider samt dem ganzen Rathaus bei dem dreitägigen Hamburger Maibrand 1842 in Rauch aufgelöst.

115 Hamburger Kämmereirechnungen, 1873, Bd. 2, S. 4.
116 Quelle: Hamburger Kämmereirechnungen, 1873, Bd. 2, S. 2.
117 Dies war damals eigens in den Hamburger Kämmereirechnungen (Bd. 2, S. 2) festgehalten worden. Genauer allerdings wurde der Ort nicht bezeichnet, und deshalb weiß ihn auch kein Mensch heute genauer.
118 Die *Bunte ko*, die erst 1401 fertiggestellt wurde, kann deshalb gegen Störtebeker noch gar nicht zum Einsatz gekommen sein, die Sagen berichten dies falsch. Und wie gerade erwähnt, gehörte die *Bunte ko* nicht Simon van Utrecht. Quelle: Hamburger Kämmereirechnungen, 1873, Bd. 2, S. 2.
119 Enkhuizen, heute am Ijsselmeer gelegen, war einst als Hansestadt viel imposanter als im 20. Jahrhundert. Die Stadt hatte beispielsweise im Jahr 1570 vierzigtausend Einwohner. Heute hat sie dreizehntausend Einwohner. – Belegstelle für die folgenden frappanten Vorgänge um Gödeke: Hanserecesse I, 5, Nr. 54.
120 Hanserecesse I. 5, Nr. 46.
121 Quelle: Hanserecesse I, 5, S. 31. – Hatten wirklich Jakobssons Holländer so großen Anteil an dem Sieg über Gödeke? 600 Jahre lang ist das gänzlich vergessen gewesen. Aber Jakobssons Anspruch erscheint glaubwürdig; nicht zuletzt auch deshalb, weil Jakobsson hernach volle elf Jahre lang gegen die Hamburger prozessierte. Das hätte er kaum durchgehalten, wenn er seinen Anspruch frei erfunden gehabt hätte. Er spannte dabei erst die Ratsleute von Gent als Schiedsgerichtsstelle ein und im neunten Jahr danach noch seinen holländischen Grafen Wilhelm. Die Genter Schöffen fällten in dreißig Artikeln den Schiedsspruch, Nikolaus Schoke solle 1404 im Mai nach Groningen kommen und das, was er alles behauptet hatte, beschwören. Später gestatteten die Genter Schöffen dem Ratsherrn Nikolaus Schoke, er dürfe auch in Lübeck oder Hamburg beeiden. Nikolaus Schoke scheint sich in der Tat erst einmal ein wenig mit fremden Federn geschmückt zu haben – so wie dann Jahre später übrigens Simon van Utrecht. Im Jahr 1412 setzte sich Jakobsson bemerkenswerterweise endlich durch: die knauserigen Hamburger Ratsherren zahlten an Jakobsson 54 Mark, Anteil an der Beute Gödekes; nach Heutigem ca. 63 000 Euro. Auch, daß die Hamburger den Jakobsson schließlich finanziell abfanden, bestätigt: Jakobsson hatte nicht gelogen. Und beim Quittieren des Geldsegens wies Jakobsson dickköpfig noch einmal darauf hin: ... *als Ghodeke Michelssone und seine Gesellen ergriffen und aufgehalten wurden.*
122 ... und abenteuerlicher, als sich das jemals ein Störtebecker-Romanschriftsteller auszudenken gewagt hat. – Quelle: Hanserecesse I, 5, S. 32.
123 Auf einem Handelsschiff hätte der Kapitän die mitfahrenden Befrachter fragen müssen, was sie zum Seewurf meinten. Wären die Befrachter dagegen gewesen, so hätte er dennoch leichtern können, wenn nur zwei oder drei seiner erfahrensten Seeleute zugestimmt hätten. Auch Wigbold wird da nicht über den Kopf seiner Leute hinweg gehandelt haben.
124 Quelle: Koppmann, Störtebeker, 1877, S. 48. – Beim Hamburger Rat beschwerte sich hinterher noch ein Leydener Bürger: 7 Last und 4 Tonnen Bier hätten ihm die Hamburger aus Gödekes Holk vorenthalten (Quelle: Hansere-

cesse I, 5, S. 31). Der Leydener erwirkte offenbar nichts. – Auch mit den Kampener Ratsleuten lagen sich die Hamburger Ratsmitglieder nun noch wegen der Gödekeschen Beute in den Haaren. Ein Kampener Kaufmann hatte von Overdik 32 Tonnen Bier befördern lassen, und die Kampener Hansen kamen nun mit Schadenersatzansprüchen an. Wahrscheinlich glaubte der Hamburger Rat mit dem Kampener Kaufmann leicht fertig zu werden; die Kampener sind die niederländischen Schildbürger. Die Schildbürgerstreiche heißen in Holland *Kamper uien*, Kamper Zwiebeln.

[125] Vgl. J. Wanke, 1910, S. 36 f.

[126] Zu Unrecht haben spätere Generationen die „Bunte Kuh" dem van Utrecht zuerkannt.

[127] Aufgrund eben dieser Formulierung, „für seine Arbeit", ersehen Historiker, daß van Utrecht persönlich mitgekämpft hat. Das Gleiche gilt bei den anderen zwei Reedern.

[128] Sie beide, die Kommandanten, bekamen das Geld schon im Jahr 1401. Auch ein Beweis, daß dieser Kampf gegen Gödeke noch im Jahr 1401 stattfand. Hamburger Kämmereirechnungen, 1873, Bd. 2, S. 2.

[129] 1401, just so wie Koppmann 1877 im Endeffekt dargetan hatte (Koppmann, Störtebeker, 1877, S. 45). Später korrigiert sich Koppmann in dieser Zeitangabe (in der von ihm bearbeiteten Rufus-Chronik, S. 25 f., Anm. 7).

[130] Nach Ansicht heutiger Historiker – und von allen Sagenerzählern interessanterweise ausgespart – wird der Hinrichtung Stortebekers und Godekes eine Befragung unter Folter vorausgegangen sein. Die „Abfassung der peinlichen Klage" bedeutet diesen Sachverhalt. Vgl. J.C.M. Laurent, 1847, S. 52, Anm. 20. Vgl. auch M. Puhle, 1992, S. 136 f. und Puhles Anm. 231 und 232. Puhles Darlegungen und u. a. seine Anm. 231 beziehen sich aller Wahrscheinlichkeit nach aber auf ganz andere Vitalier (die auf der Oster-Ems gefangengenommen wurden) als auf die Vitalier Störtebekers.

[131] Im Jahr 1355. Auf dieser Rechtsgrundlage ließ der Hamburger Rat bis 1624 über 600 Seeräuber enthaupten.

[132] Der 38 Zentimeter hohe Gedenkstein steht unmittelbar an dem elfstöckigen Kaispeicher groß B der Lassen & Co GmbH, nur sechs Zentimeter von der Speichermauer entfernt. Stockmeyerstraße 1. Heute hat sich hier auf dem Grasbrook vor allem das Hamburgische Elektrizitätswerk ausgebreitet.

[133] J.C.M. Laurent, 1847, S. 59.

[134] Einigermaßen zeitgleiche Abbildungen von Enthauptungen legen das nahe.

[135] Außerdem geht daraus hervor, daß der Scharfrichter selbst nicht geköpft worden ist. – Quelle: J. C. M. Laurent, 1847, S. 53. Laurent fußt auf den Hamburger „Stadtkammerrechnungen", hier zum Jahre 1401.

[136] Noch bis Ende des 19. Jahrhunderts nahm man selbst in Historikerkreisen an, daß 150 Vitalienbrüder hintereinanderweg geköpft worden seien; die Gödecke-Gruppe gleich anschließend an die Störtebecker-Gruppe. Auch die informiertesten Autoritäten irrten sich sehr. – Geköpft worden sind diese Vitalienbrüder schon, nicht etwa gehenkt. Räuber galten als ehrliche Missetäter. Sie

kamen nicht an den Galgen und wurden auch nicht gesotten, nicht in siedendem Wasser getötet. Zu räubern, das war für die Hansen insgeheim eben doch diskutabel.

[137] J. C. M. Laurent, 1847, S. 53.

[138] Wie man inzwischen wahrscheinlich bemerkt haben wird, verwende ich bei Sagen – und ebenso bei poetischer Ausgestaltung und poetischen, phantasievollen Weiterungen – die Schreibweise (*Klaus*) *Störtebecker* und *Gödecke* (*Michael*), bei wissenschaftlich vertretbaren Vermutungen und Extrapolationen die Schreibweise *Stortebeker* und *Godeke* (*Michel*), bei gesicherter, historisch unbezweifelbarer Quellenlage die Schreibweise *Störtebeker* und *Gödeke* (*Michels*). Liest man den gesamten hier vorliegenden Text in der Weise, so eröffnen sich einem viele weitere Aspekte. Man kann den Text so gewissermaßen auch gegen den Strich bürsten. – Vielleicht noch als weiteren kleinen Tipp am Ende des Buches: Man lese statt „Störtebecker" „ein Vitalier" (oder manchmal „die Vitalier"). Dann ist nämlich der Historie Genüge getan. Und mit diesem Hinweis dürfte der Leser, so meine ich, auch nicht mehr allzu frustriert sein …

[139] Den dauerhaften Ruhm begründete dann allerdings erst – nach einer Zeitverzögerung von 150 Jahren – das sogenannte Störtebeckerlied. Es wurde Mitte des 16. Jahrhunderts auf plattdeutsch gedichtet, war 26 Strophen lang – der originale Wortlaut ist verloren gegangen – und wurde auf fliegenden Blättern verbreitet. Soweit wir das heute wissen, gab es dann zunächst (um 1550) ein Flugblatt aus Regensburg. Erst von da an breitete sich die Störtebeckersage mit all ihren unrichtigen Einzelheiten aus. Die sagenhafte Überlieferung reißt bis heute nicht ab. – Sehr mit beigetragen hat zu Störtebeckers nachmaligem Ruhm ein Kupferstichblatt aus jener Zeit, das angeblich Störtebecker darstellt, in Wahrheit aber regelrecht umgefälscht wurde und tatsächlich den Kund von der Rosen, einen Hofnarren Kaiser Maximilians, zeigt!

[140] Nach wie vor schöpft da Simon van Utrecht den Rahm ab, zu Unrecht, wie gezeigt worden ist. – 1985 wurde in Hamburg das Simon-van-Utrecht-Denkmal vom Sockel geworfen, und auf das zerstörte Denkmal wurden Sätze gesprayt: „Nicht alle Köpfe rollen erst nach 500 Jahren", „Wir kriegen alle Pfeffersäcke", „Piraterie hat eine große Zukunft", „Störtebeker lebt".

[141] J. C. M. Laurent, 1847, S. 58 auf Grund der Hamburger Kämmereirechnungen. – Auf Laurent muß ich und müssen auch andere so viel rekurrieren, weil Laurent sich gerade noch vor dem riesigen Hamburger Maibrand verschiedene Exzerpte von historischen Unterlagen angefertigt hatte; die historischen Quellen sind 1842 bei dem Brand vernichtet worden. Ohne Laurent hätten wir manche exakten Hinweise zu Störtebekers und zu Gödekes Ende nicht.

[142] Die mittelalterlichen Seefahrer vereinigten sich in höchster Sturmnot nicht selten zum Gelübde einer Wallfahrt. Sie losten dann einen unter sich aus, der das Gelübde für sie erfüllte, und bezahlten dem die Wallfahrt. Hat etwa Godeke den Hamburgern so zugesetzt, daß Schoke und die Hamburger sich zu solch einem Gelübde hinreißen ließen?

[143] (Neu-) Dänisch: „Aha! Endlich."

Literaturauswahl

Quellen

Bremisches Urkundenbuch, Band 2, 4 und 5, Hrg. W. von Bippen und D.R. Ehmck, Bremen 1886 und 1902
Chronik des Franciscaner Lesemeisters Detmar, 1. und 2. Teil, Hrg. F.H. Grautoff, Hamburg 1829 und 1830. Im 1. Teil auch enthalten die Chronik des Reimar Kock
Hakluyt, Richard, The Principal Navigations, Voyages, Traffiques and Discoveries of the English Nation, London 1598, S. 164–169, erneut London/ New York 1907, Vol. 1, S. 146–157
Hamburgisches Urkundenbuch, Hrg. Johann Martin Lappenberg, Hamburg 1907 ff
HanserecesseI. Abt., Bände 3–5, hrg. von Karl Koppmann, Leipzig 1872–80
Kämmereirechnungen der Stadt Hamburg 1350–1470, Band I und II, Hrg. Karl Koppmann, Hamburg 1869 und 1873
Karl Kunze, Hanseakten aus England, in: Hansische Geschichtsquellen VI, Halle 1891
Mecklenburgisches Urkundenbuch, Bd. 19, 20, 21, 23, Hrg. F. Stuhr, Schwerin 1907 ff
Ostfriesisches Urkundenbuch, Hrg. Ernst Friedländer und Günther Möhlmann, Emden 1878–81, Aurich 1975
Hermann Korner, Chronica novella, Hrg. Jakob Schwalm, Göttingen 1895
Rufus-Chronik, in: Die Chroniken der deutschen Städte vom 14. bis ins 16. Jahrhundert, Band 28, bearbeitet von Karl Koppmann, Leipzig 1902
Tratziger's Chronica der Stadt Hamburg, Hrg. Johann Martin Lappenberg, Hamburg 1865
Urkundenbuch der Stadt Lübeck, Hrg. Friedrich Techen, Lübeck 1932

Darstellungen

Åberg, Alf, Schwedens Geschichte. Stockholm 1989
Benninghoven, Friedrich, Die Gotlandfeldzüge des Deutschen Ordens 1398–1408, S. 421–477, in: Zeitschrift für Ostforschung, 13. Jg., 1964
Benninghoven, Friedrich, Die Vitalienbrüder als Forschungsproblem, in: Acta Visbyensia IV, S. 41–52, Visby 1973

Bents, Harm, Störtebeker. Dichtung und Wahrheit, Norden 1990
Blasel, Annelise, Klaus Störtebeker und Gödeke Michels in der deutschen Volkssage, Greifswald 1933
Borst, Arno, Lebensformen im Mittelalter, Frankfurt 1973
Bracker, Jörgen (Hrg.), Die Hanse – Lebenswirklichkeit und Mythos, Katalog zur Ausstellung, hier vor allem Band 1, S. 661–666: Jörgen Bracker, Störtebeker, der Ruhm der Hanseaten, Hamburg 1989
Cordsen, Hans Chr., Beiträge zur Geschichte der Vitalienbrüder, Halle 1907
Daenell, Erich, Die Blütezeit der deutschen Hanse, 2 Bände, Berlin 1905–1906
Dollinger, Philippe, Die Hanse, Stuttgart 1966
Eimer, Birgitta, Gotland unter dem Deutschen Orden und die Komturei Schweden zu Årsta, Innsbruck 1966
Girgensohn, Paul, Die skandinavische Politik der Hansa, Uppsala 1899
Hanse in Europa. Ausstellungskatalog, Köln 1973
Jähns, Max, Entwicklungsgeschichte der alten Trutzwaffen, Berlin 1899
Kiedel, Klaus-Peter, und Schnall, Uwe (Hrsg.), Die Hanse-Kogge von 1380. 2. Aufl., Bremerhaven 1989
Klinkenborg, Melle, Geschichte der ten Broks, Berlin 1895
Koppmann, Karl, Der Seeräuber Klaus Störtebeker in Geschichte und Sage, in: Hansische Geschichtsblätter, Jg. 1877
Koppmann, Karl, Die Vitalienbrüder, Einleitung zu Band 4 der Hanserecesse I, S. V–XXIII, Leipzig 1877
Laurent, Johann Carl Mauritz und J.M. Lappenberg, Klaus Stortebeker, in: Zeitschrift des Vereins für hamburgische Geschichte, Band 2, S. 43–99, Hamburg 1847
Lüth, Erich, Seeräuber und Geraubte, Flensburg 1970
Nirrnheim, Hans, Hamburg und Ostfriesland in der ersten Hälfte des 15. Jahrhunderts, Hamburg 1890
Nordman, V.A., Albrecht, Herzog von Mecklenburg, König von Schweden, in: Annales Academiae Scientiarum Fennicae, B, XLIV, 1, Helsingfors 1938
Oelgarte, Friedrich, Die Herrschaft der Mecklenburger in Schweden, Halle 1901
Pagel, Karl, Die Hanse. Braunschweig [3]1966
Puhle, Matthias, Die Vitalienbrüder. Klaus Störtebeker und die Seeräuber der Hansezeit, Frankfurt/ M. 1992
Scheurlen, Ute, Über Handel und Seeraub im 14. und 15. Jahrhundert an der ostfriesischen Küste, Hamburg 1974
Spading, Klaus, Holland und die Hanse, Weimar 1973
Stephan, Heinrich von, Das Verkehrsleben im Altertum und im Mittelalter, neubearb. von Gottfried North, Goslar 1966
Techen, Friedrich, Die blaue Flagge. Störtebeker, Klaus Kniphof, Marten Pechelyn, Bremen 1923
Techen, Friedrich, Die Bürgersprachen der Stadt Wismar, Leipzig 1906
Techen, Friedrich, Geschichte der Seestadt Wismar, Wismar 1929

Teichmann, Fritz, Die Stellung und Politik der hansischen Seestädte gegenüber den Vitalienbrüdern in den nordischen Thronwirren 1389–1400, Berlin 1931

Vogel, Walther, Geschichte der deutschen Seeschiffahrt, Berlin 1915

Voigt, Johannes, Die Vitalienbrüder, in: Friedrich von Raumer, Historisches Taschenbuch, N F, 2. Jg., S. 3–159, Leipzig 1841

Walther, C., Ueber den Namen Störtebeker, in: Mittheilungen des Vereins für Hamburgische Geschichte, S. 89–94, Hamburg 1878

Wanke, Josef, Die Vitalienbrüder in Oldenburg (1395–1433), Oldenburg 1910

Zimmerling, Dieter, Störtebeker & Co. Die Blütezeit der Seeräuber in Nord- und Ostsee, Augsburg 1997

Neu bei Bergstadt

Christofer Herrmann
Burgen im Ordensland
Ein Reisehandbuch zu den Deutschordens- und Bischofsburgen in Ost- und Westpreußen
288 Seiten
mit 160 Abbildungen.
13,9 x 21,4 cm. Pappband
ISBN 3-87057-271-X, € 24,90

Diese kompakte und reich bebilderte Darstellung von über 70 Burgen des deutschen Ordens, der Bischöfe und Domkapitel im Preußenland erschließt eine einzigartige und außergewöhnliche europäische Burgenlandschaft in ihrer Vielfalt und Bedeutung. Der Autor bietet auf der Basis seiner Forschungsarbeit an der Universität Olsztyn/Allenstein neben zwei einleitenden Kapiteln instruktive Beschreibungen der einzelnen Burgen und ihrer Geschichte mit Schwerpunkt auf dem Mittelalter, ergänzt um Grundrisse, Fotos und graphische Darstellungen. Hinweise zur Anfahrt, Auswahlbibliographie, deutsch-polnische Ortsnamenkonkordanz und Übersichtskarte liefern ergänzende Informationen. Der Band bietet dem interessierten Reisenden und dem Fachmann gleichermaßen eine Handreichung für unterwegs wie zur Vor- und Nachbereitung.